吴建铭◎主编

"非遗"保护与开发研究

新时代

中国广播影视出版社

图书在版编目（CIP）数据

新时代"非遗"保护与开发研究 / 吴建铭主编 . —
北京：中国广播影视出版社，2022.7
ISBN 978-7-5043-8869-8

Ⅰ.①新… Ⅱ.①吴… Ⅲ.①非物质文化遗产—保护
—研究—中国②非物质文化遗产—资源开发—研究—中国
Ⅳ.①G122

中国版本图书馆 CIP 数据核字（2022）第 113842 号

新时代"非遗"保护与开发研究
吴建铭　主编

责任编辑　王　波
责任校对　龚　晨
装帧设计　周榕清

出版发行　中国广播影视出版社
电　　话　010-86093580　　010-86093583
社　　址　北京市西城区真武庙二条 9 号
邮政编码　100045
网　　址　www.crtp.com.cn
电子邮箱　crtp8@sina.com

经　　销　全国各地新华书店
印　　刷　廊坊市海涛印刷有限公司

开　　本　710 毫米 ×1000 毫米　　1/16
字　　数　254（千）字
印　　张　19.25
版　　次　2023 年 7 月第 1 版　　2023 年 7 月第 1 次印刷

书　　号　978-7-5043-8869-8
定　　价　95.00 元

编委会

目 录

CONTENTS

绪　论

一、非物质文化遗产的定义及分类

（一）非物质文化遗产定义的来源

非物质文化遗产（简称"非遗"）的定义源于 1950 年日本通过的《文化财产保护法》。该法明确了"不可改变的文化财产"的概念，并首次对物质文化遗产进行分类。

随着开发自然文化遗产浪潮的兴起，对非物质文化遗产的开发也愈发受到重视。1997 年 11 月，联合国教科文组织第 29 届大会通过决议，开展代表人类口头和非物质文化遗产的工作，并提出"口头和非物质遗产"的概念。2003 年 10 月，联合国教科文组织通过了《保护非物质文化遗产公约》，采用了以"非物质文化遗产"代替"口头和非物质文化遗产"的新概念，以及制定了《非物质文化遗产名录》。

2001 年至 2010 年，联合国教科文组织共申报人类文化遗产代表作 166 件，其中中国有 29 件，居世界首位。非物质文化遗产概念的演变过程，是人们对非物质文化遗产不断认识和逐步完善开发的过程。非物质文化遗产的概念经历了四次修订和完善，其发展历程如图 1 所示。

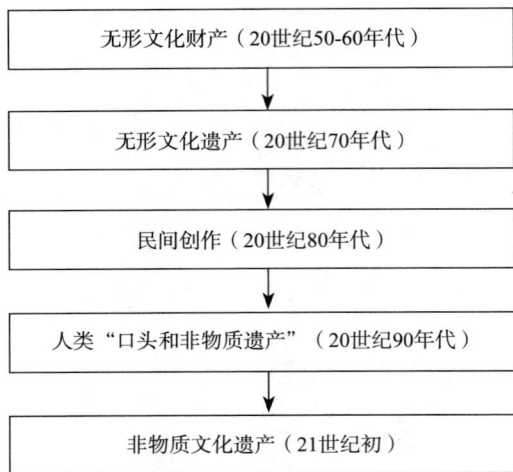

图1　非物质文化遗产的概念演化过程

（二）非物质文化遗产的定义

1.国际界定

2003年10月，联合国教科文组织正式通过了《保护非物质文化遗产公约》，将非物质文化遗产认定为被各群体、团体、有时为个人所视为其文化遗产的各种实践、表演、表现形式、知识体系和技能及其有关的工具、实物、工艺品和文化场所。非物质文化遗产包括五个方面：①口头传统，包括作为非物质文化遗产手段的语言；②表演艺术；③社会经历、仪式和节日；④宇宙的相关性质和知识与实践；⑤传统手工艺。

2.国内界定

2005年3月，国务院办公厅印发的《关于加强我国非物质文化遗产保护工作的意见》中指出："非物质文化遗产是我国各族人民世代相传的传统。国家和人民生活息息相关的文化形式（如民俗活动、表演艺术、传统表演艺术和文化场所）。"其范围包括：①口头传统，包括作为文化载体的语言；②传统表演艺术；③风俗活动、礼仪和节日；④与自然和宇宙有关的传统民间知识和习俗；⑤传统手工艺；⑥与上述现象相关的文化空间。这里的文化空间是传统文化活动定期举办或传统文化表现形式集中的地方。

表 1 非物质文化遗产的类型及名录代表

类型	名录代表
民间文学	梁祝传说○
民间音乐	花儿●
民间舞蹈	中国朝鲜鲜族农乐舞○
传统戏剧	昆曲●
曲艺	苏州评弹○
杂技与竞技	少林功夫○
民间美术	中国剪纸●
传统手工技艺	中国雕版印刷技艺●
传统医药	针灸、藏医药○
民俗	端午节●

注释：●表示世界非物质文化遗产名录，○表示国家级非物质文化遗产名录

二、非物质文化遗产的特征

非物质文化遗产涵盖范围广泛、内容丰富，且各有特点。任何一种非物质文化遗产其起源地、居住地、传承方式或表现形式，都与当地的文化生态环境息息相关，这些相互关联的要素相互交织，形成了代代相传的连贯的非物质文化遗产。因此，为了保护发展非物质文化遗产，我们需要研究其本质，深入了解其特征。

1. 继承性

遗产是人类过去几代人留下来的财富，包括有形的和无形的。非物质文化遗产通过人类集体、群体或个人对它的享受、继承或发展而代代相传。非物质文化遗产，从继承者到载体，从环境到传播方式，都必须具备特定的人群、独特的地方、特殊的问题。由于部分非物质文化遗产的原生环境因各种

原因遭到破坏，其性质也发生了变化，甚至部分种类的非物质文化遗产将面临消失。非物质文化遗产的传承大多通过口耳相传、手手相传，传承方式有父传子、子传孙或师传弟子、弟子传弟子等，这些传统的传承方式有助于非物质文化遗产的继承与发展。

2. 活态性

非物质文化遗产源于人民，源于群众的生活，其表现形式是活态性的，存在于人民的日常生活中。它传达出人们生产生活中的喜怒哀乐，也反映了非物质文化遗产所在地人民的精神风貌、风俗习惯、思维方式和价值观等。非物质文化作为一个民族（社会）的民俗文化，应以遗产主体（社会和人民）的真实参与为基础，体现为在特定时间、空间中活动。如果离开这些条件，非物质文化遗产的活态性是不可能存在的。从发展的角度看，一切现存的非物质文化，都必须与自然、现实、历史协同，不断演化、变异和创新，而且必须不断流动。简而言之，特定的价值观、生存模式和不断发展的特性造就了非物质文化遗产的特征。非物质文化遗产的特征不仅体现在其民族的原始价值观上，事实上，它也体现在其传承和传播过程中。这是由非物质文化遗产的特点决定的，只有深入了解其特性，才能更好地将其保护和传承。

3. 社会性

非物质文化遗产的创造和发展离不开人类社会，它渗透着人类的创造能力，对事物的认知能力以及人类群体对其的认同度，是人类生活和生产过程中的重要内容。非物质文化遗产是人们通过实践创造出来的，是人类社会发展的产物。随着社会的进步和发展，非物质文化遗产的表达方式和传播方式也会不断创新。非物质文化遗产继承人是非物质文化遗产创造或传承的重要组成部分。非物质文化遗产只有适应生产和民生的需要，才能一方面满足人民的物质生产需要，比如传统水车可以用于灌溉、农业发展和增收；另一方面满足人们的精神需求，如少数民族服饰、表演艺术、民俗活动、礼仪节庆等。学者贺学君认为，非物质文化遗产具有以下特点：非物质文化遗产的社会性具有过程性、持续性价值、多样性和包容性。非物质文化遗产的社会性源于民间习俗，在群众中传承和发展。

4. 独特性

与其他遗产相比，非物质文化遗产的独特之处在于它主要体现在一个国家、民族或地区的独特的日常生活或风俗习惯上，不仅具有特色和不可替代性，而且还间接体现了人们对非物质文化遗产的感受和非物质文化遗产的蕴含的价值观对人们的影响。任何一个民族的文化和文明，都包含着独特的传统因素、一定的文化基因和民族记忆，是一个民族存在和发展的"根"。如果一个民族失去了这些，整个民族也会失去可持续发展的特质和动力。

非物质文化遗产是特定民族的记忆，是一个民族特有的文化基因，具有深厚的民族精神财富、文化传统和民族记忆。文化部认为：非物质文化遗产是劳动人民在生产生活实践中直接创造和积累的。它更准确地反映了生产生活的实际，更准确地反映了我们民族的特点。非物质文化遗产具有在中华民族历史进程中逐渐形成的优秀文化价值和审美理想，体现了中华民族深厚的文化基因，展示了中华民族丰富的文化创造力。

5. 大众性

非物质文化遗产的普及，体现在它是社会从社会实践中创造出来的人们生活和生产的典范，充分体现了大众的精神追求、内心感受和世界观。如：异彩纷呈的歌唱艺术、五彩缤纷的民族服饰、精美绝伦的手工艺品和严肃虔诚的宗教仪式等等，都是人民积极创造出来的，它们也参与到社会的发展中。非物质文化遗产的普及程度与人们所处的环境息息相关，因为非物质文化遗产的创造源于特定的环境，与特定环境中人民的语言、生活、民族和地域特色息息相关。

6. 地域性

非物质文化遗产的地域性主要体现在其地域分布上，某些非物质文化遗产分布在一个村、镇、县乃至跨地区，只有在特定的地域中，非物质文化遗产才能真正独一无二。同时，该地区的人民有自己独特的行为、生活方式、文化传承和宗教信仰，从而形成了该地区独特的民族或地域特色。所谓"十里不同风，百里不同俗"，非物质文化遗产的地域性加强了自然与生态文化环境的结合，这种紧密的联系使其得到进一步的继承和发展。另一方面，它深深植根于当地人的生活方式、文化传统、价值观和审美中。

7. 生态性

非物质文化遗产有别于普通的国家、民族、地区和社区文化，具有鲜明的特殊性和地域性，与自然环境、文化传统和生态文化环境密切相关。非物质文化遗产继承和发扬，必须适应当地的自然生态环境、社会生态环境和文化生态环境。根据文化生态学的观点，"在特定环境中，人类是整个生命网络的一部分，与阶层一起构成了生物类的亚社会阶层。这个阶层通常被称为社会"。超有机体的文化因素会在生物层上创造一个文化层。这两个有影响的圈层之间存在生态联系，而且它们之间的关系是相互的。这种象征与共存的关系，不仅影响着人们的生存和发展，也影响着文化的产生和发展，影响着文化的创造。社会文化与自然生态相互作用、影响，形成一个充满活力的有机文化整体，称为生态文化系统。

非物质文化遗产只有在独特的文化生态系统中得到继承和发展，才能不失灵魂。地理环境、物质生产方式和社会组织的详细例子定义了中华民族的社会和心理特征。中华民族的工匠们，包括中华文化，都以这种基本思想为基础进行加工，丰富了华夏文化诗篇。因此，非物质文化遗产的开发更应重视其生态特征。

8. 变异性

从创造的角度来看，非物质文化遗产是人类在生活和生产过程中逐渐建立起来的。它的建立过程很长，具有很强的地方特色。从交流的角度来看，它是关于人与人之间的学习和交流，其中，在非物质文化遗产开发的早期，散布过程也会发生变化，这将对非物质文化遗产产生影响，随着其所处环境、与自然界的相互关系和历史条件的变化不断使代代相传的非物质文化遗产得到创新，这体现了非物质文化遗产的变异性。气候变化也会影响非物质文化遗产的保护和传承。

三、非物质文化遗产的价值

非物质文化遗产是一个地区或某个民族悠久的历史、文化变迁的体现。非物质文化遗产具有较大的潜在开发价值。尤其是非物质文化遗产作为开发源头，其开发价值主要体现在以下几个方面。

1. 审美价值

非物质文化遗产保存完好，特色鲜明，是非物质文化遗产开发的物质基础。手工艺品、表演艺术、民族服饰等是历史上不同时代、不同民族人民劳动和智慧的结晶，反映了不同民族的生活方式、艺术创造力和审美情趣，如各种民族服饰，具有浓郁的地方风情和鲜明的特色，具有很高的审美价值。

2. 历史价值

大多数非物质文化遗产历史悠久，是宝贵的历史财富。非物质文化遗产在相对封闭的环境中可以保存得更完整，比如民俗、方言、宗教信仰、庙会、集市等等。有助于为研究地方史、特殊史、社会史、经济史、文化史等提供全面详尽的资料，同时，其对理解和研究人类发展变化的历史轨迹具有重要价值。这类非物质文化遗产资源对大众具有很大的吸引力，大众可以通过其学习历史，认识历史。

3. 文化价值

非物质文化遗产是具有原生态文化基因的活文化。非物质文化遗产的开发资源可利用价值体现在民族认同原状的文化形态上。探索非物质文化遗产资源的细微差别，研究其文化价值，是深入发展非物质文化遗产开发的需要，可以让大众更好地了解体现在非物质文化遗产中的民族独特的历史文化发展和文化传承，起到提升开发非物质文化遗产文化品位、拓宽大众视野、增加大众知识的良好效果。

4. 科研价值

非物质文化遗产作为历史产物，是不同历史时期生产力原生态、科技发展水平、创造力和人类理解力的保存和反映，是未来科技信息的来源。非物质文化遗产有着多元的发展历史，经过数千年的发展和保存，为考古学家、历史学家、民俗学家和剧作家提供了学习研究的典范。这些来自各个专业领域的专家、科学家和艺术家已成为研究非物质文化遗产人员的重要组成部分。同时，通过科研和艺术创作成果的推广和传播，进一步扩大了非物质文化遗产的影响力和知名度，非物质文化遗产逐渐被大众视为最具吸引力的开发领域。

5. 教育价值

非物质文化遗产拥有丰富的历史知识、科学知识和美术资源，是教育的重要知识来源。通过参观开发区，大众可以亲临现场，了解开发地的非物质文化遗产，增加对其历史发展的了解，详细研究其内容。这有助于对大众起到教育作用。

6. 经济价值

由于非物质文化遗产的内在文化特征，具有巨大的经济价值。开发地可以通过民间艺术表演和民俗文化开发来提高开发地的知名度。同时，将民间手工艺品更新包装成开发产品，大众购买当地开发产品，可以为该地区带来显著的经济效益，从而促进当地经济发展。

通过以上分析可以看出，在非物质文化遗产资源的开发中，可以充分发挥其审美、历史、文化、科研、教育、经济等价值，让大众在了解非物质文化遗产的过程中受益，获得精神满足，这充分体现了非物质文化遗产的价值。

第一章　非物质文化遗产保护现状与传承基本情况

第一节　保护的现状

世界遗产是指被联合国教科文组织和世界遗产委员会确认的人类罕见的、无法替代的财富，是全人类公认的具有突出意义和普遍价值的文物古迹及自然景观。

2003 年 10 月，联合国教科文组织第 32 届大会通过了《保护非物质文化遗产公约》，"非物质文化遗产"的概念自此传播开来。在这之前，国内对非物质文化遗产是以民族民间文化、民俗文化，少数民族历史、语言、风俗、艺术等形式进行保护。2011 年 2 月 25 日，《中华人民共和国非物质文化遗产法》出台，其内涵丰富，具有里程碑意义。

世界遗产包括世界文化遗产（包含文化景观）、世界自然遗产、世界文化与自然双重遗产三类。广义概念，根据形态和性质，世界遗产分为物质遗产（文化遗产、自然遗产、文化和自然双重遗产）和非物质文化遗产。

截至 2021 年 7 月 25 日，世界遗产总数达 1122 项，分布在世界 167 个国家，世界文化遗产 869 项，世界自然遗产 213 项，世界文化与自然双重遗产 39 项。中国拥有世界遗产 56 项，其中：文化遗产 37 项、自然遗产 14 项、文化和自然遗产 4 项。总数位居世界第一。

一、我国非物质文化遗产保护的现状

（一）我国非物质文化遗产保护的规模、数量居世界首位

我国已经成为世界上保护非物质文化遗产项目最多的国家，无论是列入世界非物质文化遗产保护名录的项目，还是省、市、区等地方保护的非物质文化遗产项目的数量、门类、代表性，都居世界各国首位，一方面展示了中国这个多民族统一大国发掘、保护、传承非物质文化遗产的文化自觉和文化自信，展示了保护、传承非物质文化遗产的国家意志；另一方面也体现了中华民族文化发展的多样性，形成了国家、地方协调的非物质文化遗产保护管理的体系。

（二）构筑起非物质文化遗产保护、传承、管理的组织体系

依照《中华人民共和国非物质文化遗产法》及其他相关法规的规定，我国已经构筑起由国家文化和旅游部牵头、各级地方政府主管部门分级负责的非物质文化遗产保护、传承管理的体系，也初步形成了对非物质文化遗产项目及其传承人进行认定、审核、评估、评审的一套机制，对于非物质文化遗产的保护奠定了坚实的基础。

（三）初步构建了国家和地方协调的非物质文化遗产法律体系

《中华人民共和国非物质文化遗产法》经过数年的起草、修改、论证和广泛征求意见，已由第十一届全国人民代表大会常务委员会第十九次会议于2011年2月25日通过，自2011年6月1日起施行。对于非物质文化遗产的调查、非物质文化遗产代表性项目名录管理、非物质文化遗产的传承与传播及法律责任都作了明确的规定，这是我国非物质文化遗产保护的第一部法律。在此基础上，各地先后出台了一些配套的地方性法规和规范性文件，初步构建了我国非物质文化遗产保护的法律体系。

（四）初步建立起多元信息整合的非物质文化遗产数字化网络

在整合各地、各方面非物质文化遗产各类信息的基础上，中国非物质文化遗产网已经形成规模，并在此基础上，形成了覆盖全国的非物质文化遗产数字博物馆。利用数字化技术和网络平台展示、传播中国和世界的非物质文化遗产资源，提供非物质文化遗产保护数字化信息服务。

二、福建省非物质文化遗产保护情况

福建省以《中华人民共和国非物质文化遗产法》为基础，积极探索实践非物质文化遗产的整体性保护，2019 年 4 月 9 日颁布、6 月 1 日实施了《福建省非物质文化遗产条例》。目前，福建省《文化生态保护区管理办法》正在征求意见中，"非遗"保护的法律法规体系日趋健全。闽南文化生态保护区已入选首批国家级文化生态保护区，客家文化（闽西）生态保护实验区入选国家级文化生态保护实验区，2019 年 11 月 5 日《客家文化（闽西）生态保护区总体规划》经省政府同意颁布实施，突出文化生态整体性活态保护。

要全面掌握"非遗"资源的种类、数量、分布状况、生存环境、保护现状及存在问题，还要运用文字、录音、录像、数字化多媒体以及实物搜集等方式，对"非遗"进行真实、系统、全面的记录，建立档案和数据库。这是一项庞大而烦琐的工程，也是政府义不容辞的责任。

近 20 年来，福建省大力推进"非遗"保护传承创新、传统工艺振兴、文化遗产与文化旅游融合、文化生态保护区建设等，"非遗"的活化利用取得了令人瞩目的成就。尤其是"非遗"与旅游产业相结合，助力脱贫攻坚和乡村振兴的成功实践，走出了一条融入现代生活、体现当代价值、展现高质量发展新动能之路。

（一）规模发展情况

近年来福建省全面落实《中华人民共和国非物质文化遗产法》《福建省非物质文化遗产条例》，紧紧围绕建设文化强省战略目标，大力推进非物质文化遗产保护传承，各项工作取得了明显成效。

福建是全国世界文化遗产较多的省份，截至目前，福建全省共有世界文化遗产有以下五处，其中：拥有"福建土楼"，"鼓浪屿：历史国际社区"两处世界文化遗产；"武夷山"世界文化与自然双重遗产；"泰宁丹霞"世界自然遗产；"泉州：宋元的世界海洋商贸中心"等 8 个项目入选联合国教科文组织《非物质文化遗产名录名册》，其中，南音、妈祖信俗、中国剪纸（漳浦、柘荣）、中国传统木结构营造技艺（闽南民居）、送王船习俗（与马来西亚联合申报）共五个项目入选"人类非物质文化遗产代表作名录"；中国木拱桥传统营造技艺、中国水密隔舱福船制造技艺两个项目入选《急需保护的人类非物质文化遗产名录》；"福建木偶戏传承人培养计划"入选《非物质文化遗产优秀实践名册》。福建是我国迄今在国际"非遗"保护三个系列上获得"大满贯"的唯一省份。

另外，福建省拥有国家级"非遗"代表性项目 145 项，代表性传承人 143 人，文化生态保护区 1 个，文化生态保护实验区 1 个。省、市、县还有众多"非遗"项目纳入名录管理。

（二）主体结构分析

近年来，福建省文化和旅游系统持续深入学习贯彻习近平总书记系列重要讲话精神，在文化和旅游部、福建省委、省政府决策部署下，把传承发展中华优秀传统文化作为重大政治责任和历史使命，文化遗产保护利用水平不断提升，为"再上新台阶，建设新福建"贡献智慧和力量。

福建省坚持以政府主导、社会参与、明确职责、长远规划、分步实施、讲求实效的文化遗产保护利用原则，建立一系列健全保障机制，推动文化遗产保护利用水平不断提高。

1. 构建政府主导机制。设立省级、市级、县级"非遗"保护中心；组建由分管副省长担任组长的闽南文化生态保护实验区建设领导小组，编制实施《闽南文化生态保护区总体规划》；设立每年 2000 万元的闽南文化生态保护区建设专项资金；2011—2016 年共建设 175 个"非遗"传习所；扶持 20 个整体性保护重点区域建设项目，对保护区自然生态环境进行整体性保护。

2. 构建引导社会参与机制。全面调动社会力量，注重引导专家学者、行业企业以及民众等多方面参与，全省现有各类"非遗"展示场所 400 多个。

3. 构建法律保障体系。积极推进文化遗产保护立法，相继颁布实施《福建省武夷山世界文化和自然遗产保护条例》《福建省"福建土楼"世界文化遗产保护条例》《福建省历史文化名城名镇名村和传统村落保护条例》《厦门经济特区鼓浪屿文化遗产保护条例》等，推进《福建省非物质文化遗产条例》的立法程序。

（三）重点项目发展情况

注重源头保护，坚持规划先行、关口前移，科学处理文化遗产保护利用与城乡建设、经济社会发展的关系，抓好重点文化遗产保护利用项目建设。

1. 加大文物保护工作力度。强化文物保护规划、管理和基础性工作，划定并公布"国保"保护范围、"省保（以上）"建设控制地带等，建立文物资源信息数据库。持续加大对 137 处 291 个点的"国保"保护力度，实施 20 项重点革命文物保护修缮工程和 10 项展陈提升工程。目前，福建拥有武夷山、福建土楼、鼓浪屿 3 项世界文化遗产，海上丝绸之路、三坊七巷、闽浙木拱廊桥、闽南红砖建筑 4 项遗产列入《中国世界文化遗产预备名录》。全省共登记不可移动文物 33251 处，其中涉台文物 1515 处，约占全国总数的 3/4；全面完成第一次全国可移动文物普查,在全国可移动文物登录平台登录文物46万余件(套)。

2.加大历史文化名城、名镇、名村保护力度。大力推进福州等4座国家历史文化名城、福州三坊七巷等6条"中国历史文化名街"、上杭县古田镇等13个中国历史文化名镇、福州市马尾区闽安村等29个中国历史文化名村建设,实施"'记得住乡愁'历史文化名城名镇名村(街区)保护计划"。

3.加大文化生态保护实验区建设力度。实施《闽南文化生态保护区总体规划》,建设53个整体性保护重点区域;制定《客家文化(闽西)生态保护实验区总体规划》;编制《福建朱子文化生态保护区规划纲要》《妈祖文化生态保护实验区规划纲要》。

4.加大非物质文化遗产保护传承力度。建立完善国家级、省级和市、县级"非遗"项目名录体系。通过建设闽南文化、客家文化、妈祖文化、朱子文化、畲族文化等文化生态保护区,"非遗"整体保护取得良好成效。全省有七个项目入选联合国教科文组织《人类非物质文化遗产代表作名录》《急需保护的人类非物质文化遗产名录》等,共有国家级"非遗"项目130项、代表性传承人109位,省级"非遗"项目490项、代表性传承人552位。

第二节 主要做法和特点

一、国家非物质文化遗产保护基本情况

(一)国家加强了对非物质文化遗产保护的法规建设

我国拥有十分丰富的非物质文化遗产,如何加快非物质文化遗产的立法进程,为非物质文化遗产提供强有力的法律保护,是当前抢救与保护非物质

文化遗产工作中一个亟待解决的重要问题。

1997 年 5 月 20 日，国务院颁布《传统工艺美术保护条例》，明确提出"国家对传统工艺美术品种和技艺实行保护、发展、提高的方针"；确定传统工艺美术的保护标准，"是指百年以上，历史悠久，技艺精湛，世代相传，有完整的工艺流程，采用天然原材料制作，具有鲜明的民族风格和地方特色，在国内外享有盛誉的手工艺品种和技艺。"国家制定传统工艺美术的保护标准，采取积极有效的保护措施，建立评定机构，评选"中国工艺美术大师"，这是妥善保护已处于濒危失传状态的传统工艺美术的一项重要举措。

自 1998 年以来，全国人大教科文卫委员会做了大量的立法调研工作，并于 2003 年 11 月组织起草了《中华人民共和国民族民间传统文化保护法（草案）》（以下简称《保护法（草案）》），提交全国人大常委会审议。这部法律草案主要涉及民族民间文化传承人的保护、民族民间文化遗产的保护和相关的精神权利、经济权利等方面的问题，明确规定民族民间文化遗产在国家社会文化生活中的法律地位，从而为处于濒危状态的民族民间传统文化的保护提供法律依据。为借鉴联合国教科文组织《保护非物质文化遗产公约》的基本精神，进一步与国际接轨，2004 年 8 月全国人大常务委员会将《保护法（草案）》的名称改为《中华人民共和国非物质文化遗产保护法》，并列入全国人大立法规划。

2007 年，国务院法制办和文化部专门赴云南、福建就非物质文化遗产保护立法工作做专题调研，为制定非物质文化遗产保护法进行论证。经国务院常务会议审核通过，2010 年 8 月 23 日《中华人民共和国非物质文化遗产法（草案）》提交全国人大常委会审议。2011 年 2 月 25 日十一届全国人大常委会第十九次会议表决通过了《中华人民共和国非物质文化遗产法》，并于 6 月 1日起正式施行。这部法律的出台，对继承和弘扬中华民族优秀传统文化，进一步加强非物质文化遗产保护工作，推动文化大发展大繁荣，产生了重大而深远的影响。

2005 年 3 月 26 日，国务院办公厅印发了《关于加强我国非物质文化遗产保护工作的意见》(以下简称《意见》)。《意见》指出，要充分认识我国非物质文化遗产保护工作的重要性和紧迫性，并确定了非物质文化遗产保护工作的目标、指导方针和工作原则。工作目标是：通过全社会的努力，逐步建立起比较完备的、有中国特色的非物质文化遗产保护制度，使我国珍贵、濒危并具有历史、文化和科学价值的非物质文化遗产得到有效保护，并得以传承和发扬。指导方针是：保护为主、抢救第一、合理利用、传承发展。工作原则是：政府主导、社会参与，明确职责、形成合力；长远规划、分步实施，点面结合、讲求实效。

《意见》提出，要建立国家级和省、市、县级非物质文化遗产代表作名录体系，逐步形成有中国特色的非物质文化遗产保护制度。国家将通过开展非物质文化遗产普查摸底工作，建立非物质文化遗产代表作名录体系，加强非物质文化遗产的研究、认定、保存和传播，建立科学有效的非物质文化遗产传承机制。《意见》强调，在"发挥政府的主导作用，建立协调有效的保护工作领导机制"的同时，也要动员社会各界的力量共同开展非物质文化遗产保护工作，增强全社会对非物质文化遗产的保护意识。

为加强我国文化遗产保护，继承和弘扬中华民族优秀传统文化，推动社会主义文化建设，2005 年 12 月 22 日国务院下发《关于加强文化遗产保护工作的通知》(以下简称《通知》)。《通知》指出，当前我国文化遗产保护面临着许多问题，形势严峻，不容乐观，要充分认识保护文化遗产的重要性和紧迫性；为进一步加强文化遗产保护，决定从 2006 年起，每年 6 月的第二个星期六为我国的"文化遗产日"。《通知》提出了加强文化遗产保护的指导思想、基本方针和总体目标，并要求着力解决物质文化遗产保护面临的突出问题。《通知》还明确提出，要积极推进非物质文化遗产保护：①开展非物质文化遗产普查工作；②制定非物质文化遗产保护规划；③抢救珍贵非物质文化遗产；④建立非物质文化遗产名录体系；⑤加强少数民族文化遗产和文化生态区的保护。

2005年6月，文化部在北京召开了"全国非物质文化遗产保护工作会议"。为了系统、全面地总结和展示新中国成立以来尤其是进入21世纪以来我国非物质文化遗产保护工作取得的成就，深入宣传非物质文化遗产保护工作的意义，唤起全社会对非物质文化遗产保护的自觉意识，2006年2月12日"中国非物质文化遗产保护成果展"在中国国家博物馆隆重开幕。

这次展览是我国政府举办的第一次全面反映非物质文化遗产保护成果的大型展览。展览从我国浩如烟海的非物质文化遗产资料中精选了2000余件珍贵实物和2000余幅照片，内容分"综合板块"和"地方板块"两大部分。展览是在我国开展非物质文化遗产保护的初始阶段举办的，它对于促进社会公众加深对非物质文化遗产的了解和唤起社会公众自觉参与非物质文化遗产保护的意识，产生了十分重要的作用。

中国政府十分重视"文化遗产日"的活动。我国第一个"文化遗产日"期间，全国各地举行了一系列隆重的宣传和庆祝活动。这些大规模的学术研讨和展演活动，对广泛宣传我国政府保护非物质文化遗产的方针政策，唤起全社会的非物质文化遗产保护意识具有积极的促进作用。

文化部先后制定出台了《国家级非物质文化遗产保护与管理暂行办法》（2006年）、《中国非物质文化遗产标识管理办法》（2007年）、《国家级非物质文化遗产项目代表性传承人认定与管理暂行办法》（2008年）等一系列规章文件。地方各级政府也积极推动当地非物质文化遗产保护的立法工作，并取得积极进展。各个省、自治区人民代表大会分别审议通过了当地的非物质文化遗产保护条例，这标志着当地非物质文化遗产保护进入了有法可依、依法保护和实施的新阶段。地方性的非物质文化遗产保护法规和政策措施，不仅为加强非物质文化遗产保护工作提供了有力的法律保障，也进一步推动了国家非物质文化遗产保护立法工作的进程。

（二）"中国民族民间文艺集成志书"的成就

被誉为"中国民间文艺的万里长城"的"中国民族民间文艺集成志书"的编撰，是新时期非物质文化遗产抢救与保护工作中最令人瞩目的成就。

1979年，文化部和国家民族事务委员会、中国音乐家协会首先发起编撰《中国民间歌曲集成》《中国戏曲音乐集成》《中国民族民间器乐曲集成》和《中国曲艺音乐集成》。1984年5月28日，文化部、国家民族事务委员会、中国民间文艺家协会联合签发了《关于编辑出版〈中国民间故事集成〉〈中国歌谣集成〉〈中国谚语集成〉的通知》，并附有《关于编辑出版民间文学"三套集成"的意见》，要求在全国范围内组织力量编辑出版民间文学三套集成，并统一规定了集成的编选范围、方法步骤、组织机构、经费、出版等问题。1986年5月，经全国社会科学规划领导小组批准，接纳中国民间文学"三套集成"与其他"七套艺术集成"志书并列为"十套文艺集成"，并申报列入国家"七五"规划的重点项目。

《中国民族民间十部文艺集成志书》，涵盖了民间文学、民间音乐、民间舞蹈、戏曲、曲艺五个艺术门类的十个领域，旨在对中国民族民间文艺资源进行全面的普查、搜集、整理、保存、研究，所搜集的资料按省、自治区、直辖市立卷（台湾地区暂缺），编撰为《中国民间歌曲集成》《中国戏曲音乐集成》《中国民族民间器乐曲集成》《中国曲艺音乐集成》《中国民族民间舞蹈集成》《中国戏曲志》《中国民间故事集成》《中国歌谣集成》《中国谚语集成》《中国曲艺志》十部大型丛书。由文化部牵头成立的全国艺术科学规划领导小组统领"十套文艺集成"的编撰、审定、出版工作，各省、自治区、直辖市均成立相应的组织机构负责具体实施。

2009年10月，《中国民族民间十部文艺集成志书》这部鸿篇巨制的298部省卷本已全部出版，抢救和保存了大量珍贵的文化艺术资料。

《中国民族民间十部文艺集成志书》共计298卷，450册，总计约4.5亿字，3万多张图片，内容包括集成和志书两种体例。集成所普查、搜集、整理的民族民间艺术，涉及民间器乐、宗教音乐、民间祭祀音乐、戏曲音乐、曲艺音乐、民间舞蹈、神话、传说、谚语、故事、歌谣等众多种类。志书从戏曲的剧种、剧目，曲艺的曲种、曲目，以及音乐、表演、舞台美术、演出场所、演出习俗、文物古迹、报刊专著、轶闻传说、谚语口诀、人物传记等各个方面，全面准确地记录、反映中国各民族文学、音乐、舞蹈、戏曲、曲艺的历史和现状。

《中国民族民间十部文艺集成志书》，是对中国非物质文化遗产进行系统抢救和全面普查、整理的一次最为壮观的文化工程。作为一项旷世工程，由中央政府和地方政府斥巨资，发动全国5万余文艺集成志书工作者、艺术家、民间艺人积极参与，组织如此大规模地对民族民间文化遗产的普查、搜集、编辑、出版，在中国历史上是前所未有的。以民间文学"三套集成"为例，据民间文学集成总编委会办公室不完全统计，从1984—1990年，全国约有200余万人次的基层文化工作者参加普查和搜集工作，共搜集记录民间故事184万篇，民间歌谣302万首，民间谚语478万余条，总字数超过40亿字。

（三）实施中国民族民间文化保护工程

2000年，文化部、国家民委关于印发《关于进一步加强少数民族文化工作的意见》的通知，要求各地抓好民族文化艺术遗产的收集整理，保护少数民族老歌手、老艺人。2002年，中国民间文艺家协会开始实施国家重点文化建设项目"中国民间文化遗产抢救工程"。2003年1月20日，文化部与财政部联合国家民委、中国文联启动了中国民族民间文化保护工程，标志着中国非物质文化遗产保护工作进入全面的、整体性的保护阶段。

《中国民族民间文化保护工程实施方案》明确提出，“保护工程”的总体目标是：“通过‘保护工程’建设，到 2020 年，使我国珍贵、濒危并具有历史、文化和科学价值的民族民间文化得到有效保护，初步建立起比较完备的中国民族民间文化保护制度和保护体系，在全社会形成自觉保护民族民间文化的意识，基本实现民族民间文化保护工作的科学化、规范化、网络化、法制化。”“保护工程”还确定了保护对象、保护方式与实施内容，提出从 2004 年到 2020 年分为三个阶段的实施步骤，具体规定了 2004 至 2008 年第一阶段的目标和工作任务，并制定了各项保障措施。

“保护工程”的主要实施内容包括：在全面普查、摸清家底的基础上，制定民族民间文化保护规划；建立分级保护制度、保护体系和民族民间文化保护名录；利用现代科技手段，抢救与保护具有历史文化价值并濒危的民族民间文化传统；建立民族民间文化传承人命名保护制度；在民族民间文化形态保存较完整、并具有特殊价值、特色鲜明的地区，建立文化生态保护区；建立一支宏大的高素质的专业队伍，培养业务骨干。

“保护工程”采取一系列切实可行的保护措施，对具有重要历史文化价值且濒危的民族民间传统文化项目进行抢救性的保护。各省（区、市）也确定了一批保护试点名录。“保护工程”试点工作实施后，随着非物质文化遗产保护工作的国际化进程的推进，我国的“民族民间文化”保护，也随之以“非物质文化遗产”保护的称谓代之。

2005 年 7 月，文化部下发了《关于申报第一批国家级非物质文化遗产代表作的通知》，在组织专家进行评审和论证的基础上，确定 501 个推荐项目并于同年 12 月 31 日进行了公示。根据社会各方面的意见，《第一批国家级非物质文化遗产名录》最后确定为 518 项，于 2006 年 5 月由国务院正式公布。

为了更好地开展非物质文化遗产普查工作，确定普查工作的标准，中国民族民间文化保护工程国家中心组织有关专家学者，结合开展普查工作的实际需要，编写了《中国民族民间文化保护工程普查工作手册》。这本具有工作指南意义的工具书，对中国非物质文化遗产保护和普查工作的概况、非物质文化遗产的分类代码、15 类非物质文化遗产项目的调查提纲和普查方法，进行了详尽的介绍，为普查保护工作提供了可具操作的"利器"。

（四）在全社会形成保护非物质文化遗产的自觉意识

要推动我国非物质文化遗产保护工作的进一步发展，应当在"政府主导、社会参与"的原则指导下进行。近年来，中国政府和社会各方面对抢救与保护非物质文化遗产做了大量卓有成效的工作，投入大量的人力、物力和财力，采取许多积极有效的保护措施，使非物质文化遗产保护工作不断得到加强和改进，取得重要的成绩和宝贵的经验。

中国政府高度重视非物质文化遗产保护，颁布了《中华人民共和国非物质文化遗产法》，建立和健全了国家非物质文化遗产保护机制，加强国际间的交流与合作，初步构建了有中国特色的非物质文化遗产保护制度，推动非物质遗产保护工作走上全面、科学、有序的道路，无疑具有十分重要的作用，中国的非物质文化遗产保护工作走在世界的前列。

（五）初步建立非物质文化遗产保护制度

近年来，在党中央、国务院的高度重视下，在地方政府和党委的领导下，经过各级文化部门的积极努力和社会公众的广泛参与，我国非物质文化遗产保护工作取得了突破性进展，已初步建立起有中国特色的非物质文化遗产保护制度，全国非物质文化遗产普查工作基本完成，已取得重要的阶段性成果。

我国是一个文化遗产资源十分丰富的国家，摸清非物质文化遗产的基本类型、数量、规模、生存环境及其所面临的困难，是对非物质文化遗产进行有效保护的基本前提。为了摸清非物质文化遗产的家底，文化部于 2005 年 6 月部署了全国非物质文化遗产普查工作。这是 21 世纪以来我国第一次大规模的非物质文化遗产普查活动，是开展非物质文化遗产保护的重要的基础性工作。

2008 年 4 月 25 日至 5 月 13 日，文化部组织 19 个督导组，对全国非物质文化遗产保护工作进行督查和指导，其中非物质文化遗产普查工作的进展与存在问题是督导的一项重要内容。至 2009 年底，全国非物质文化遗产普查工作基本完成。通过这次普查工作，各省（市、区）基本掌握了各地区、各民族非物质文化遗产资源的种类、数量、分布与生存状况，抢救和保护了一批非物质文化遗产重要资料和珍贵实物；各地还举办了非物质文化遗产普查培训班，命名了一批民间艺术之乡、民间艺人，建立了一批国有或民间的非物质文化遗产专题博物馆，为非物质文化遗产保护工作奠定了坚实的基础。

普查工作基本完成后，各省（市、区）认真总结和推广普查工作的经验，建立普查档案或数据库，提交非物质文化遗产清单，为编纂《非物质文化遗产普查图集（分省图册）》提供了丰富的资料。我国已逐步建立国家级和省、市、县四级非物质文化遗产代表作名录体系。

根据国务院办公厅《关于加强我国非物质文化遗产保护工作的意见》精神，我国政府于 2005 年开始第一批国家级非物质文化遗产代表作名录的申报和审批工作。2006 年 5 月，国务院正式公布第一批国家级非物质文化遗产名录（共计 518 项），对建立我国非物质文化遗产名录体系具有重要的示范和推动作用。为加强对国家级非物质文化遗产名录项目的保护与管理，同年 10 月，文化部颁发了《国家级非物质文化遗产保护与管理暂行办法》，对国家级非物质文化遗产名录项目的保护单位、代表性传承人以及管理措施等，提出了明确、具体的要求。

国务院先后于 2006 年、2008 年、2011 年、2014 年和 2021 公布了五批国家级项目名录（前三批名录名称为"国家级非物质文化遗产名录"，《中华人民共和国非物质文化遗产法》实施后，第四批名录名称改为"国家级非物质文化遗产代表性项目名录"），共计1557个国家级非物质文化遗产代表性项目。

我国的非物质文化遗产名录体系已初步建立，除国家级名录外，许多省、市、自治区已建立了自己的省、市、县级名录，我国四级非物质文化遗产名录体系正在逐步形成。建立国家级和省、市、县各级非物质文化遗产名录体系，是非物质文化遗产保护制度的核心内容之一，也是有效保护我国非物质文化遗产的重要措施，对形成具有中国特色的非物质文化遗产保护制度具有重要意义。

保护非物质文化遗产传承人是建立和完善非物质文化遗产保护制度的关键环节。非物质文化遗产是以传承人开展传习活动为重要特征的，在中国非物质文化遗产保护工作全面深入开展的过程中，保护好传承人并使其有效地履行传承人责任，对非物质文化遗产的保护和传承具有十分重要的作用。2007年、2008年、2009年、2012年、2018年，国家文化主管部门先后命名了五批国家级非物质文化遗产代表性项目代表性传承人，包括民间文学、传统体育、游艺与杂技、民间美术、传统技艺、传统医药、民间音乐、民间舞蹈、传统戏剧、曲艺、民俗共10类，共计3068人。

2008年，文化部发布《国家级非物质文化遗产项目代表性传承人认定与管理暂行办法》，对国家级非物质文化遗产代表性项目代表性传承人的认定标准、权利、义务和资助支持等做出了明确的规定，进一步加强对非物质文化遗产传承人的保护。各省（区、市）也陆续开展了省级非物质文化遗产项目代表性传承人的认定工作。目前，各省（区、市）评定和公布的省级非物质文化遗产项目代表性传承人共6332人。

设立非物质文化遗产保护生态区，对非物质文化遗产内容丰富、较为集中的区域实施整体性保护，是我国非物质文化遗产保护制度的一项重要内容。《国家"十一五"时期文化发展规划纲要》提出，要确定 10 个国家级民族民间文化生态保护区。2007 年 6 月至 2020 年 6 月，我国已相继建立了 23 个国家级文化生态保护实验区，分别是闽南文化生态保护实验区、徽州文化生态保护实验区、热贡文化生态保护实验区、羌族文化生态保护实验区、客家文化（梅州）生态保护实验区、武陵山区（湘西）土家族苗族文化生态保护实验区、海洋渔文化（象山）生态保护实验区、晋中文化生态保护实验区、潍水文化生态保护实验区、迪庆文化生态保护实验区、大理文化生态实验保护区、陕北文化生态实验保护区、铜鼓文化（河池）生态保护实验区、黔东南民族文化生态保护实验区、客家文化（赣南）生态保护实验区、格萨尔文化（果洛）生态保护实验区、武陵山区（鄂西南）土家族苗族文化生态保护实验区、武陵山区（渝东南）土家族苗族文化生态保护实验区、客家文化（闽西）生态保护实验区、说唱文化（宝丰）生态保护实验区、藏族文化（玉树）生态保护实验区、齐鲁文化（潍坊）生态保护实验区、河洛文化生态保护实验区。

文化生态保护区将非物质文化遗产原状地保存在其所属区域及环境中，使众多原生态的民族民间文化的"活文化"得到整体性保护，这标志着中国非物质文化遗产保护开始进入整体性、活态性保护的新阶段。

2007 年 6 月 9 日，文化部批准在福建省设立闽南文化生态保护实验区，使之成为中国首个国家级文化生态保护区。闽南文化生态保护实验区包括福建泉州、漳州、厦门三地，这里是闽南文化的发源地和保存地，保存着诸如南音、梨园戏、高甲戏、提线木偶、木版年画等众多原生态的非物质文化遗产和一大批国家重点文物保护单位等物质文化遗产。同年 7 月，福建省编制《闽南文化生态保护区规划纲要》，确定闽南文化生态保护区建设的指导思想、方针政策和目标，制定具体任务、相关项目和政策措施，致力于"修复非物质文化遗产及其相关的物质文化遗产相互依存，文化遗产与人们的生活环境、自然环境、经济环境、社会环境和谐共处的生态环境"。

2008 年 1 月 8 日，国家级徽州文化生态保护实验区在安徽省黄山市揭牌。徽州文化生态保护实验区以古徽州"一府六县"为保护范围，侧重于对最能体现徽州非物质文化遗产特色而濒临灭绝的徽州民歌、祁门傩舞、徽州目连戏、徽州三雕、徽派传统民居建筑营造技艺等重点项目的保护工作。

目前，我国文化生态保护实验区的建设工作正在积极有序地展开。

（六）有效进行非物质文化遗产宣传教育和理论研究

抢救与保护非物质文化遗产，需要广泛深入地开展宣传教育，培育全民的文化自觉，营造非物质文化遗产保护的良好社会氛围。近年来，各种新闻媒体、互联网和博物馆、群艺馆、文化馆、图书馆等公共文化机构，加强了对非物质文化遗产保护工作的宣传和展示，进一步普及了非物质文化遗产保护知识，使全民的保护意识得到提高，从而引起全社会对非物质文化遗产保护工作的重视。各级非物质文化遗产保护中心进行了一系列宣传、教育和培训活动，如开展非物质文化遗产进社区、进校园、进教材活动，举办展览、演出、讲座、论坛、技艺培训，向普通民众大力推广普及非物质文化遗产知识，宣传非物质文化遗产保护的重要意义。

2007 年至 2008 年，文化部在总结以往经验的基础上，为规范"中国民间文化艺术之乡"的命名和管理，制定并颁布了《中国民间文化艺术之乡命名办法》，将名称统一为"中国民间文化艺术之乡"，并在全国范围内重新组织开展了命名工作，共有 963 个县（市、区）、乡镇（街道）和社区被命名为"中国民间文化艺术之乡"。截至 2018 年，中国民间文化艺术之乡共有 964 个。

在这些风筝之乡、剪纸之乡、秧歌之乡、竹编之乡、腰鼓之乡、木偶之乡，各种具有悠久历史传统、独具特色的民族民间文化活动在群众中广泛开展，许多区域性的传统民俗、节庆活动得到恢复和发展。地方政府也积极鼓励和支持开展普及优秀的民族民间文化活动，建立传承人命名制度，资助各种民间艺术的传承活动和人才培养，努力探索非物质文化遗产传承的新模式。

随着非物质文化遗产保护的深入发展，保护工作也提出了一系列亟待回答和解决的理论与实践问题，迫切需要从理论的高度进行阐释和概括。近年来，中国政府和学术研究机构、社会团体、大专院校等各方面力量，举办了多次非物质文化遗产保护国际学术研讨会及国内学术论坛，就非物质文化遗产管理机制、保护与立法、保护与文化多样性、少数民族文化遗产的抢救和保护、文化遗产传承人保护、生产性保护、文化生态保护区建设、各国非物质文化遗产保护经验等问题进行深入研究、交流和探讨，有力推进了非物质文化遗产的理论建设。

为了借鉴国外非物质文化遗产保护的经验，加强国际间的学术交流与合作，自 2002 年以来，中国艺术研究院连续在北京成功举办了三次"人类口头和非物质遗产抢救与保护国际学术研讨会"，引起了国内外的广泛关注和积极参与，在社会上产生热烈的反响。21 世纪以来，随着非物质文化遗产的抢救与保护在当代中国形成高潮，有关非物质文化遗产研究的著述也取得丰硕的成果。

二、福建省"非遗"保护工作基本情况

近年来，福建省坚持以习近平新时代中国特色社会主义思想为指导，深入学习贯彻习近平总书记关于文化遗产工作的重要指示批示精神，认真落实国家文化和旅游部、国家文物局和省委、省政府关于文化遗产工作决策部署，积极协调省住建厅、自然资源厅、教育厅等相关单位，在完善文化遗产保护

法律法规、加大资金投入、加强专业人才建设等方面取得了新进展、新突破，形成了具有福建特色的文化遗产保护利用机制。

（一）主要做法

1. 在完善法律法规方面下功夫

为更好开展文化遗产保护利用工作，福建省立足文化遗产保护工作的特点和管理利用的实际需要，有针对性地制定省级层面的文化遗产保护法规和规章，逐步形成了与《中华人民共和国文物保护法》《中华人民共和国非物质文化遗产法》等相配套的地方性法规制度，如先后颁布施行《福建省文物保护管理条例》《福建省历史文化名城名镇名村和传统村落保护条例》《福建省非物质文化遗产条例》等地方性法规和《福建省关于进一步加强文物工作的实施意见》《关于深入学习贯彻习近平总书记重要论述加强新时代文化和自然遗产保护利用工作的意见》《关于加强历史文化名城名镇名村传统村落和文物建筑历史建筑传统风貌建筑保护利用九条措施》《福建省关于加强文物保护利用改革的实施方案》《福建省文物局关于文物督察约谈办法》等十几个政策和文件，同时在全国首创开展了《福建省传统风貌建筑保护条例》立法工作，这些地方性法规和政策文件为全省文化遗产保护工作提供了制度保障。另外，市级层面也加快了立法步伐，如2017年龙岩市制定出台《龙岩市红色文化遗存保护条例》，这也是全国第一部设区市保护红色文化遗存的实体性法规，2020年《龙岩市红军标语保护管理办法》等相关法规也相继出台。

2. 在加大资金投入方面下功夫

福建省委省政府高度重视文化遗产保护利用工作，在省委常委会会议中明确指出，要完善《省级文物保护专项资金三年行动计划》，即从2019年开始每年该项资金列入增加机制，力争三年时间实现从当年的预算4000万元，增加到2021年的1亿元。目前，省级文物保护专项资金和非物质文化遗产保护专项资金均已纳入财政年度预算，福建省文化厅还与省财政厅联合制定了《福建省文物和世界文化遗产保护专项资金管理办法》和《福建省非物质文化遗产保护与发展专项资金管理办法》。

据统计，2021年福建省文化厅对县级国有"非遗"院团公益性演出补贴1712.5万元、省级"非遗"传承保护项目资金3275.32万元，重点扶持福建省49个县以下"非遗"国有院团以及扶持省级"非遗"代表性项目108个，补助省级"非遗"代表性传承人465人。同时，争取国家"非遗"传承保护项目资金3876万元支持福建省国家级"非遗"代表性重点项目34个，补助国家级"非遗"传承人106人，生态保护（实验区）2个，代表性传承人记录工程10人、传承人培训项目4个。

2020年，福建省住建厅争取省级财政投入5.42亿元开展"十街十镇、百村千屋"行动，并纳入省委省政府为民办实事项目，还积极引入社会资本，发动社会力量，鼓励支持单位和个人以捐赠、资助等方式参与文化遗产保护利用，目前全省约有260家高校、设计团队、企业、乡贤参与文化遗产保护工作。

3. 在加强专业人才培训方面下功夫

福建省正积极加快推进文化遗产保护类专业人才建设工作，2020年福建省文化和旅游厅印发了《福建省文物博物专业技术职务任职资格评审工作的实施意见》，将考古发掘报告、原创讲解词、文物保护规划、文物征集鉴定评估报告等视同为学术期刊论文，突出专业性评价、综合业绩评判，更加适应当前文博事业单位专业技术人员工作实际。省文化和旅游厅协调三明市推进新时代文化遗产保护类人才建设工程，出台了《文物事业发展实施意见（2021—2025年）》。

省住建厅推动福建工程学院增设"历史建筑保护工程"本科专业，黎明职业大学增设"古建筑工程技术"专科专业，并出台《省传统建筑修缮技艺传承人和传统建筑修缮工匠评定管理办法》，目前正开展第一批省级传统建筑修缮技艺传承人评选工作，举办多期传统工匠培训班，累计培训 4000 多人次。

（二）主要特点

1. 重创新传承，培育工作品牌

注重创新文化遗产传承发展方式，强化互联网思维，提升文化遗产展览展示的现实感、体验感，使优秀传统文化可感、可知、可信、可行。

（1）创新展览展示方式。充分运用 VR、AR 等现代科技手段，广泛应用于文物、"非遗"工作等各方面，推进建设福建省图书馆 VR 数字阅读体验厅、福建博物院 VR 体验中心等 9 个 VR 体验中心，开发《四大名著 VR 导读片》《海峡梦·五缘情 VR 专题片》等 12 部 VR 应用宣传片。

（2）建立展览展示创新示范点。福建省在全国较早建设世界文化遗产、博物馆、革命纪念馆、重点传统村落等 VR 体验中心，建立全省文化展览展示 VR 场馆。实施闽台宗祠文化建设工程，推动建设一批家风家训馆、乡贤文化馆，扶持社会资本投建家风家训馆、博物馆。

（3）创新展览展示推广模式。与福建各类媒体深度合作，利用手机客户端、微信公众号宣传普及优秀传统文化，通过文化共享工程在各级网络、新媒体平台及其他视频网站开展文化遗产展播，举办福建优秀传统文化论坛讲座、研讨会等，推进绘制福建"非遗"文化地图。

（4）创新地方戏曲传承发展方式。福建现存闽剧、梨园戏、莆仙戏、高甲戏、歌仔戏（芗剧）等 18 个本土剧种和京剧、越剧等 5 个跨省剧种，以及提线木偶戏、布袋木偶戏等 5 种木偶戏类型。2015 年，福建文旅厅出台《关于传承和弘扬福建戏曲的若干意见》，加大戏曲扶持力度；实施"福建戏曲保护传承与弘扬工程"与"地方戏曲经典音配像工程"，建立地方戏曲剧种数据库，推动戏曲进校园，大力推进剧目创作、剧种保护、艺术传播、研究整理、生态保护等"四个中心、一个保护区"建设，打造"全国地方戏传承发展示范基地"。

2. 重内涵挖掘，发挥宣教功能

注重从核心思想理念、中华传统美德、中华人文精神三个层面挖掘整理文化遗产内涵，深入阐发文化遗产精髓，充分发挥文化遗产的宣传教育功能。

（1）挖掘特色文化遗产内涵。组织朱子文化、妈祖文化、红色文化、闽台文化、客家文化、海丝文化、林则徐精神等重点文化遗产研究。对朱子理学原著、朱子传说故事和研究成果进行整理和展示。加强妈祖文化理论研究，全面保护传承妈祖文化遗产。整理革命手稿文电、革命故事、革命先烈名言、革命标语口号，挖掘革命文物中蕴含的爱国主义精神、革命英雄主义精神。深入研究林则徐的著作、诗词、家训，挖掘其丰富精神内涵。

（2）编写记忆丛书。省文旅厅编辑出版《丰富多彩的福建文化》《中国建窑建盏大观》《口述历史·福建工艺美术》《口述历史·下南洋》与"福建省'非遗'传统工艺技法系列丛书"等图书。推进福建文化记忆系列音像出版物《福建古村落》《福建工艺美术》和福建文化记忆系列图册之《妈祖信俗》出版。加强对闽派特色鲜明的福建地方美术、闽籍名家的研究。

（3）出版古籍。省文旅厅加强和推进全省古籍普查登记工作，全省公共图书馆完成馆藏古籍登记工作，编纂《馆藏古籍普查登记目录》《馆藏古籍普查登记图目》等。采取与现代科技相结合手段，推进古籍整理出版工作，推出林则徐《林少穆先生云左山房书目》暨相关古籍的高仿复制本。

3. 注重特色，建设重点基地，促进乡村文化振兴

近年来，在福建省委省政府的领导下，省文旅厅作为省乡村文化振兴专项小组牵头单位，认真学习贯彻习近平新时代中国特色社会主义思想，深入落实党中央国务院和省委省政府实施乡村振兴战略决策部署，出台了《福建省推进乡村文化振兴工作方案》《关于提升基层综合性文化服务中心效能促进乡村文化振兴的实施意见》，积极协调推动乡村文化振兴各项工作，取得了积极成效。

（1）健全完善乡村公共文化服务体系

推进乡村综合性文化服务中心功能整合，在省财政支持下，2018、2019年安排3000万资金，支持建设380个省级示范点，发挥了良好的示范引领作用。目前，全省基层综合性文化服务中心基本完成了功能整合；推进基层乡镇文化站、村级综合文化服务中心纳入县级文化馆、图书馆体系，实现统一管理、资源共享。目前，福建省已基本完成县级文化馆图书馆总分馆制建设。

（2）加快推进乡村旅游产业发展

提升乡村旅游品质，实施乡村旅游"百镇千村"建设工程和提质升级三年行动计划，指导建设生态优良、乡风文明的乡村旅游休闲集镇、旅游村，截至2019年底全省已创建100个休闲集镇和912个旅游村，其中11个旅游村获得国家发改委和文旅部联合评审的全国乡村旅游重点村、30个荣获福建省金牌旅游村。

培育乡村旅游多种业态，指导挖掘传统美食、绿色美食，开办乡村旅游特色餐厅，开发游客参与体验美食制作等项目。培育特色旅游商品，把乡村旅游特色商品纳入全省旅游商品规划，组织首届"福建好礼"评选活动，共评出代表福建特色的伴手礼300多种，逐步形成乡村旅游商品的研发、生产、销售体系。指导各地盘活闲置资源，发展特色民宿，举办"两岸乡村旅游（民宿）项目对接会"，将具备条件的古民居和空余农舍设计改建为民宿。例如，泰宁朱口镇音山村，依托便利的交通条件和丹霞地貌特色景观，发展农家乐餐饮、农家旅馆8家，购物店15家，促进了当地乡村旅游发展。

（3）加强乡村文化遗产保护传承

第一，组织编辑福建乡村文化记忆系列丛书，宣传弘扬乡村历史文脉。

计划用 4 年时间编辑出版 10 册。目前,第一辑《乡土乡贤》已基本完成,第二辑《乡居乡聚》正在梳理相关素材。

第二,持续开展历史文化名镇名村的申报、评审、认定工作和乡土建筑调查、保护、利用工作。目前,福建省共有中国历史文化名镇名村 76 个,省级历史文化名镇名村 125 个。福建省第三次全国文物普查共登记各类乡土建筑 10000 多处,许多乡土建筑已被公布为各级文物保护单位。实施传统村落整体保护利用工程,对 18 个国保省保集中成片传统村落的文物保护单位实施重点修缮、环境整治、展示利用工程,使得村落文化资源得到集中保护和合理开发。

第三,挖掘地方特色文化,加强品牌宣传。加大对文化文物特色小镇的扶持,先后对 10 个历史文化名镇名村和传统村落各补助 100 万元,鼓励其依据各自的特色文化主题实施文物展示利用。配合相关部门,落实省政府《宜居环境建设行动计划》工作部署,每年重点扶持 10—15 个历史文化名镇名村、传统村落的景观环境改善提升。

第四,鼓励社会力量参与乡村文物保护利用。省文物局出台《福建省鼓励社会力量参与文物保护利用实施意见》《福建省文物建筑认养管理规定》,进一步引导社会力量参与文物保护利用工作,为参与者创造条件、提供支持,统筹推进全省文物保护利用传承工作,建立健全的社会参与文物保护利用的新机制。完成并印发"加强城乡建设中文物保护""加强文物保护利用和文化遗产保护传承"等课题调研报告。

(4)加强乡村文化人才队伍建设

省文化和旅游厅组织举办了全省乡村文化振兴文化能人培训班,共有 70 名乡村文化振兴文化能人参加了培训;近年还先后举办四期文物保护工程技术人员(木工、泥瓦工)培训班,培训了古建筑工匠近 400 名,通过专业化规范化培训,丰富从业人员理论知识和实践操作能力,激发人员的创新意识,提升从业人员的整体素质。组织实施"乡村旅游人才赴台培训计划"，2013年以来共组织792名乡村旅游业主分32批次赴台进行实地学习。

省人力资源和社会保障厅也积极为乡村振兴补齐"人才短板"，印发《关于加强山区专业技术人才队伍建设十条措施的通知》，支持山区建立高级职称专业人才专项奖励制度，吸引和留住文化、旅游专业技术人才；省财政厅、人力资源和社会保障厅出台了《福建省就业补助资金管理办法》，对福建省就业补助资金用于职业补贴对象和补贴类型做如下规定："享受职业培训补贴的人员范围包括在福建省各级公共就业人才服务机构办理求职、失业、就业等实名制登记的城乡劳动者（含外省来闽务工人员）。补贴类型包括：就业技能培训和创业培训补贴、企业职工岗位技能培训补贴、项目制培训补贴。劳动者每获取一次职业资格证书（职业技能等级证书、专项职业能力证书、培训合格证书）可享受一次补贴。"2019年，省人民政府办公厅还出台了《福建省职业技能提升行动实施方案（2019—2021年）》，从失业保险金中按20%的比例计提资金，设立职业培训专账资金，统筹用于职业技能提升行动，从培训资金来源、补贴对象、种类、标准等方面进一步加大政策支持力度。

第三节　存在的主要问题

虽然非物质文化遗产有着丰富的历史文化底蕴，但在其"产生——演变——传承"到现代的过程中也面临着许多的困难，这些困难为"非遗"的保护工作增加了难度，产生了诸多问题。

一、传承和保护主体关系错位

在非物质文化遗产的构成中，传承和保护的主体是完全不同的，传承的主体主要是遗产传承人，而保护的主体主要是政府、社会团体、媒体等各个方面，这两大主体在职能、构成、关系方面的不同决定了他们的作用也不同。传承主体负责传承，保护主体则负责宣传、推动、发扬。当下，许多地方政府弄乱了保护主体与传承主体职能上的区别，将自己所熟知的官方文化、当代文化等外来文化生硬地加入非物质文化遗产中，这样就使得民俗受到破坏。这种改编风，将会破坏非物质文化遗产的生命基因，造成主体之间的关系错位。

二、重视遗产申报，轻视遗产保护

现阶段，有许多地方政府为了政绩工程和形象工程，热衷于"非遗"的申报，希望为此申请到政策上的资金扶持和国家的开发而提高知名度，从而获得经济效益和社会效益。为此，他们往往只重视本区域的非物质文化遗产项目的申报和开发而缺乏保护，开发和保护从而显得极度不均衡。目前，我国文化遗产已经进入了后申报的饱和时期，如何保护才应该是目前政府工作的重点。

三、缺乏对传承人的培养

传承人是非物质文化遗产的关键人物，但非物质文化遗产的特殊性导致传承人匮乏，且传承人的培养缺乏规模化、规范化和系统化，将会导致部分非物质文化遗产举步维艰，面临灭绝的风险。

四、传承的法律法规不完善

目前，针对非物质文化遗产的保护，地方政府虽然出台了一些规章条款，但就非物质文化遗产的传承与保护的整体实施来看，缺乏法律规定、法律责任、法律义务。对一些珍贵的民间文化艺术遗产，缺少针对性的管理，对文字、图片、音像等资料的管理缺乏科学性、规范性和统一性。

五、地方管理机构不健全，缺乏专业人才

就地方的非物质文化遗产来说，基层协会的组织往往不健全，缺乏专家级的人才，从而导致对本地现存的非物质文化遗产的理论和学术研究不够，专业组织缺乏规范管理、合理开发利用的市场意识和相关的政策条件，难以形成常态化的规模，使得非物质文化遗产丧失了市场。

第二章　非物质文化遗产保护传承与乡村振兴战略

第一节　乡村振兴战略中的非物质文化遗产

非物质文化遗产保护传承和乡村振兴战略，是 21 世纪中国特色社会主义建设中的两大重要命题，并终将在它们各自的发展中迅速汇聚，形成合力，推动国家产业振兴、坚定文化自信、传承传统文化和和谐社会的最终构建。

一、乡村振兴战略是农业改革的新重心

新中国的成立，一方面是从封建社会、半殖民地半封建社会的历史传统中脱胎而来；另一方面则汲取了当时世界最先进的社会建构方式：社会主义制度。自成立之日起，以转变传统农业性质为中心，围绕农村的经济体制、文化制度，社会结构和功能进行改革，一直是党和国家建设有中国特色的社会主义国家的重要部分。70 多年间，从转变传统农业性质，推动农村生产资料所有制改革；到发挥农业第一产业的产能效益，到破除城乡差异，解决"三农"矛盾；从开展农村的脱贫攻坚、建设社会主义新农村，到汇聚城乡功能，构建城乡协同发展的社会主义现代化强国，农村改革既坚定地保持着社会主义大方向，又不断根据改革发展的新阶段，进行工作重心的调整。

2017 年，习近平总书记在党的十九大报告中，首次提出实施乡村振兴战

略，并将之列入全面建成小康社会的七大战略之一。之后的《乡村振兴战略规划（2018-2022 年）》进一步明确了乡村振兴战略内容、规划。2020 年在我国完成了乡村的脱贫任务（即在现行标准下，农村贫困人口全面脱贫）后，"乡村振兴"战略接续"脱贫攻坚"成果，成为"三农"工作重心的历史性转移。2021 年中共中央，国务院《关于全面推进乡村振兴加快农业农村现代化的意见》《关于实现巩固脱贫攻坚成果同乡村振兴有效衔接的意见》《中华人民共和国乡村振兴促进法》（以下简称《乡村振兴促进法》）等政策、法规相继颁布，至此乡村振兴战略具备了完备的实施纲领体系。

（一）乡村振兴是新时代"三农"工作总抓手

传统农业乡村对人类社会的最大价值，就是它拥有土地，是第一产业农业生产的主要场域。20 世纪的中国社会开始从农业文明向工业文明过渡，"三农"问题正是过渡期的必然产物。作为两种文明的空间代表，乡村与城市的关系一度被处理为二元对立的。乡村伴随着传统农业形态的破产，现代农业发展相对滞后；而城市则汇聚着新型的产业模式、生产资料和技术资源，并不断催生了现代文化审美与生活方式。随着城乡发展的不平衡和差距的扩大，农村产业粗放式发展的不充分、农民对城市为代表的现代生活的向往，城镇化成为乡村发展的方向。

据国家统计局发布的数据显示，从 1997 年到 2017 年间，全国平均每天有 18 个以上的行政村消失。但是正如习近平总书记指出的"农本邦本"，农业作为第一产业，是国民经济中的一个重要产业，广袤的乡村仍有最广泛最深厚的基础，是社会主义现代化国家持久发展的重要动力；中华民族长期在农耕历史中孕育了许多优秀的文化成果，也形成了家园眷恋等共同的民族情感，因此"民族要复兴，乡村必振兴"。贯彻实施乡村振兴战略，建设一个产业兴旺、生态宜居、乡风文明、治理有效、生活富裕的新型农村，形成工农互促、城乡互补、协调发展的新型工农城乡关系，是解决"三农"问题的重要战略方针。

（二）乡村振兴是全面振兴战略

《乡村振兴促进法》明确指出，乡村振兴是一个全面振兴战略，包括乡村产业振兴、人才振兴、文化振兴、生态振兴、组织振兴等。

实施乡村振兴，首先，是对乡村资源的全面开发。充分利用农村的土地、物产和人力资源，夯实农业经济基础，挖掘技术、文化、生态资源促进农村二、三产业的发展；注重农村经济中一、二、三产业的相互支撑，融合发展，转变农村粗放型经济模式，提高农业产出效益；通过开发乡村文化、生态的特色资源，提供乡村旅游、体验、民宿、"非遗"工坊等新型文化产品和服务，丰富农村第三产业内容。

第二，乡村振兴需要正确处理内生动力和外在激活力量间的关系，激发农村发展的内生动力。农业经济发展曾经历了"以农养工"到现在的"以工哺农"，工农互动发展，创造了某一时期中心产业良好的发展环境，包括政策导向、产业扶持、人才汇聚和产业市场环境的总体提升。但是外在激活力量只是次要因素，产业的最终发展需要依靠其内生动力。一段时间内，以工哺农，强调了工业产能、技术、市场对农业发展的直接扶持、引领，但是却忽略了农村和农业发展自有其内生动力和节奏，这些才是其发展的最终力量。农村发展的内生动力，在于坚持农业发展的现代化方向；坚持农民主体位置，调动农民积极性，维护农民根本利益；坚持农村文化自信，对农耕文明的遗产资源和自然山水赋予的自然资源价值有充分的喜爱和认识；坚持以城市为参照的农村生态宜居环境建设，在"村村通"带来的农村的生活条件现代化后，乡村节奏和它的自然生态更体现出有异于城市的朴素、和谐。

第三，乡村振兴是一个依靠农民为中心的，政府、企业、社会组织、农民多元主体协调发展的系统工程。在乡村振兴战略中，政府、企业、社会组织要承担引导农民、组织农民、支持农民的职责。

《乡村振兴促进法》规定了国家从提供财政投入、创新金融服务、延伸保险保障、科学规划土地用途等方面支持乡村振兴，鼓励企业、社会组织则以农村为新目标对象，开展产业模式、技术提升、人才培养的创新发展。

二、"非遗"保护融入乡村振兴战略的必然性

（一）乡土性是我国非物质文化遗产的本质属性之一

"非遗"保护传承最早起源于世界各国对人类文化遗产保护的共识。根据2003年联合国教科文组织的《保护非物质文化遗产公约》定义，"非物质文化遗产"是指"各社区群体，有时为个人视为其文化遗产组成部分的各种社会实践、观念表达、表现形式、知识、技能及相关的工具、实物、手工艺品和文化场所。这种非物质文化遗产世代相传，在各社区和群体适应周围环境以及与自然和历史的互动中，被不断地再创造，为这些社区和群众提供持续的认同感，从而增强对文化多样性和人类创造力的尊重。"

我国是世界四大文明古国之一，五千年的国家历史从未间断。辽阔的疆域，多民族人民共同劳动、生活，创造了大量的物质和精神财富，包括现在存留的非物质文化遗产。由于古代中国长期处于农耕文明时代，在农耕劳作和乡村生活中，正如马克思指出的"劳动创造了人本身"，人们的意志、志趣、情感同样得到了锻炼和抒发，必然产生相应的精神成果：一首山歌、一套节庆仪式、一种游戏和技艺、甚至由区域性决定的饮食方式；这些构成了乡村人们长期的生活内容，也是他们情感的集结和寄托，这些"非遗"资源从内容、形态、功能上体现了农耕文明独特的价值观念和审美取向，是乡村文化中最传统、最自在的部分，是乡村人对乡土传统的集体记忆存留。乡土

性成为我国非物质文化遗产的本质属性之一。

基于大国责任担当和弘扬民族优秀文化传统，实现社会可续性发展需要，我国于 2004 年批准通过《保护非物质文化遗产公约》，开始了"非遗"保护传承道路的探索。在多年的实践中，我国的"非遗"保护坚持"保护为主、抢救第一、合理利用、传承发展"的工作方针，并通过立法推动、开展"非遗"普查，建立名录、制定"国家＋省＋市＋县"四级保护体系等措施达到了一定的"保护"和"抢救"成效，但"合理利用、传承发展"，特别是高水平的保护传承上仍有不足。

例如，在"非遗"保护方式上，从"抢救性"保护，到"生产性"保护，再到"整体性"保护的不断摸索中，体现了对"非遗"本质认识的不断深化：从静态的保存、活化的传承，最后到尊重"非遗"及其留存空间的整体性，使其重新具备传承发展的内生动力。但是在"整体性"保护上，首先要回答的问题就是，"非遗""起于哪里"，"存于哪里"。如果把"非遗"与现代城市生活的"不合时宜"简单理解为"时间"的矛盾，是古代文明与现代文明相较必然的落后，就难以真正找到"非遗"的"土壤"和它活化的方式。

农耕社会的历史使我国 73% 的非物质文化遗产存在于乡村。"非遗"的四级保护体系中，"县"是对"非遗"线索的第一步记录和管理，并从"县"开始实际对"非遗"进行了"城市性"的保护。希望以城市的现代技术、城市的产业和信息传播方式、城市的空间，激发"非遗"在"城市"中的新生存。但是当这些被"城市"空间保护和普及的"非遗"，消除了它的乡土性；当传承人离开村庄和土地，"非遗"的受众不再是乡土文化自发的享受者、认同者和推进者时，"非遗"很难通过在"城市"中暂时的表演和展示，重新富有创造性和生命力，因此要重新考虑"非遗"起于乡土、存在于乡土。

非物质文化遗产的珍贵之处在于它的"见人见物见生活"，将其乡土文化传承和情感凝聚的功能，内化为乡村振兴的一个环节，同时通过乡村振兴使

"非遗"在乡村中自觉获得具有现代气息的生存土壤和活化动力，正是二者必要的交汇，也是合力发展的必然。

（二）"非遗"融入乡村振兴战略的必然性

"非遗"的本质是历史中民族精神、民族情感和民族技艺的凝集，但其具有丰富的载体形态，包括：传统口头文学；传统艺术和游艺；传统技艺、医药和历法；传统礼仪、民俗信俗等。各具形态的"非遗"是乡村生活的组成与乡村文化的表现，某些"非遗"种类，如技艺、医药等仍关联着当下的经济行业。在乡村振兴战略中，"非遗"对乡村的产业振兴、文化自信、和谐生态都有积极的助益。

1. "非遗"是生产力

"非遗"中有些种类，如传统手工技艺、医药类"非遗"，与生产技能和生活产品密切相关。在社会发展中，这类"非遗"借由人们的生活需求，从乡村进入城镇，并逐渐存续于城市经济的一些产业和行业中，在市场经济中具有了"生产性"的活化状态。如福州脱胎漆器、寿山石、武夷山大红袍、德化白瓷、建阳建盏、福州茉莉花、畲医畲药等，这类"非遗"本身已经具备完整的生产力要素，产品或满足现代城市的日常生活需求，但更多仍属于文化消费与精神消费。

2021 年 7 月 16 日，文旅产业指数实验室联合淘宝发布了《非物质文化遗产消费趋势报告》。报告显示，在过去一年中，淘宝上 14 个"非遗"产业带成交过亿，福建的德化陶瓷、莆田木雕、福州金石篆刻、建窑建盏位列其中。德化陶瓷的高成交主要依靠作为日用程度最高的商品，陶瓷相关的"非遗"产业带具有最大的市场规模。建窑建盏成为成交增长最快的产业带，领先于福州金石篆刻，这与近年来建窑建盏在政府指导下，不断擦拭"非遗"的金质名片，依靠传统工艺规范和产业升级、国家地理标志产品认证、传统斗茶文化的大众传播、国际收藏价值攀升宣传等，不断提质提量、提产提销息息相关。随着市场经济的推进，传统"非遗"工艺也会由于传承、创新等问题，或多或少与市场规律形成矛盾，成为产业发展中的新瓶颈；那么适时重返其初始，寻求乡土文化、农耕文明给予"非遗"最珍贵的品质，在技艺和产品上深挖蕴藏的文化底子，不断建立起乡土技艺与现代生活交流交融的关系，不失为一种突围的方式。

但是，"非遗"的大部分种类，并不具备直接的产品或产能性质，它们依然遗留在乡村，成为与乡土相连的一种文化集体记忆，包括口头故事、歌谣小曲，包括特定的仪式、食品、信俗，或者还有一些游艺、体育项目。这些文化习俗甚至与现代城市生活的标准评价相去甚远，随着村落的空心化甚至消失，传承不继，很快会遗失殆尽。"非遗"的消失又标志着村落从体制到文化的全面消散。因此，乡村振兴，需要以产业振兴为支撑，充分调动乡村物资、文化、生态等资源优势，夯实产业基础，建设富美和谐的新农村，使得农民从生产到生活重安于乡土。产业振兴首先是乡村资源的全面开发，包括"非遗"为代表的文化资源。

文化产业，已经是 21 世纪世界产业的新方向，它直接置身于社会进步过程中，成为人类精神生活的极大需求。文化产业可以是独立的产业概念上的，更应该是由"文化生产力"延伸出的一种形态，包括产业文化化和文化产业化。

产业文化化，比较简单地理解就是"产业/产品+文化"。一是考虑"非遗"文化因素，对现有乡村产业的加持，为产品加入文化赋值，有利于特色产品品牌的打造。例如，糯稻种植出的糯米，是一种普通的粮食作物，在南北方皆有产出。在西南少数民族地区，有用纯植物染剂把糯米浸染成五色米，在三月三歌节期间食用五色饭的习俗。2010 年，五色糯米饭制作技艺入选广西壮族自治区"非遗"保护名录，并确定了项目传承人。之后，广西、云南五色米开辟了糯米销售的一个新分区。广西五色米传承人研制出了系列衍生产品，包括五色糯米酒、五色艾馍、五色粽子等，都广受好评。2018年"壮族五色糯米饭制作技艺"传承基地揭牌成立。二是考虑产业与"非遗"的融合，探索产业转型和新业态的途径。传统农业生产承担着粮食和经济作物生产的主要职能，但也正是在这些农业活动中，催生了丰富的农业文化遗产，如一些农业节庆、信俗、歌舞和技艺，这些"非遗"内容成为现代休闲农业的重要组成部分。在坚持农业生产为中心外，利用农业景观资源和农业生产条件，发展观光、休闲、旅游、研学等新的农业生产形态，同时带动乡村旅游、民宿等新业态。

文化产业化，是在承认文化生产力的基础上，使得文化产品和文化服务生产成为市场经济活动的中心。它与现代工业的机械化、批量生产相连，但由于文化产品和服务的精神消费特征，它又会关注于文化内容开发、营销的特殊性要求。"非遗"产业化，一直是备受争议的问题。由于"非遗"的乡土性和农耕文明的代表性，它的价值有时恰是与工业产业生产过程相悖的，因此简单地提"产业化"是不合适的。

"非遗"的文化生产力，应该表现在保护其真实传承过程中，通过适当的原料、技术提升和文化元素的新创意，特别是依靠传播营销，使"非遗"能够对接现代市场需求，在市场中活化生存，并能提供乡村产业新的内容。尤其在数字传播时代，信息的传递在时间上无比快速，在空间上无比广泛，"地球村"已然成型。这在一定意义上，为一些沉寂在乡村中的"非遗"，找到了对接市场与转化价值的窗口，具有典型性的案例是"李子柒现象"。

2015年李子柒只身开始了传统美食短视频的拍摄，到2016年在互联网上受到广泛关注，2017年组建团队，创立李子柒个人品牌，2019年成为成都首位"非遗"推广大使。李子柒的成功有个人的际遇，但其必然性是抓住了当下市场两个活跃的因素：传统文化内容和数字传播手段。她提供的经验如"酒香也怕巷子深""渠道为王""内容在传播中的自我生长"都是将"非遗"传播活化，成为文化生产力的有效经验。

快手、抖音等自媒体平台的火热，直播带货、云旅游、云购物、云拍卖等新传播营销手段层出不穷，数字时代的传播营销不断迭代。乡村"非遗"可以做的是，内容上不断充实和建设文化内涵；创意上将"非遗"文化或其中某些元素对接于其他文化产业，成为文化产业内容生产的一个来源；传播上则利用好数字传播技术红利，最终实现"非遗"的文化生产力价值。

2."非遗"是乡村文化、生态振兴的重要内容

如果说产业振兴是乡村振兴的物质基础，也是解决乡村问题的前提，那么文化振兴、生态振兴则对提升乡村文化自信、促使农村人口回流，展现乡村独特的历史传承、空间风貌，进一步缩小城乡差距，建立城乡交流对话基点有重要意义。

乡村"非遗"本质上是一种文化传承。在文化生产力的转化中，"非遗"可以搭建乡村产业的一个契机，但其基本功能仍是通过乡村传统和记忆传承，作用于乡村农民主体的情感凝聚及乡村社会生态空间的建构。从《乡村振兴促进法》到两办的《关于进一步加强非物质文化遗产保护工作的意见》，两个法律规章都从"文化"角度，强调"非遗"与乡村振兴的直接联系。《乡村振兴促进法》在第四章"文化繁荣"第三十二条提出"各级人民政府应当采取措施保护文化遗产和非物质文化遗产，挖掘优秀农业文化深厚内涵，弘扬红色文化，传承和发展优秀传统文化"；《关于进一步加强非物质文化遗产保护工作的意见》则强调"在实施乡村振兴战略和新型城镇化建设中，发挥非物质文化遗产服务基层社会治理的作用，将非物质文化遗产保护与美丽乡村建设、农耕文化保护、城市建设相结合，保护文化传统，守住文化根脉。"

（1）"非遗"有助于农民主体性意识的确立。"三农"问题，是产业发展相对滞后，城乡差异凸显、农村人口外流形成的不良循环，其中，农民问题

是核心。农民是乡村的缔造者和守护者，切实尊重农民意愿、保护农民利益，鼓励农民发挥主动性、创造性、积极性归于乡土、建设乡村，才能不断激发乡村振兴的内生动力。农民的意愿与利益不仅有关于经济发展，还有关于自身文化和族群精神得到尊重和传承。乡村"非遗"经过时间的洗礼，从内容、形态、功能上体现了乡村文明独特的价值观念和审美取向，是乡村文化中最传统、最自在的部分，是乡村人对乡土传统的集体记忆，也正是乡土情怀成为同根同源，休戚与共的社群情感的维系。

例如，福建省古田县的陈靖姑（顺天圣母、临水夫人）信俗，是福州乃至江南地区具有影响的民间信俗之一。据不完全统计，全世界的顺天圣母宫观有 5000 多座，临水夫人宫观数以千计。全球的临水文化信仰者有 8000 多万之众，遍及 26 个国家和地区。每年农历正月初一至十五，信众从四方拢聚古田临水宫庆祝神诞，同时各地派出仪队到祖宫"请香接火"回乡祈神醮火。

陈靖姑信俗起源于对唐代修炼道法、护卫乡民的女子陈靖姑的感恩祭祀。陈靖姑成为母亲神、妇婴保护神的化身，其传承在时间和空间上影响深远。这一信俗体现封建社会发展时期，人们相信道法能通天佑民的信念。如果说迷信的形式和结果有悖于现代唯物主义对世界的科学认识，但是究其动机，信俗中存留着农耕文明中人类对地母形象的执着、种族繁衍信仰，甚至天人合一的自然观。费尔巴哈指出"神是人的本质的异化"，马克思认为"人创造了宗教，而不是宗教创造了人"，所以人在共同的信念创造中，种族、民族、宗族内部才产生了聚合力。以信俗为代表的"非遗"，正是在文化和情感的连接上，将乡土上的人紧密联系在一起。如果不理解"非遗"代表的农耕文明自然、朴素、单纯的审美，不重视"非遗"的文化传承和群族聚合功能，也就不能真正尊重农民群体的精神需求。

（2）"非遗"构建了丰富的乡村社会生态。生态振兴是乡村振兴的重要内容，良好的自然生态环境是乡村最大的优势和财富，是农民宜居的家园，也是乡村旅游、乡村研学等业态发展的资源基础。但是，除了青山绿水、整洁美化的农村居舍，农民和自然的和谐关系、安居乐业的乡村生活构建的社会生态，才是美丽乡村的灵魂。在一衣一食、一歌一礼中，深藏着乡村生活乐趣、社会习俗和关系的牵绊，是农民生活的精神空间。同时在"非遗"原汁原味传承还是创新发展问题上，从生态的角度很好理解："非遗"始终处于乡村历史的进程中，它是存留的文化也是前行的文化。农耕文化最宝贵的品质，就是遵循物竞天择的自然法则，获得自我生长的顽强生命力。"非遗"传承，根本上是保持自我生长的特质，不断加入新质，维系族群发展和农民主体的需求与传统的连接。"非遗"为美丽乡村建设注入了底蕴深厚的民族文化内涵，使其具有了历久弥新的醇美回味。

（3）"非遗"确立了城乡文化和谐发展的基点。现代社会，尤其是城市工业为代表的产业勃兴，使人类社会获得了丰富的物质成果。在市场经济社会的逻辑中，经济决定论极端化，就会把经济的基础性替换成经济评价标准，将城乡文化对比，以"落后"来定义乡村文化。但事实上，社会体制的转变并不能在短期内消除几千年农耕社会历史对我们民族意识和情感的影响，如费孝通先生所说："从基层上看，中国社会是乡土性的。"即使在城市社会心理上，"离不了泥土""不流动性（安土重迁）""熟人社会"等"乡土性"也成为一种隐性结构。乡村文明中有落后的形式，但并非它的本质。"非遗"的自我生长，不是要建立现代城市准则，反之要以乡村审美形态和价值，确认城乡共同的民族文化心理。

现今，许多"非遗"在现代传媒中受到热捧，除了营销运作的眼球经济外，主要是这些"非遗"代表的田园生活模式和趣味、乡土载物给人的心灵慰藉，人类所追求的与自然和谐共生状态，成为异于城市文化的审美价值传达。

三、乡村"非遗"保护传承中面临的问题

"非遗"保护和传承对乡村振兴有重要的意义，同时乡村振兴又会为"非遗"的整体性保护和传承提供资源、空间、人才的接续。目前农村改革在脱贫攻坚上取得了胜利，但是真正解决"三农"问题，实现乡村振兴还需要一个长期过程，乡村"非遗"同样面临许多现实问题。

（一）"非遗"存续的乡村基础薄弱

从产业基础看，相对于城市二、三产业的迅猛发展，作为乡村基础性产业的农业生产总体滞后，农村二、三产业发展不充分，各区域存在发展不平衡。城乡资源、劳动收入和生活水平差距的扩大，使部分农业不发达地区加速了农村人口的流出。据 2020 年开展的第七次全国人口普查数据显示，城乡人口居住比例分别为 63.89% 和 36.11%，与 2010 年第六次全国人口普查相比，城镇人口增加约 2.36 亿人，而乡村人口减少 1.64 亿人。在流动人口和人户分离情况统计中，与十年前相比，人户分离增加了 2.3 亿人，增长为 88.52%。人口流出，又进一步对乡村的产业、文化建设造成限制。乡村的空心化甚至消失，使得生存于乡村的"非遗"失去了生存的土壤，也逐步丧失了自我生长的能力。

（二）部分传承人传承保护动力不足

乡村"非遗"的传承主要依靠传承人的活动。"非遗"传承人多是农民身份，由于自身学识局限，部分传承人仍然依靠家传或师承关系选择后继者，但随着乡村的沉寂而无人可传；传承手段依靠口传身授，缺少文字研习，容易出现误传、漏传；传承内容依据个体经验，缺少对文化系统地梳理、研究，更少于积极地创造和发展；责任意识不足，重申报轻保护，甚至疏于承担"非遗"传承职能。传承人活动的单一分散、创新无力，即使是同一地域，不同

项目的传承人，也缺乏文化同源上的协同合作思维；同一项目的传承人更是各自为营，使原本传承薄弱的"非遗"难以形成聚合发展的格局。

（三）乡村"非遗"保护多以静态保护为主

乡村"非遗"类型多样、数目繁多，多数由区县的基层政府管理。一些基层政府对文化生产力的认识存在偏差，或是只看到"非遗"保护的文化事业性质，将"非遗"保护重心放在落实立法保护、完备组织制度、项目申报和传承人管理、设立"非遗"传承基地或保护区等方面，总体偏于现状管理和静态保护。他们或也看到了文化产业的问题，但在"非遗"价值兑现方式上，趋于对一些成功模式的简单模仿。由于保护资金长期处于单纯依靠政府投入，一些人力、物力、财力受限的区县，更是把"非遗"工作缩小到"非遗"项目申报和宣传上，其工作格局不高。

（四）"非遗"资源开发利用程度不高

鼓励"非遗"活化，让传统的乡村"非遗"重新融入当下的城乡生活中，是"非遗"保护传承的有效途径。其本质上是要促发"非遗"的自我生长的能力，使"非遗"资源在"生活使用"上获得发展。但不同类型的"非遗""使用效益"各有不同，活化的具体目的、价值标准和实践途径不一，不能用经济效益作为唯一指针进行衡量。另外，充分挖掘"非遗"资源，发挥其对乡村产业、文化、生态振兴的价值，并不是仅依靠政府、传承人或者企业的其中一方就可以完成的，而需要形成政府指导支持，传承人悉心传承发展，企业对接资本和市场需求的合力。但由于基层政府人、财、物方面的限制，农村传承人年龄和学识的局限，企业热衷于成熟的城市文化市场培育，一些匆忙上马的"非遗"开发项目，常出现盲目开发、形式老套、内涵空洞、效益不高的问题。

四、融入乡村振兴战略，开创乡村"非遗"保护新格局

进一步推进"非遗"保护传承，最直接的力量来自对"非遗"价值的认知。《乡村振兴促进法》的颁布表明，在未来相当长的时间里，乡村振兴战略将成为国家工作的重心，因此要对乡村"非遗"在农村产业、文化和生态振兴中的价值有更高认识，在美丽乡村的营造中，加入"非遗"的色彩。

（一）坚持政府指导职能，继续完善"非遗"保护传承工作机制

根据"非遗"四级保护体系，在地方"非遗"保护中建立省市县三级联动机制，进一步提升常规工作效率，同时依据各级政府管理功能，在乡村"非遗"的保护开发上进行重点工作划分。省市政府主要做顶层设计，包括继续推动立法保护，树立政策导向，接引社会资金、专业人才进入"非遗"保护研究领域；实行"非遗"的分类分级保护，以国家、省级"非遗"项目为重心，抓项目培育并促进提升；打造"非遗"产业服务的高级别平台，如信息平台、技术平台、服务平台、展示平台等，加强对"非遗"就业工坊、"非遗"小镇、文化生态保护区等"非遗"传承空间的打造，支持"非遗"的开发利用和整体性保护的协调发展；推动"非遗"的大众传播，强化"非遗"内涵与地方文化、文脉的统一，"非遗"保护成果惠民共享，为"非遗"与城市生活的对接营造良好的社会环境。

县区、乡镇等基层政府，是乡村"非遗"的直接管理者，需要继续根据"非遗"线索，发掘乡村"非遗"资源，完成对"非遗"项目的初步分类、记录和评估。开展"非遗"保护和利用的初步工作，保护"非遗"生长的整体空间，鼓励"非遗"融于乡村产业、文化振兴和美丽乡村建设；鼓励地方产业、文化建设叠加"非遗"价值，走特色化发展之路。

（二）发挥农民主体作用

传承人是"非遗"的一线守护者，鼓励传承人参加学习和培训，提高责任意识，创新传承手段，承担好"非遗"的保护传承责任；扩大"非遗"的公众宣传，帮助农民认识身边的"非遗"，通过"非遗"获得生活的乐趣和信念，增强文化自信；鼓励农村人才发挥积极性、能动性和创造性，积极探索"非遗"的价值，做"非遗"的使用者和缔造者。

（三）利用新媒体助力"非遗"传播

加强乡村"非遗"与现代城市文明的交流，鼓励利用数字信息等新媒体手段，帮助"非遗"的传播。在传播中坚持社会主义核心价值观，建立城乡文明平等对话机制，以乡村之美，强城市文脉之源；以城市文明，促发乡村生产力的发展。鼓励企业、学校、社会组织等社会力量进入"非遗"保护和研究领域，在社会范围内形成"非遗"保护的共识。

（四）将"非遗"保护纳入乡村振兴的系统工程

在乡村振兴的路径设计中，加入"非遗"资源的内容。鼓励企业、社会组织、个人对"非遗"资源的合理利用，创新地方"非遗"利用模式，推动农村产业和新业态发展，增强其活化能力。乡村振兴的成果需要反哺"非遗"保护，在产业效益外更明确"非遗"保护的文化事业性质。

第二节 "非遗"保护传承与乡村产业振兴

非物质文化遗产是各民族人民世代相传并视为其文化遗产组成部分的各种传统文化表现形式，以及与传统文化表现形式相关的实物和场所。由于我国久远的农耕社会历史，现存73%的"非遗"仍在乡村，成为乡村宝贵的文化资源。文化生产力、乡村振兴战略的相继提出，"非遗"的文化资源开发利用成为农村产业振兴新的实践方式；同时，"非遗"也因其合理利用，特别是文化价值的兑现，获得了在现代市场活化生长的能力。

一、传统技艺的生产性保护和乡村产业发展

根据《中华人民共和国非物质文化遗产法》分类，我国"非遗"主要分为六大类，包括：传统口头文学以及作为其载体的语言；传统美术、书法、音乐、舞蹈、戏剧、曲艺和杂技；传统技艺、医药和历法；传统礼仪、节庆等民俗；传统体育和游艺；其他非物质文化遗产。

其中传统技艺、医药等"非遗"项目，是在生产实践中产生的，其物化的成品如手工艺品、衣饰、食品、药物可以在市场中流通，并成为民众生活的消费产品。这些"非遗"通常随着农业社会向工业社会的迁徙，继续在人们的消费使用中留存，从乡村进入城镇，并成为一种具有经济产能性的产业。

文化部根据"非遗"自身特点和内在规律，提出了分类保护原则，对具有生产性质和特点的"非遗"，主张生产性保护的方式：即继续推进在具有生产性质的实践过程中，以"非遗"的真实性、整体性和传承性为核心，将"非遗"及其资源转化为物质形态产品的保护方式。生产性保护以"保护"为最终目的，但在实现途径上，以产业发展和市场经济效益促进物化成品的生产使用，从而形成"非遗"技艺的自我生长传承的内生动力。

以福建省为例，传统技艺是福建"非遗"的重要类别。传统工艺美术如福州金石篆刻、建窑建盏、德化白瓷、莆田木雕等都凭借手工技艺成为地方代表性产业。在农耕社会已具盛名的福州茉莉花茶窨制工艺、武夷岩茶（大红袍）制作技艺、福鼎白茶制作技艺也支撑着茶产业成为福建农业发展中最具活力的产业之一。据福建统计局数据显示，2019年福建省茶产量44万吨，

产值为 237.22 亿元。产业的成熟发展一方面为"非遗"的保护提供了更好的人力、物力与技术资源,搭建了"非遗"活化的良好市场空间。另一方面在产业辐射上,则带动了与之相关的二、三产业,同时也给处于原料产地、技艺起源的乡村带来了增加就业、产业创新的契机。

中国传统农业和技艺多选取天然材质,依靠手工制作。这既是农耕文化的遗留,也逐渐凝结成中华民族崇尚自然的审美趣味,对人力创造性价值的认同等文化心理。随着现代工业的勃兴,手工技艺仍然能立足于城市,正是由于人们从批量的工业品得到物质的满足后,转为追求在天然材质、手工价值消费中得到的文化和审美满足。因此,特色农业产业和工艺产业的发展需要乡村资源的支撑,而这些产业的成熟又将带动乡村产业发展和增加劳动力需求,推动乡村产业振兴。

以福州茉莉花茶产业的历史发展为例。福州茉莉花有 2000 多年的种植史。在南宋时,人们开始了茉莉花茶窨制工艺的尝试。明朝时期,福州茉莉花茶窨制工艺闻名于世。随着明清经济和外贸的发展,福州茉莉花茶凭着产量和核心技艺,在福建、中国,甚至世界都享有盛名,成长为地方代表性产业。直到 20 世纪 90 年代中期,福州茉莉花茶产业达到鼎盛,拥有 10 万亩茉莉花基地和 1000 多家相关企业,茉莉花茶产量占全国产量的 60% 以上。同时经过数十代人的严格保密和坚守传承,福州茉莉花窨制技艺成为唯一保存完整的古法工艺。

从 90 年代中后期起,福州因为旧城改造,铲除了大量的茉莉花田,花田面积由原来的 10 万亩降至 5000 亩。茉莉花产量的不足,对传统工艺和花茶产业都形成了致命打击:企业只能通过减少窨制时的下花量或减少窨制工序,下降花茶品质应对市场需求。甚至有不良企业,通过添加生石灰和香精来提重增香,彻底打击了福州茉莉花茶的金字招牌。随着广西横县大兴茉莉花种植,福州茉莉花茶产业从产量到工艺,被迫让渡市场。福州茉莉花茶产业的兴衰说明：农业产业的生产根基始终在乡村。福州在城市扩张中，牺牲了乡土农田，也使茉莉花茶产业、工艺都失去了根本。

2008 年，福州政府开始重振茉莉花茶产业，一是恢复花田种植，逐步使福州市花田增加到 1.8 万亩；二是重整茉莉花茶历史和传统工艺，鼓励行业培养茉莉花茶工艺传承人，制定茉莉花茶最高标准，打造福州茉莉花茶国家地理标志产品。2011 年，福州被授予"国际茉莉花茶发源地"称号；2014 年，福州茉莉花种植与茶文化系统入选"全球重要农业文化遗产"；2018 年，福州茉莉花茶窨制工艺入选国家级非物质文化遗产代表性项目。但是福州作为省会城市，花田种植面积已不可能恢复到其高峰时期的 10 万亩，甚至仍有很大差距。茉莉花茶"非遗"工艺品牌给产业重新带来了市场，需要更大的茉莉花花产量和更严格的工艺标准来夯实市场基础。因此，将花田种植和制茶技艺引入乡村，才能促进茉莉花茶产业和乡村农业的共同发展。

2011 年起，经政府接引，福州茶业龙头企业"春伦集团"相继在永泰梧桐镇的春光、椿阳、坂程、白杜等村建设了 2000 多亩茉莉花田，稳定巩固茉莉花基地。企业通过茉莉花的定向种植收购，使当地农民摆脱了传统自主生产的不稳定性，增加了农民收入，也把农民留在了乡村，600 多户农民通过茉莉花基地实现脱贫增收。同时，乡村因为茉莉花的特色种植，也很快找到了乡村旅游、民宿经营等多种产业模式。例如，春光村结合优越的生态环境与乡村旅游特色村建设先后开展"美丽乡村""幸福家园工程"建设，打造茉莉花田景观，在花季吸引大批游客观光，先后获评"省级美丽乡村示范村""市级乡村旅游精品示范村"。2020 年，春光村入围中国美丽休闲乡村。

福州茉莉花茶产业的复兴，体现了政府政策和产业发展、企业生产和市场需求、古法技艺和现代消费多重关系的协调；而"非遗"工艺对产业的生存发展有至关重要的意义。茶是一种典型的由物品消费进入精神消费需求的农产品。整个现代市场经济中，产业技术的发展提供了大量同质化产品，导致消费需求不断升级。最终,许多传统产品的消费都要经历数量性消费向质量性消费、单一性消费向多重性消费、使用性消费向精神性的转化之途。

福州茉莉花茶窨制工艺,是产业对接花茶历史传统的线索,也是农耕文明质朴、天然、匠心的精神所在。一款好的茉莉香片要经过9窨81道工序,工艺繁复、工期漫长,才能"窨得茉莉无上味,列作人间第一香"。当前的文化消费理念的确立,使得传统手工与机器产能的比较中不再处于绝对劣势。乡村的物产提供了手工技艺的支撑,也从手工技艺的勃兴中提高了自身价值。

二、一般"非遗"的保护开发和乡村产业振兴

乡村产业振兴,首先是要了解其相对滞后的困局。

第一,中国30多年来工业化和城市化的快速推进,第一、二、三产业的发展不平衡。2011年,中国城镇人口为6.908亿,城镇化率为51.27%;城镇人口首次超过农村人口。这是中国社会结构的一个历史性变化,表明中国已经结束乡村型社会为主体的时代,开始进入以城市型社会为主体的时代。农村人口的减少,直接限制了农村产业的发展,城市的工业标识、产业标准、制度准则及其形成的市场,成为中国现代化经济的主要内容。农村农业所面对的是更高的城市市场需求。

第二,生产者市场向消费者市场的转化过程中,城市消费的多样性、多重性、品质性特征影响着乡村的生产;要求乡村盘活各种资源,改变单纯对种植生产和对物力资源的依赖,提供更多种类的物质和文化产品。

第三,城乡融合发展提高了农村产业发展创新能力。城市化同时是一个以城带乡的过程。"村村通"工程通公路、通水电、通网络,从生活设施上缩小城乡差距,同时也密切了城乡生活、技术文化的互通。数字信息概念进

入了农业生产控制，文化产业和文化生产力的观念也逐步成为城乡公众意识。因此利用好"非遗"，增加农产品的附加值，或进行产业新业态的尝试，将有助于乡村产业振兴。纵观"非遗"保护开发的现状，大致有如下几种模式。

（一）"非遗 + 产品 + 工坊"

福州茉莉花茶助力乡村振兴，是企业在政府和市场的引领下，利用较成熟的城市产业支持，帮助乡村提高生产力和进行产业转型。其基础是茉莉花茶本身具有悠久的贸易历史，早已形成了成熟的行业生产和市场需求，但是更多的乡村技艺及其产品，并未有产业化和城市化的过程。它们只存留于乡村和周边城镇人们的生活中，并受到同类工业产品的冲击，而趋于消亡。因此，如何在保护传承"非遗"技艺时，考虑将产品进一步对接现代城市需求，充分实现"非遗"产品天然、健康、趣味价值的社会共赏，就能为乡村和农民找到新的产业振兴之途。近年来，如同仁唐卡、藏羌织绣、丰宁剪纸、大悟汉绣等"非遗"进行技艺开发和传播，开辟新经济点，最终带动乡村脱贫致富的案例，屡屡见诸报端。

2018 年，文化和旅游部办公厅、国务院扶贫办综合司联合下发了《关于支持建立非遗扶贫就业工坊的通知》。"非遗"工坊用"政府支持、市场主导、各方参与"弥补了过去乡村"非遗"产品开发中，单纯依靠传承人和部分农民、基础设施薄弱的弊端，并逐渐形成了"非遗 + 传承人""非遗 + 合作社""非遗 + 企业"等经营模式的尝试，加快了"非遗"活化和助力乡村产业之途的进程。

（二）"非遗 + 文创"

带有乡村民间艺术意味的"非遗"，如口头文学、音乐美术、节庆信俗等，并没有物化成品，但其间却蕴含着丰富的乡村文化审美意味，成为乡村生活的情感内容和文化装扮。现代城市产业，擅长以文化创意设计给简单的工业品进行装饰赋值，开辟了文创产业；乡村本身有着丰富的物产资源，或将"非遗"艺术与农产品结合，通过"装饰"，给物品赋能，增加更多的文化、审美消费意味，也就提高了农产品整体附加值。

"非遗"艺术可以用于品牌设计，就是在农产品的品牌设立、提升过程中加入"非遗"的文化因素。在城市产业中，"老字号"的品牌价值有时超过了它的产品产值，其命名都有文化讲究或故事渊源。乡村产品可探索与地方"非遗"文化契合之处，建构农产品品牌的文化标识。

"非遗"艺术也可以用更易行和更大众的产品包装。重内容而轻包装，是比较传统的销售思维，对"买椟还珠"的批判有时就丧失了现代文化消费带来的红利。"非遗"美术常充满乡村特有的设计元素，俚语文字则确认了地方文化气质。例如桃花坞木刻年画，是苏州的"非遗"项目，年画内容多为吉利喜庆题材，色调以红黄色调为主。在一年新春时段，相继出现了用年画图案包装设计的冬酿酒、姑酥饼、手机壳、过年红包等，受到了市场欢迎。

"非遗"艺术也可以和现代工业设计相结合，通过现代产品融入民众生活。故宫博物院运用"故宫大IP"，做出的文创衍生品开发是一个较为高级的案例。它需要丰厚的文化遗产底蕴、高明的技术开发手段、高度的市场认同和现代的营销设计等。它对乡村文创的启示是：对内做好内涵提升，遵循"非遗"艺术在生活中生长的规律，鼓励在保持核心内容的基础上，与现代产品载体相结合；对外增强传统文化自信，"讲好乡村故事"做好文化传播。"非遗"艺术通过创新发展，也必然能实现艺术价值向经济价值的转化。

（三）"非遗 + 乡村旅游"

乡村旅游是指乡村地区依托独特的农业、自然或者文化资源，以乡居村间为空间，给游客提供观赏、休闲、研学、康养等旅游产品而开展的活动。

乡村旅游积极利用了农业的多种功能，并可贯通一、二、三产业，成为乡村产业的重要组成部分。

相当一部分的乡村旅游是以原有农业种植为基础，在此之上向生态休闲、旅游观光、文化教育功能延伸的。例如上文所提到的永泰茉莉花基地，就是在茉莉花种植过程中，有意将花田打造成景观，尤其在花季，吸引了大批游客观光。除了花田观光外，种植采摘、农耕研学、"非遗"制作技艺和农会庆典活动的观赏、体验等，也成为乡村旅游的重要内容。

一些在种植资源和农业发展上缺乏优势的乡村，乡村旅游成为这类乡村价值再开发的有效途径。乡村旅游是对乡村自然资源和人文资源的挖掘、整合和定位。"非遗"属于乡村文化的闪光点，属于优势文化资源。罗源县白塔乡南洋村，是纯畲族少数民族村，革命老区基点村。由于传统种植物种单一、种植技术薄弱，不具备市场竞争力，导致乡村一度田地荒废，年轻人都外出务工。近年，南洋村在坚持种植生产任务的同时，积极从文化资源、生态资源和旅游产业的对接上寻求发展。罗源的畲族医药、畲族服饰都属于国家级"非遗"项目。南洋村村委会一边大力推进农村人居环境整治，打造美丽村居，一边拓路修桥，深挖畲族文化，保护性地修复了有200多年历史的"蓝家大院"，打造"福州市畲族文化传承基地"。"蓝家大院"在畲族乡村院落中布置了畲村历史图展、畲族习俗布置、畲族服饰、畲族苎布织染缝纫技艺，在屋梁上还有"非遗"传承人手绘的畲画。引入棕旅房车露营地，做休闲农业、畲族文化观赏、房车露营一体的乡村旅游项目。通过大力发展乡村旅游，村财政和村民收入明显增加，2020年村集体经营性收入27.2万元，村民人均年收入1.93万元。南洋村被评为国家少数民族特色村寨，国家级森林村庄。

乡村旅游要通过"非遗"媒介，增强城乡文化交流。乡村旅游的目标群体主要是城市游客。城市居民重回乡村感受村居生活，或是由于自身的乡村记忆和经历，或是寻求乡村生活与城市生活的反差，或是源于民族文化心理地对自然和农耕的亲近。乡村"非遗"具有鲜明的农耕文明和地方文化气息，由于政府不断引导强化"非遗"的公众认知，"非遗"文化和产品很容易通过旅游的途径实现对城市游客的销售。"非遗"的旅游消费，实际是城乡文化交流的一种方式。同时乡村音乐、歌舞、美术及其特色文化，经过城市旅客，进入大众自发传播，既是对"非遗"传播的助益，也增强了村民文化自信和建设美丽乡村的主人翁意识。

（四）"非遗＋电商"

互联网的兴起，建构了新的消费市场，也提供了产品传播、输送的全新渠道。电商模式的最大优势，在于打破空间的限制，为不同身份的主体提供交易平台：B2C、B2B、C2C 等各种模式的叠加，同时也实现了交易主体身份的自由切换。"非遗＋电商"，可以是个人或企业，通过淘宝、闲鱼、拼多多、京东等交易平台进行产品出售，这利于解决以往"非遗"产品在市场认知度低与市场对接渠道不畅的问题。社交平台如微博、微信，因其社交和情感黏合功能，也聚集了大批用户，形成了更易传播的交易环境。短视频平台和直播平台的异军突起，使得互联网传播方式和影响力不断扩大，甚至很多基层政府有关部门也将直播带货作为对接公众需求、进行物品宣传的流行模式。

在后疫情时代，互联网形成的"云"生活方式，如云逛街、云旅游、云购物、云体验等，对"非遗"的传播建立了更多的渠道。另一方面，由于互联网交易具有市场巨大、准入门槛较低、自主便捷等特征，极容易形成商业竞争的红海。"非遗＋电商"的模式要维持一定的市场规模，从长期来看，对乡村个体经营者是个挑战，因此更需要各级政府，在这一模式的创新推动中，引导市场、企业、个人建立起密切关联的全产业链。从引入社会力量参与来看，可分为："非遗＋企业＋电商""非遗＋院校＋电商""非遗＋合作社＋电商""非遗＋金融＋电商"等结构模式。从协调模式来看，可分为：

"非遗＋节庆＋电商""非遗＋旅游＋电商""非遗＋直播＋电商"等结构模式。

三、乡村"非遗"活化利用的限制因素和思考

乡村"非遗"促进产业振兴，是将传统文化资源转化为现实生产力。它既可以内化为"文化＋"内容的方式，通过提高产品附加值，促进第一、二产业升级；也可以成为单独的文化产业新业态。但是作为一种新型生产力，文化资源的开发却需要更高的设计思维、人才智力支撑和对文化市场消费的理解。这恰恰成为乡村"非遗"活化利用的限制因素。

（一）乡村"非遗"与产业化利用的矛盾

乡村"非遗"与城市文化，不仅有着民族文化传统的一脉相承、多样化呈现和相互交融，也有着古与今、乡与城的矛盾。就后者而言，又容易形成二元对立和城乡之间的比较。"非遗"所代表的传统农耕文明在城市文化的参照中，只得到了异质化、赏玩性的评价，甚至否定性的批判，这就与"非遗"的保护传承、文化同源共生的初衷大相径庭。我国"非遗"政策在鼓励"非遗"对接产业，进行活化利用时，始终强调利用的前提是"合理利用"；生产性保护的宗旨是保护，其核心是保持"非遗"的真实性、整体性和传承性。"非遗"的开发如果忽略其最高的文化本质和核心技艺属性，变成产业标准和效益目标的产品生产，那么终将失去其原真性和活化发展的动力。

（二）农民作为"非遗"利用主体的局限

乡村是"非遗"生存的土壤，农民是"非遗"的缔造者和使用者。在"非遗"的活化利用中，要重视农民作为主体的力量，但是也要看到其局限性。客观上，中国城市化只用了30年左右的时间便走完了西方100多年的历

程，使部分"非遗"在时代骤变中失去了自我成长的时机。主观方面，部分"非遗"只在传承人家庭内部、师徒之间等狭小的范围进行传承，老一辈传承人由于年龄和学识的限制，无力进行"非遗"的创新发展，农村年轻人在"非遗"研学中较难获得经济收入或文化娱乐的满足，很难有意愿再学习"老传统"，使部分"非遗"出现传承不继的情况。

乡村"非遗"的传承生产中还经常出现"关门主义"。部分传承人将保护传承权利误解为对"非遗"的个人占有，拒绝"非遗"资源的共享和联合发展。在竞争市场环境下，文化资源开发的复杂性、整合性特征更强，"非遗"的利用常常是与其他产业模式的融合。依靠农民的单一主体和封闭活动，难以有足够的资金和技术资源，做到在"非遗"内涵挖掘和消费市场开辟上，提升"非遗"活化利用的层级。

（三）"非遗"粗放型、同质化开发和持续发展的矛盾

"非遗"活化利用虽然已经形成了类型模式，但是具体的实践活动需要依据乡村特殊情况进行设计。当下的"非遗"及乡村新业态的开发，容易存在"匆忙上马，粗糙同质"的现象。

例如，在"非遗＋乡村旅游"的大模式下，实际又有"非遗＋研学""非遗＋民宿""非遗＋文创""非遗＋演艺""非遗＋节庆"等具体内容设计。每个村落的旅游资源不同，核心竞争力也不同；正如美丽乡村既不是统一的"刷白墙"，也不是统一的"画墙画"。当下一些"非遗＋研学"，约等同于单纯提供乡村场景；"非遗＋民宿"，多是农家饭的延伸，却无特色经济内容；"非遗"＋文创，多是农副产品的售卖；"非遗＋演艺、节庆"，更是丧失了"非遗"的艺术性与节庆的初衷，失掉了乡村情感传递的功能，也就很难引起游客的情感共鸣。"非遗＋乡村旅游"，看似多种多样，其实多是依靠消费乡村静态空间盈利，长远看不能形成城乡文化的交流和共同生长，也终将丧失吸

引力。

又如，近几年很多的"淘宝村镇"。与"关门主义"相反，这是地方村民在经济驱动下，都热衷于某一"非遗"产品的售卖，由于缺乏统一规划和制度约束，小经营户不愿在内容创意上做文章，只是在外观设计、包装服务、营销推广等方面相互模仿，产品同质化严重，甚至出现设计抄袭、压价竞争的乱象，这些行为破坏了"非遗"经济的健康生态。

"非遗"是乡村的宝贵财富，它的利用应该是慎重的，从农民主体到基层政府，不仅要有做"非遗"经济的决心，更要做有特色的、能持久的，具备社会和经济双重价值的"非遗"经济的担当。

（四）政策制度保障仍需优化

在近20年的"非遗"保护实践中，立法保护与政策保障，是体现"非遗"保护文化事业性质的重要举措。"非遗"保护的法律政策体系日趋完备，但在现实操作中，仍然出现了一些政策与实践的矛盾，其中最突出的是如何转变政府政策功能，从供给型到需求型，推动"非遗"经济良好的生产关系和市场环境的建设。

"非遗"保护的供给型政策，是直接为"非遗"项目输血，对一些濒危"非遗"，初期的抢救性保护有重要意义。但是从"非遗"的长期生长来看，实行统一的单靠政府供给输血，既容易加深传承懈怠，同时由于分级分类保护原则不落实，还会形成"非遗"项目"强者恒强，弱者恒弱"的情况，基层政府"重申报轻保护"的局面。需求型政策则是把政府经济政策的重心放在营造有利于"非遗"保护传承的社会环境中，建构传承指导服务平台和公众宣传场所，打造和谐、有序、共享的"非遗"消费市场等环节上，从市场需求帮助"非遗"保护传承的内生动力不足问题。在乡村"非遗"的留存地，村、乡、镇、区县一级，政策制度的落实和落实方式的设计尤为重要，它是对基层政府治理水平的考验。

"非遗"助力乡村产业振兴，从义理和实践层面都累积了许多经验，但是也滋生了众多问题，如"非遗"的公有共享性与知识产权之间的矛盾；资源开发和文化金融政策不完善之间的矛盾；短期成效和发展的持久性之间的矛盾；高层次人才需求和人才汇聚于大中型城市之间的矛盾；甚至"非遗"经济发展与乡村文化生态之间的矛盾等。这些问题的解决，要求坚持党和政府作为"非遗"保护和乡村振兴的指导力量，确保其发展方向；坚持乡村和农民的主体性地位和作用，坚持"非遗"保护和乡村振兴成果首先惠及农村和农民；坚持市场经济的调节机制，通过政策引导、价值引领，鼓励企业和社会行业、组织参与"非遗"的活化利用设计；坚持高校研究、文化金融对"非遗"的关注支持，最终确立起"非遗"保护利用的合力，推动其追随乡村振兴战略获得长久的传承。

第三节　"非遗"传承和乡村文化建设

一、乡村文化振兴的重要意义

2021年乡村振兴战略接续农村脱贫攻坚成果，成为新时代解决"三农"问题，推进农业改革的新方向。乡村振兴战略的一个重大发展，就是以产业振兴为支撑，延伸到人才振兴、文化振兴、生态振兴、组织振兴的系统工程中，其目标是建设"产业兴旺、生态宜居、乡风文明、治理有效、生活富裕"的社会主义新农村，充分发挥乡村在保障农产品供给、粮食安全、保护生态环境和传承发展中华民族优秀传统文化等方面的特有功能。乡村振兴战略在城镇化、工业化的进程中，强调以发挥乡村特殊性价值——农业经济的根本性地位和传统文化的汇聚点，重建美丽乡村，使之成为与现代城市共存，而不逊色于城市的生存之所；成为农民安居的乐土、人们回归民族传统和田园山水的寄托。与经济村、旅游村的出发点不同，美丽乡村的提法，是站在农民主体利益的基点上，尊重他们的生活审美和情感需求，强调乡村文化和生态建设的重要价值。

（一）乡村文化是民族文化的重要组成部分

中华民族经历了一段漫长的农耕社会历史，铸就了辉煌的民族文化，留下了丰富的文化遗产。乡村在农业生产形态的延续中，比城市更多的继承了农耕社会的遗留，并根据社会的发展，推动着农耕文明前行。只有对乡村文化的核心内容和价值有正确的认知，才能厘清民族文化心理、强化民族情感，形成守土护国的向心力。同时，乡村文化是民族文化的特色价值所在。中国特色社会主义文化只有渊源于民族文化传统，植根在中国现代实践道路中，具备鲜明的民族性与创造性特征，才有绵延不绝的生命力。

（二）丰富的乡村文化是满足农民精神需求的要求

尽管中国社会已经成为以城镇人口为主的城市型社会，但是仍有 5 亿人口留居乡村。农村的农业和农民问题环环相扣，发挥农民主体性、尊重农民意愿、保障农民权益、满足农民需求是乡村振兴战略的原则。农民的需求不仅有农村经济效益带来的收入增加、生活水平提升；也有在乡村生活中享受文化和自然生态，从而获得精神和情感上的幸福感。乡村文化是引导和团结农民的重要手段，通过优秀文化浸染，提高农民的素养和智识，形成文明乡风、家风，建构起和谐乡群关系，以此打造良好的乡村文化生态。

（三）乡村文化建设对乡村全面振兴具有重要意义

乡村文化为乡村产业的发展提供了精神动力和智力支持。一方面乡村文化有助于激发农民的主人翁意识，发挥其积极性、主动性和创造性，另一方面乡村文化资源的开发和创新，有助于创新乡村产业模式，推动农村第一、二、三产业的融合。乡村文化对人才振兴有重要作用，各种文化形态中凝集的乡思乡愁，对乡村居民具有情感召唤力，鼓励外出的游子回报桑梓；而乡土文化中蕴含的审美趣味融合山水田园，连接着中国士人传统的田园情结，对城市知识分子也存在吸引力，鼓励他们进入乡村、了解乡村。乡村文化生态、自然生态和社会生态共同构建了乡村生态的丰富内涵。

（四）非物质文化遗产是乡村文化的亮点

第一，"非遗"是乡村人民劳动生活中智慧和情感的凝结。虽然时过境迁，"非遗"的文化表达与当下的城市审美发生了矛盾，但它依旧存留于乡村，发挥着维系乡情的作用。而且，顽强的生命力正是农耕文化最可贵的品质。

第二，乡村"非遗"的创造主体始终是农民，它是农民创造力的对应物，并在生长中不断汇聚和激发农民主体的创造力。

第三，"非遗"具有自然而丰富的表现形态。其构建的文化模式、审美形态体现了传统民间文化规则，成为当下文化创新的重要源泉。

二、乡村文化建设视角下的"非遗"传承

（一）乡村文化建设的若干误区

1. 重经济而轻文化

"三农"问题的产生，是农业文明向工业社会文明过渡中，城乡发展不平衡带来的产业效能、居民收入、生活资源上差距的加大，并由此引发城乡群体在文化心理、价值判断上的一些错位。因此，在相当长的一段时间里，农

村改革的重心放在了解决农业相对滞后的状态、缩小城乡差距和脱贫攻坚等问题上，同时以城带乡，加快乡村的城镇化。

文化建设，虽有作用于乡村产业经济和组织管理，但是仍属于软实力，缺乏即时性的经济效益；在乡村聚焦于产业发展，引导农村人口有序流动做"减法"中，乡村文化建设常被村、乡镇基层政府忽略或流于形式。与城市相比，乡村具有更广阔的空间资源优势；在以文化事业所统辖的公共文化服务体系下，乡村文化场所的设置，如文化广场、文化活动室、图书室一般都是齐备的，但是在空间内容的充实上，如文化产品的提供、文化活动的组织、公共设施的配置、管理制度的制定上，常出现缺省。

2. 重现代而轻传统

城乡的比较，从经济到资源到文化，常出现了多层面的对照。中国从乡村型社会转化为城市型社会，城市工业文化代替乡村农耕文化成为主流文化。但城市文化的主流性就常被误解为标准性，用城市之长来比乡村之短，忽略了乡村文化更为久远和深厚的底蕴。另外，由于乡村文化的繁复多样、良莠并存，基层政府在公共文化服务中更乐于直接推介主流文化，忽略了本土文化内容的开发和推动。

传统文化在生存中，需要不断调试它与当下的关系，在现代生活中找到自处的空间；在唤起人们的审美和情感认同上，就更需要有传承主体进行积极的组织和传播。

3. 重承袭而轻创造

农民是乡村文化的使用者，更是创造者。乡村文化需要在使用和创造中具备活力，这也是乡村文化的内生性动力。但是由于城镇化过程中，乡村人口是不稳定的，农民的身份是流转的，城乡文化经常被对照比较，造成乡村文化自信降低，农民对文化的创造兴趣大大减少。例如，"非遗"类的传统文化实践，在乡村的传承和延续走向式微。

另一方面，外源性力量成为乡村文化的建构者，这其中有政府组织的公共文化服务系统、有媒介组成的大众传播和互联网传播、有社会企业带有经济预期的乡村文化开发，这些外源性力量在一定程度上，弥补了乡村文化内生性减弱的状况。但是外源性力量是以文化事业、信息传播、经济策划为目的而进行的乡村文化设计，它们大多未能直接贴近乡村的现实和农民主体的要求，其构建的乡村文化常具有大众范式，缺乏个别性特征。从乡村文化的持久发展和它所要服务的农民主体要求看，乡村需要依靠其内生动力，依靠农民自身创造，才能构建起更有价值的特色文化。

乡村振兴的战略调整，将农村改革方向转入美丽乡村的建设，强调乡村的独立发展价值，寻求内涵发展、全面发展，重塑乡村生活和精神家园象征。其中不仅需要坚持产业建设的重心工作，而且需要乡村文化建设、社会建设、组织建设的协调发展。

（二）"非遗"推动乡村文化建设

1."非遗"融入乡村日常生活

"非遗"是乡村文化的历史财富，也是当下乡村文化生活的组成部分。"非遗"本质上是以人为本的活态文化遗产，"非遗"保护和传承的并不是产品保护，而是人在劳动创造过程中所产生的经验、精神、审美和情感。人们透过产品载体，看到和认同的是劳动创造和其间人的价值与传统的文化。当下提出的"非遗"整体性保护，确定了"非遗"存在与现实空间环境和人的行为紧密相关：保护传承人所象征的劳动信念和文化审美、保护物化过程的完整、保护"非遗"存续的生活空间。一首民谣、一支舞蹈、一场仪式；剪纸、雕刻、制造、创造、游戏。各种形态的"非遗"植根于乡土，来自历史生活的各个层面，继续以乡村空间为连接，让农民在生活中自然自发地演绎和实践"非遗"活动，发现劳动创造的乐趣，勾连同源的记忆和情感，才是最好的保护传承。

"非遗"融入乡村的日常生活,存在一个难点:时代的变化,农民的思想行为也必然随之改变。旧的文化活动,如何激发当下农民的兴趣和创造力?对于"非遗"在现实生活中的留存,需要多方面因素的合力,或者说是保护的措施。

一是传承人的作用。传承人是"非遗"的传承实践者,但是传承不应该止于文化记忆的保留,而是重新搭建"非遗"与乡村民众、现代生活的桥梁。传承人要保护和创新"非遗"内容,协调它与现代生活的矛盾;要保存"非遗"故事,遵循"非遗"的文化本质;要学会分享与共享,认识到"非遗"的保护职责不是"非遗"占有,而是引导乡民群体,共同进行"非遗"的使用和传承。

二是政府作用。除了在公共文化服务中增添"非遗"内容外,"非遗"保护的观念也应该落实在基层政府的各项具体工作中,即积极创造"非遗"传承传播的外部条件,如政策支持、观念倡导、传承场所场合等,鼓励农民了解"非遗"、实践"非遗"。

三是增强农民在"非遗"实践中的获得感与满足感。"非遗"本质属性是文化的,虽然目前"非遗+产业"成为一种新经济模式,但是利益的获得,应该只是"非遗"文化价值的衍生。"非遗"更大的功能是满足人情感和精神的需求。例如,在各种"非遗"类型中,节庆和信俗的传承相对保留有自然状态,那是由于它们依然与人们祈福、庆祝、纪念的生活愿景相连,人们在集体性活动的参与中更容易获得文化身份确认和情感认同的精神满足,其愉悦性、趣味性、情感性价值也更加明晰。农民的获得感和满足感,也是其自发、自动延续"非遗"的动力。

2. "非遗"成为公共文化服务的重要内容

政府承担起"非遗"保护的文化事业职责,一方面利用"非遗",丰富公共文化服务的内容形式,更好地实现服务的本土化。另一方面则是利用管理权利,协调好"非遗"传播中的一些关系。

第一,是"非遗"与其他农村文化活动的协调发展。把"非遗"与乡村教育、乡村休闲,网络平台传播等相互结合,从传统文化内容角度,给这些文化活动增加内质。而新的活动载体,又打破了"非遗"的单一个体实践,能更好地实现其价值。例如一些乡、村镇会做乡群的微信公众号、微博号等数字文化建设,在内容上可以增加"非遗"的云推介、云评论,引导乡民关注"非遗"。又如把"非遗"内容作为村镇小学乡土文化教育资料,让"非遗"进课堂、"非遗"进校园,以积蓄"非遗"传承的新力量。

第二,是将"非遗"与社会主义核心价值观宣传相融合,与社会主义文化建设相融合。整理和传播"非遗"体现民族情感和精神要义,在于"非遗"是传统文化精髓的意义,强调它与当下文化的联系。例如,传统技艺里体现的工匠精神,已不止于手工劳作,而是成为中华民族勤奋务实、坚持不懈的民族信仰的凝结,正是由于这种信仰,使得各行各业的中国人甘于磨炼技艺,砥砺前行,创造出种种奇迹。

第三,是定好基调,推动"非遗"经济效益与文化本质的协调发展。目前对"非遗"的价值传播,更多是建立在它对乡村经济的助力上。但是对经济效益不明显的"非遗",政府也需要从文化事业的角度,承担起引导和保护责任。政府要正视"非遗"在维系乡情、打造乡风、构建和谐的乡群关系,作用于农民精神世界改造的重要作用;从保护和传播"非遗"上,体现文化建设的社会效益问题。

3."非遗"与乡村生态建设相融合

乡村生态既是自然生态,也是社会生态和文化生态。生态建设是以人为中心,对各种人、物关系的整合与协调,力图构建一个和谐共生的环境,同时促进人的发展。"非遗"融入日常生活和进入公共文化服务体系,发挥了构建乡村社会生态、文化生态的功能，同时在与自然生态的融合中，"非遗"也增添了美丽乡村最重要的"人"的因素。

"绿水青山，就是金山银山"是乡村自然生态的财富，它不仅是经济产业上的，更是滋养农民心灵、丰富他们的情感、增强他们的创造力上的财富。所以美丽乡村在建立现代标准外，不能丢失它的文化记忆和承载乡村生活、培育农民的功能。从生态伦理、文化伦理理念出发，美丽乡村不是表面装饰起来的"千村一面"，甚至更简单的"刷白墙"，而是以农民在自然间、土地上的自在自足、自由发展，所树立的乡村生活的特有范式。例如，在山水的装扮中，充分展示农民的想象力和审美选择；尊重农民情感，修缮、翻新或创新原有的古建筑、古民居，作为农民喜欢的文化活动场所；在乡村气韵中连接传统与现代，传达"日常式审美"的意义，通过一饮一食、一作一息的乡村生活内容完善，建立农民主体的创造性精神。因此在发现、尊重和发展农民的创造性上，"非遗"与美丽乡村建设，有着融合协同，也有被共同作为客体对象的共生共荣。

4."非遗"与乡村文化品牌打造相融合

一是打造"非遗"的乡村文化物产品牌。浙江省文化和旅游厅在《实施乡村振兴战略，非遗该怎么干》中建议，在挖掘乡村文化资源时，可以采用"八个一"的思路：一个生动、让人印象深刻的民间故事，一个展示乡村风采的"非遗"表演节目，一门传统手工技艺，一个特色的传统节庆，一种独特的传统风味小吃，一位让人感动感慨的历史人物，一段体现传统价值观的族规家训，一处凸显乡村历史的遗址遗迹。"八个一"体现了比较完整丰富的乡村文化内容构建，这些文化物产既为乡民自享，也带有技艺产品、乡村旅游的产业效益；是对现有"非遗"资源的对照盘活，也是依此寻找更多"非遗"线索的方向。在现实操作中，不一定需要追求"八个一"的完备，或者说文化资源的挖掘和乡村文化体系的建设不能一蹴而就。政府抓住重点，传承人抓住政策，争当"重点"，才能激发乡群的情感和热情，共同打造特色典型的"非遗"物产品牌。

二是打造乡村的"非遗"特色概念品牌。在"非遗"工坊、美丽乡村、"非遗"小镇等乡村品牌中，都聚焦了"非遗"的文化内容和价值整合，但其各有偏重："非遗"工坊注重以"非遗"文化带动乡村就业和产业振兴；美丽乡村强调综合发展和特色发展的统一，注重文化与生态、产业平衡和谐，尤其关注农民主体的生活体验；"非遗"小镇则是汇聚乡村与城市"非遗"文化传播、"非遗"经济实现的平台，可以以地域标识集合地方"非遗"物产的展示，打造地理标识意义上的"非遗"品牌。但是不管哪种乡村文化品牌的设计，文化与经济的共生互促关系，都有利于实现"非遗"丰富的文化价值。

第三章　非物质文化遗产与文旅融合

非物质文化遗产来源于生产和生活，与衣、食、住、行密切相关。非物质文化遗产作为一种遗产型文化，活态属性是"非遗"市场化的前提，如果停留在文化展陈层面，就丢掉了其生活和生产的原本属性，也会失去契合市场的价值和意义。旅游是一种生活体验，"非遗"与旅游具有天然的联系。

2021 年 4 月，文化和旅游部印发的《"十四五"文化和旅游发展规划》中明确提出，坚持融合发展，以文塑旅，以旅彰文，完善文化和旅游融合发展的体制机制，培育文化和旅游新业态，推动文化和旅游更广范围、更深层次和更高水平发展。规划要求，大力建设非物质文化遗产特色村镇、街区，全面推进"非遗在社区"工作。建设集传承、体验、教育、培训、旅游等功能于一体的传承体验设施体系，推出一批具有鲜明非物质文化遗产特色的主题旅游线路、研学旅游产品。

2021 年 8 月，中共中央办公厅、国务院办公厅印发了《关于进一步加强非物质文化遗产保护工作的意见》，提出促进非物质文化遗产合理利用，支持利用非物质文化遗产资源发展乡村旅游等业态，支持非物质文化遗产有机融入景区、度假区，建设非物质文化遗产特色景区。鼓励合理利用非物质文化遗产资源进行文艺创作和文创设计，提高品质和文化内涵。由此可见"非遗＋旅游"已成为提升我国文旅融合高质量发展的一个重要推力，发展"非遗＋旅游"正逢其时。

第一节 "非遗"与旅游融合的驱动模式、 风险防范及机制建设

一、"非遗"与旅游融合的驱动模式

（一）政府主导型

政府主导型发展模式是针对"非遗"文化产业和旅游产业相对较弱的地区所采取的模式，由于产业发展水平都比较低，难以通过市场的力量推动文化和旅游产业融合发展，因此需要政府在"非遗"文化产业与旅游业融合发展中发挥引导作用，尤其对于文化旅游业处于起步阶段的地区，面临着旅游资源的权属和管理多头、建设资金短缺等问题。因此，政府的介入是必需的[①]。

1. 立法和制度保障方面

"非遗＋旅游"涉及的层面很多。政府需明确"非遗"旅游发展中各利益主体的责、权、利，制定"非遗"保护法规，使"非遗"旅游发展有法可依、有章可循。根据当地"非遗"文化资源特色、发展阶段和特点，营造良好的旅游市场环境，制定优惠的投融资、土地政策，促进"非遗"文化与旅游产业深度融合。

例如 2019 年 3 月，福建省第十三届人民代表大会常务委员会第九次会议通过《福建省非物质文化遗产条例》，对非物质文化遗产调查和建立代表

---

① 岳明珠：《旅游业发展中有限政府主导型模式构建》，南京师范大学硕士学位论文，2008 年。

性项目名录、传承与传播、保护与利用、法律责任、行政部门工作职责等方面进行了规范。2020 年 6 月，福州出台《福州市非物质文化遗产保护规定》，对福州区域内的寿山石雕、软木画、福州伬艺、福州评话、福州脱胎漆器髹饰技艺、福州茉莉花茶窨制工艺、聚春园佛跳墙制作技艺、陈靖姑信俗、马尾——马祖元宵节俗等非物质文化遗产的保护规划、调查、认定、建档、传承、传播以及相关管理活动做出了规定，为"非遗"旅游资源的保护与开发提供了立法和制度的保障。

2. 财税扶持方面

在旅游业发展初期，通过政府资金启动社会投资，有效地拉动市场，促使旅游业超常发展。同时，通过减免税收调动企业的积极性，吸引文旅企业进行"非遗"旅游项目的投资。政府在这方面的角色表现为：一是鼓励和引导金融机构继续加强对非物质文化遗产的金融服务，采取定向资助、贷款贴息等政策措施，加快"非遗"资源富集地旅游基础设施建设；二是投资启动重大"非遗"设施、数字新基建设施和云游平台；三是支持和引导公民、法人和其他组织以捐赠、资助、依法设立基金会等形式参与非物质文化遗产的保护传承；四是支持非物质文化遗产相关企业按规定享受税收优惠政策；五是资金扶持宣传促销，打造旅游品牌，创建旅游信息交流平台，扩大"非遗"旅游市场。

2019 年福州市文化和旅游局、福州市财政局出台了《关于进一步加强福州市非物质文化遗产保护工作的十条措施》，完善"非遗"保护的经费保障机制，设立市级"非遗"保护专项资金，主要用于：市级以上（含市级）"非遗"传承人、"非遗"重点项目（濒危项目、涉台项目、科研项目等）、市级"非遗"传承示范基地、"非遗"传承示范校园、乡村"非遗"传承示范传习所、福州特色"非遗"（民俗）节目、民俗文化节、"文化和自然遗产日""非遗"文创大赛等"非遗"活动、"非遗"传承人数字化影像记录及数字出版等相关方面。打造了"两马同春闹元宵"、陈靖姑民俗文化旅游节、"畲族·风"民俗文化旅游节、闽王(王审知)文化旅游节等地方性"非遗"旅游品牌。

(二)产业为主驱动型

1. 文化产业为主动力

以文化产业为主动力、以文化产业链为主体,植入旅游元素,或者文化产业链向旅游延伸。[①]

(1)文化产业带动为主、旅游产业为辅的融合式发展条件

地区文化资源相对比较丰富、地区文化需求旺盛,有较稳定的产业链和销售市场,有良好的文化氛围,可以为文化产业向旅游业渗透整合提供良好的产业基础。

(2)以文化产业为主动力的实现方式

文化产业向旅游业的产业延伸方式,主要是文化产业空间演变和拓展成文化和旅游双功能空间,使文化空间景点化、文化产品旅游化。典型如泉州,是我国首个国家级文化生态保护实验区——闽南文化生态保护实验区的核心区,享有"中国民间工艺品之都"的美誉。泉州基于传统生产技艺等非物质文化遗产,形成了以雕塑、漆艺、刻纸、灯品、制花、竹编、采扎、刺绣、木刻、篆刻等十大类特色产品为核心的工艺品"千亿产业"。泉州工艺品生产行业通过观光工厂、工艺品交易中心、文创体验空间、"非遗"博物馆、工艺品会展中心、主题"非遗"文化节等向旅游市场渗透,形成了独具特色的闽南"非遗+旅游"的文旅融合产品体系,提升了文化市场和旅游市场的供给能力,构建了独具特色的文化主导的"非遗+旅游"延伸模式。

---

① 徐翠蓉、张广海:《新时代文化产业与旅游业互动融合发展研究》,北京:中国社会科学出版社,2019年,第198页。

2. 旅游产业为主动力

文化产业的发展滞后于旅游业,在发展的过程中采用以旅游产业为主动力,带动当地"非遗"文化资源的挖掘、保护和利用。通过旅游产业的全链条驱动,促进"非遗+旅游"融合,提升当地的"非遗"文化发展。

(1)以旅游业为主的发展条件

地区旅游产业发展水平领先于文化产业,地方政府重视旅游业的发展,地区旅游资源数量丰富且旅游开发价值高,拥有较为完备的旅游服务体系,旅游品牌形象鲜明,市场影响力大,旅游业在当地经济中处于战略地位。

(2)以旅游业为主动力的实现方式

依托现有旅游产业设施、产品、空间和市场,深化、活化"非遗"文化资源的开发与利用,促进"非遗"资源保护式开发。在挖掘"非遗"资源的旅游效用的同时,依托旅游产业链的不同节点,激发"非遗"文化产业的生长,实现"非遗"文化产业与旅游业的协同式发展。典型如福州三坊七巷风景区,在2005年开始旅游开发后,以景区这一体验空间,充分挖掘和利用福州乃至福建本土非物质文化遗产,如投入大量人力与物力、财力进行古厝和文物的修复,推动老字号品牌店和传统民俗活动的回归,建设福建省海峡民间艺术馆等,在充实国家级5A级景区文化旅游内涵的同时,也使得三坊七巷成为重要的"非遗"文化展示空间、体验空间和"非遗"文化商品的创新空间、销售空间。又如福建省武夷山"非遗+演艺"代表性作品——"印象大红袍",就是基于当地的旅游产业优势而产生的,其生动诠释了闽北的传统"非遗"文化。"非遗+旅游"促进了地方"非遗"文化产业和文化旅游产业的协同发展。

（三）融合驱动型

"非遗"文化产业和旅游产业具有一定基础，但市场作用力不够的地区适合采用融合驱动型发展模式。较之政府驱动型和产业驱动型而言，融合型驱动发展模式适用于我国大多数地区。政府为了推动"非遗"文化产业和旅游产业更好更快地发展，在投融资政策、人才引进、体制机制等方面持续发力，促使文旅融合的产业环境不断优化。市场对文旅融合的发展驱动力也在不断加强，政策和市场同时推动"非遗 + 旅游"产业良性互动发展。

二、"非遗"与旅游融合的风险与防范

（一）"非遗"与旅游融合的风险

非物质文化遗产旅游开发的风险可能体现在非物质文化遗产保护与传承的资源客体、传承人主体和文化环境三个方面。

1. 客体风险——文化原真性丧失

客体风险是指由不当的旅游开发引起的文化内涵丧失风险，即非物质文化遗产本身失真、变异甚至消失。客体风险主要表现在旅游开发带来的"非遗"文化浅表化、庸俗化、片面化甚至错误诠释。非物质文化遗产的本质在于它是广大民众的生活方式，当这种生活方式成为谋取利益的商品时，其性质也发生了改变。事实上，旅游活动的商业性质使非物质文化遗产在旅游开发过程中的商品化不可避免，利益驱动很可能造成非物质文化遗产的过度开发，加之缺乏保护意识和保护措施，大量传统文化器物、艺术、曲艺、表演和技艺被随意地改造成旅游商品，作为旅游商品售卖的经过包装的非物质文化遗产，展示出来的仅仅是一种符号和形式外壳，导致非物质文化遗产的文化内涵被严重扭曲。

在旅游开发过程中一味追求经济利益，盲目迎合游客需求，过分强调娱乐性，呈现给游客的产品内容雷同、粗制滥造，会使富有民族特色和地方特色的非物质文化遗产成为"伪民俗""伪文化"，将严重损害文化独特性，引起非物质文化遗产的变异、失真、扭曲甚至消亡。

2. 主体风险——传承机理干扰

非物质文化遗产是一种活态文化，传承人在其保护与传承过程中起到关键作用。主体风险是指非物质遗产的保护与传承主体——传承人受到旅游活动和外来文化的影响，思想和行为发生改变，进而影响到非物质文化遗产的表达，即旅游开发干扰和破坏了非物质文化遗产原有的、自然的传承机理，引起文化传承机制的残缺乃至非物质文化遗产的独特性特征消失。

随着旅游开发和旅游活动的深入，非物质文化遗产的传承人可能更早、更快、更多地接触外来文化，成了文化侵入的助推器。当年轻一代不再认同本土文化时，那些口传心授的弥足珍贵的非物质文化遗产将后继无人，这将成为非物质文化遗产生存的最直接威胁。粗糙拙劣的产品、简单重复的演出极不利于非物质文化遗产传承人技艺的提高和发展，更谈不上创新。为使非物质文化遗产旅游产品量大价廉，有些过去的手工技艺改由机器生产加工，严重干扰了非物质文化遗产尤其是那些濒危遗产的保护和传承。

3. 环境风险——文化环境破坏

环境风险是指旅游开发削弱和破坏非物质文化遗产保护与传承的原生环境的风险。当原生环境遭到破坏时，非物质文化遗产的独特性和多样性也将受到冲击。本地居民的需求是非物质文化遗产的原生土壤，是推动与促进非物质文化遗产保护、传承与发展的最直接动力。

非物质文化遗产旅游开发带来的经济收益将推高当地的各项消费，可能会抑制当地居民对非物质文化遗产的真实需求。如果旅游过度开发带来游客大规模涌入给当地的社会环境和自然环境造成压力，当地居民正常生活的资源将被侵占，非物质文化遗产保护与传承所需的资源也将受到挤占，非物质文化遗产的生存势必受到威胁。在旅游开发和旅游活动中，外来文化作为强势文化与本土文化接触碰撞时，固有文化影响力可能遭到削弱，导致非物质文化遗产地居民思想和意识发生改变，可能使得非物质文化遗产失去生存的土壤[1]。

（二）非物质文化遗产旅游开发的风险防范底线思维与政府责任

"非遗 + 旅游"的融合式开发虽然被认为是保护非物质文化遗产的有效途径之一，但这并非简单的功能附加和优势资源互补。相关职能部门需要认识到将"非遗"纳入国家、省、市、县四级保护名录并不是保护工作的结束。各级"非遗"保护名录中并不是所有的项目都适合利用旅游模式来进行开发，对那些不适合通过市场化路径的项目类型，需要通过立法明确政府的基本保障责任和监管权限，加大投入政策保护资金。在旅游开发利用时，需要界定旅游开发的边界和非物质文化遗产保护的底线，避免出现浅层化或者错误的文化表达、粗糙雷同的文化体验以及过度商业化等问题。

文化行政部门需及时有效建立"非遗"代表性传承人传习授艺的保育机制，如对年事已高的"非遗"代表性传承人或面临失传风险的传统技艺，及时实施抢救性记录保护等[2]。在认定以群体性参与的"非遗"项目代表性传承人时，要特别注意听取同行业内的评价，综合各方面意见，避免出现认定的"代表性传承人"在同行业群体中难以服众、政府公信力受损等不利于"非遗"项目良性发展的局面。

政府引导社会资本投入非物质文化遗产开发时，需多方听取利益相关者

---

① 李烨、王庆生、李志刚：《非物质文化遗产旅游开发风险评价——以天津市为例》，《地域研究与开发》，2014 年，第 5 期，第 88–93 页。

② 吴剑豪：《福建南平市非物质文化遗产旅游化生存模式研究》，《湖南工业大学学报》（社会科学版），2019 年，第 5 期，第 70–78 页。

诉求，重视"非遗"项目所在地的社区参与，避免出现传承群体话语权缺失、利益分配显失公平等情形。正视社会环境、时代变迁对非物质文化保护造成的挑战和威胁，需要树立"底线思维"。

三、"非遗"与旅游的融合机制建设

"非遗"与旅游的互动不能够仅停留在较为肤浅的层次，要将两者进行更深层次地融合，必须明确建立"非遗"领域的文旅融合机制[①]。

（一）创新政策助推

加强"非遗"和旅游的管理体制改革和工作机制创新，通过沟通协作打破"非遗"和旅游融合的制度壁垒，形成科学合理的管理体制、多样化的投入机制和市场化的运作机制，建立"非遗"和旅游融合发展的长效协调机制和综合治理机制，逐步开拓"非遗"和旅游融合发展的工作路径、实际举措和市场空间，激发"非遗"旅游的活力。在政府引导下，按照"宜融则融，能融尽融"原则，精选国家级、省级、市级非物质文化遗产的主打项目，采取舞台表演、现场体验、节庆活动、商品展销、宣传展览等形式进行多层次、立体化的融合。通过传承发展与旅游资源开发的互促共进，实现政府主导下"非遗"和旅游的深度融合。

强化政府在非物质文化遗产保护与传承中的引导和扶持作用，以此从政策层面形成可靠保障，进一步提升和优化非物质文化遗产保护与传承的实际效果。"非遗"旅游的发展，要立足于本区域的客观实际，根据区域特色进行空间布局，提高政府在非物质文化遗产保护与传承政策制定的科学性与权威性，将文化融入旅游建设中。

---

① 蒋长春、黄丹凤：《区域"非遗"与旅游深度融合的机制与模式研究以莆田湄洲妈祖信俗为例》，《资源开发与市场》，2015 年，第 4 期，第 504–508 页。

漳州市政府将漳州布袋木偶作为一项非物质文化遗产向国家相关部门申报"国遗"，出台了相关的漳州布袋木偶保护法律法规，建立了漳州市布袋木偶传承保护中心，这使得布袋木偶的旅游开发不仅有法可依，而且有利于布袋木偶的可持续发展。莆田妈祖信俗以《加强妈祖信俗非物质文化遗产保护规定》为政策保障，将妈祖信俗"非遗"保护工作纳入本行政区域国民经济、社会发展规划和城乡建设规划，重视开发妈祖信俗旅游资源，着力打造具有湄洲地域特色的妈祖文化旅游。在政策引导下，每届妈祖文化节的举办都得到各级政府和相关组织的重视，使妈祖文化节能持续集多方力量推动妈祖信俗在地方旅游中发挥巨大作用。

（二）"非遗"资源支撑

旅游市场的发展需要以丰富的文化资源作为支撑，有效地利用和开发文化资源才能提升区域的旅游价值。文化是旅游的灵魂，"非遗"能激发旅游动机、增添旅游体验，看一段舞、听一首歌、了解一个民俗、亲自动手参与制作，游客就有了难忘的"非遗"旅游体验和记忆。故此，"非遗"文化与景区的合作已愈来愈紧密。"非遗"进景区，能赋予景区更丰富的旅游产品内容，同时"非遗"所蕴含的历史价值和文化精神使游客获得的不仅是感官的愉悦，更是精神的滋养。

2006年，湄洲妈祖祖庙被列为全国第六批重点文物保护单位，妈祖祭典被列为首批国家级非物质文化遗产。妈祖信俗的成功申遗代表了其丰厚的文化资源得到了更广泛的认可。当地依托祖庙会、习俗和传说等非物质文化遗产及其宝贵的文化资源，做强做大妈祖文化旅游品牌，推动了莆田旅游业的整体发展。2017年以来，福建龙岩依托土楼这一世界遗产，实施"文化进土楼"工程，按照"一楼一景致、一楼一特色、一楼一主题"的理念，改建了文化展示馆、客家家训馆、民间绝艺馆等多处"非遗"保护传承场所，丰富了"非遗"旅游的产品内涵，拓展了"非遗"旅游空间。

（三）旅游市场拉动

"非遗"项目展示的是一个地域的民间习俗，其独具特色的内容可以采用不同的表达和呈现方式吸引不同的消费者。推动"非遗"项目向文旅产品转化，市场需求永远是最好的风向标。

例如，永定是客家耕读传家文化的集中展示区，也是客家人生活的体验地。永定土楼作为世界文化遗产，已成为驰名中外的 5A 级景区，当地政府依托永定当前旅游市场的带动能力，大力实施"非遗 + 旅游"战略，积极引导"非遗"与旅游融合，在合理保护土楼周边"非遗"文化资源前提下，将永定的客家土楼营造技艺、闽西客家十番音乐、永定万应茶制作工艺等 3 个国家级"非遗"项目和永定客家山歌、土楼楹联、永定客家家训文化等 38 个省市级"非遗"项目引入景区、度假区，打造了集观光、体验、学习于一体的"非遗 + 旅游"产业集群，促进了当地旅游业、"非遗"相关产业的发展。以万应茶为例，借助游客市场，其品牌影响力和销量不断提升。永定采善堂制药有限公司引进了国内先进的生产设备和检验设备，在原有生产"万应茶"的基础上，扩充了茶剂、丸剂、颗粒剂 3 条生产线，产品远销海内外，年销售额 4000 多万元。

（四）"科技 + 创意"赋能

从当前各地"非遗 + 旅游"的探索模式来看，"非遗"的市场价值主要体现在附加值和衍生值方面，它直接影响了"非遗"与旅游融合的方式、深度和广度。科技 + 创意的创新旅游对"非遗"的发展尤其关键。科技赋能，利用现代数字技术，积极实现"非遗 + 旅游"的线上和线下融合。创意赋能，设计开发融汇地方传统与现代审美风格兼容的"非遗"旅游线路和"非遗"旅游纪念品。

通过"科技+创意"的创新赋能方式，改变现在单一的"非遗"博物馆、展览馆、体验馆、传统技艺和手工艺的参观模式，开发研学、亲子、艺术爱好者等特色旅游线路，借助各类传统媒体优势，采取深度报道等方式定期推出"非遗"专栏专版，引进微信公众号、抖音等新媒体营销渠道。加强"非遗"旅游的内容生产，组织编写福建非物质文化遗产中的民间故事导游词，创作现代人群喜爱的"非遗"剧本，并培训一批懂闽越文化、知闽越风情、讲闽越故事的优秀导游和演艺人才。如结合地方现有的"非遗"资源以及研学旅游经验重点旅游景区发展"非遗+研学旅游"；借鉴高端古宅民宿经验在全市精选一批有特色古村落、资源丰富、交通便捷的乡镇或乡村旅游点发展"非遗+民宿"；借鉴故宫"朕来了"等文创，依托三坊七巷、武夷山等主要景区发展"非遗+文创"。此外，还可以探索发展"非遗+节庆""非遗+扶贫""非遗+特色小镇""非遗+景点""非遗+会展""非遗+博物馆""非遗+特色街区""非遗+养生"等多种方式，推动"非遗"与文旅的全面融合。

（五）空间重叠发力

加强"非遗"与相关旅游景区的结合，要推动"非遗"文化空间与旅游空间重叠，借助空间集聚发展"非遗"旅游。将"非遗进景区""非遗进酒店""非遗进旅游小镇""非遗进度假区""非遗进休闲街区""文旅融合示范区"等作为"非遗+旅游"开发的主旋律。推动"非遗"与文旅融合必须对"非遗"项目进行集聚开发，通过融合"非遗"文化产业链和旅游消费产业链，形成规模化、体系化发展。

比如，福州三坊七巷景区可以重点围绕"非遗"文化街区建设，建设和完善"非遗"戏曲赏乐区、饮食展示区、技艺演示区、古玩交易区、创意传播区等多个"非遗"项目功能区，着力打造文化艺术、娱乐休闲、商业消费为一体的文化旅游景观。通过聚集"非遗"传承人，整合"非遗"产业资源，孵化"非遗"文化产品，发展"非遗"项目的展示地、集散地、传习和全国"非遗"文化的交流互动基地。

第二节　"非遗"的旅游开发模式

目前国内"非遗"利用模式有许多类型，包括文化产业、商业企业、旅游产业中的"文化 +"模式，特别是"非遗"旅游利用方式的不断创新，在某些方面已经形成具有中国特色的"非遗"旅游利用模式，如旅游纪念品开发、旅游节日活动、"非遗"旅游展演、大型实景舞台剧等。

一、"非遗"文旅融合产品体系构建

"非遗"文化旅游按业态分有博物馆模式、节庆活动模式、演艺模式、活态园区模式、旅游商品模式等。随着我国国民文化素质提高，文化消费需求日益强烈，博物馆旅游关注度和服务人次持续增长。

（一）博物馆旅游

利用博物馆、陈列馆、记忆馆等空间展示非物质文化遗产，将各地全部非物质文化遗产或者某一类型的"非遗"以物质载体形式融合其中，应用图片、文字、手册等方式介绍各种"非遗"的历史来源、活动形式、传承人、保护状态等全部信息，以音像、虚拟现实、全息投影等科技载体为物化形式，将非物质的文化遗产转化为可永久保存的、有形可见的、可再生的文旅融合开发资源。

"非遗"类的博物馆旅游以往多采用静态陈列方式，但近几年，博物馆中运用互联网、物联网、云计算、大数据、虚拟现实、移动通信等新技术,构建以信息、数据、互联网为依托的智能发展新形态,使"非遗"艺术突破时空限制,其创意展陈的手法提升了游客的兴趣,更好地推动了"非遗"类博物馆与旅游的融合①。

例如,全国最大的"非遗"馆——泉州非物质文化遗产馆,在二、三、四层展出泉州的"非遗"资源。二层的展示主题为"物华之美,民间瑰宝",主要展示泉州"非遗"的传统美术项目,有石雕、木雕、纸织画、木偶头雕刻、彩扎、纸扎、花灯等。三层展示"民俗之风,浓情闽南"和"泉腔之韵,晋唐遗响"两个部分,"民俗之风,浓情闽南"展示泉州民俗文化,以及传统舞蹈、体育、杂技、游艺、医药等项目;"泉腔之韵,晋唐遗响"展示的是闽南语的魅力,包含民间文学、传统音乐、曲艺、传统戏剧等。四层主题为"天工之巧,匠心营造",重点展示泉州传统技艺。

为突出"非遗"项目活态化的特点,泉州非物质文化遗产馆与一般的博物馆主要采用静态展品展陈不同,更加注重通过视频成像技术、传承人现场展示、音频技术等,让观众观看甚至参与"非遗"制作过程,体验项目背后的精彩技术,其新意体现在"走街串巷"的展陈方式。"非遗"馆中,随处可见泉州元素——蚵壳装饰的围墙、仿花岗岩石墙、仿红砖厝屋顶、闽南风凉亭等装饰物,让人犹如置身于古城街巷。

"非遗"馆还有精心设计的互动表演区域。馆内设置15个传统手艺工作坊,将选择节假日不定期邀请"非遗"传承人现场展示木雕、影雕、花灯等制作工艺;设计梨园戏、南音、提线木偶、布袋木偶、泉州讲古等多个戏台,邀请"非遗"传承人现场献艺。日常展示中,有工作坊、戏台等,还将通过3D投影、电子屏幕放映等方式播放"非遗"项目视频、音频。

---

① 苗宾:《文旅融合背景下的博物馆旅游发展思考》,《中国博物馆》,2020年,第2期,第115-120页。

全息成像技术也被应用到展厅。二层展厅内有两个全息成像设备，让观众近距离了解江加走木偶头雕刻技艺的精妙之处。四层展厅有一艘"大船"的剖面模型，采取1:1船体解剖复原手法，结合电解玻璃投影形式，全景再现水密隔舱造船技艺，让人有身临其境之感。

"非遗"馆的五楼作为体验区和临时展区，将不定时开展"非遗"工艺体验活动，组织国内外的"非遗"项目特展。[1]

（二）旅游节庆活动模式

以"非遗"为主题的旅游节庆活动，不仅可以将多项"非遗"联合利用，还能将物质文化遗产和"非遗"相结合，展现当地的民俗风情、文化特色，增强"非遗"的市场影响力，同时也满足旅游者的体验需求。旅游节庆活动是将地方"非遗"这一文化资本转换成经济资本的一种方式，为了使效益最大化，建议将不同类型的文化遗产资源整合，丰富"非遗"节庆活动的内容，突出在地化项目的融入，与旅游深度融合，形成规模化和品牌化。[2]

妈祖文化是中国海洋文化的代表，近千年来一直与我国诸多和平外交活动、海上交通贸易有着密切关联。随着2009年"妈祖信俗"被联合国教科文组织列入《人类非物质文化遗产代表作名录》，妈祖文化更是成为全人类尤其是21世纪海上丝绸之路沿线国家共同的精神财富。

妈祖祭祀举办地位于国家5A级景区湄洲岛妈祖祖庙。湄洲妈祖文化旅游节于1994年由莆田市人民政府创办，2007年开始由福建省人民政府主办，至今已成功举办了23届，活动内容不断丰富，规模影响持续扩大，每届都吸引了大批妈祖信徒和游客参会。在妈祖文化节上通过举办妈祖祭祀仪式展演、

---

① 蔡紫旻：《全国最大的非遗馆泉州非物质文化遗产馆23日揭牌》，https://www.sohu.com/a/355308955_99892032，2019-11-12。

② 林心瑶：《福建平潭岛非物质文化遗产保护与旅游利用模式及其机制研究》，福建师范大学，2019年。

妈祖庆典、妈祖民俗大赛、实景诗歌朗诵音乐会、妈祖题材的莆仙戏曲展演、湄洲妈祖海峡论坛、"两岸百团万人游湄洲"等一系列活动,将妈祖"非遗"文化与节事、演艺、文创商品、景区旅游相结合,推动了妈祖"非遗"文化与旅游的融合式发展。

传统节日及民俗庆典作为延续农耕文化内涵以及象征地域文化的标识符号,与在农村地区生活的民众的岁时思维和生活环境较为契合,同时开发"非遗"民俗节事旅游也可成为当前乡村文化振兴的主要抓手。在较偏远的乡村古镇,传统民俗庆典活动仍然是自发积极参与、世代相袭、举全村(镇)之力共同参与的非商业目的行为。省级"非遗"项目"延平樟湖崇蛇习俗"就是典型代表,每年农历七月初七,福建省南平市延平区樟湖镇全镇民众都要从蛇王庙迎请蛇王,举行敬蛇仪式,村民们燃放鞭炮,鸣锣扛旗,列队从庙内抬着神像,绕行全镇游蛇祈求平安,参与游蛇的人群每人都将蛇缠绕上身或握在手中,活动结束后将蛇放生,游蛇习俗吸引了众多的游客前往观看,促进了当地乡村旅游的发展。

非物质文化遗产项目中的一些民俗、习俗、信俗文化均根植于农村地区,其厚植乡土、古风淳朴的原生态气息对来自城市的游客群体有着强烈的吸引力。

(三)文化创意产业园+旅游体验

文化创意园是一系列具有与文化关联的、产业规模急剧增长的特殊地理空间,是具有鲜明文化形象并对外界产生一定吸引力的集生产、交易、休闲、居住为一体的多功能园区。随着游客需求的变化,一些文化创意园也成为旅游吸引物。

例如,泉州市文化旅游资源丰富,遗存有大量的古民居、生产遗产、古建筑、古城等,这些文化遗产为发展旅游和文创产业发展提供了空间和载体。

文化创意产业园是泉州市发展文化旅游的主要方式之一，依托旧工业遗产或者古建筑进行开发的文化创意产业园越来越多，泉州市区主要有"六井孔"音乐文化创意园、闽南文化创意产业园（又名"T"淘园）、源和1916创意园、美食街"183"艺术创意产业园等。这些文化创意产业园主要分布在泉州古城区，结合清源山景区、开元寺和泉州西街，包括中山路地区，形成古城区文化旅游中心地。另外，在泉州市县区，一些古老的工艺文化等也在发展的过程中走上"非遗文创＋旅游"之路，如：德化月记窑陶瓷文化创意中心、洛阳江滨海丝文化长廊主题公园、泉州惠安雕艺文化创意产业园、永春香品产业园等均具有文创产业＋旅游产业等复合功能。

（四）"非遗"＋旅游景区模式

依托一定面积的物理空间，以本地区的"非遗"文化或某一类型的"非遗"文化为核心内容，并将"非遗"文化融入旅游产业链各个环节，配套相关的基础设施和旅游公共服务设施，形成"非遗"旅游景区。[1]国内基于"非遗"文化资源开发的代表性景区当属丹寨万达小镇。

贵州丹寨县现有国家级"非遗"代表性项目7项、省级22项、州级34项，被誉为"非遗之乡"。丹寨万达小镇占地面积400亩，将丹寨7个国家级"非遗"项目和16个省级"非遗"项目引入小镇，以苗族、侗族等少数民族非物质文化遗产为内核，包括石桥古法造纸、国春苗族银饰、苗族锦鸡舞、苗族蜡染、芒筒芦笙祭祀乐等。小镇基于本地"非遗"文化特色，建有原汁原味和匠心精神的三大斗艺场馆（斗牛、斗鸡、斗鸟）、特色民族餐饮（卡拉斗鸡肉、苗王鱼、牛羊瘪、韭菜一汤等）、三座"非遗"小院（造纸小院、蜡染小院、鸟笼主题民宿小院等）、民族文化特色业态（苗族银饰、苗服苗饰、苗医苗药等），打造了一个集"吃、住、行、游、购、娱、教"为一体的精品

---

① 崔哲：《尽显非遗魅力 赋能地区发展》，《中国旅游报》，2021年5月19日，第2版。

旅游综合体。目前,小镇经营业态中,"非遗"商户占比超过 70%,"非遗"渗透到吃、住、行、游、购、娱的旅游全要素中。丹寨万达小镇 2017 年 7 月开业,仅用半年,就成为贵州省游客量排名前三的单个景区,被评为国家 4A 级景区,成为国内首屈一指的"非遗"+旅游景区开发模式的典范。

（五）"非遗"+旅游演艺模式

具有地域特色的非物质文化经艺术化提炼、加工,成为旅游演艺作品搬上舞台,成为外地旅游者快速了解旅游目的地文化的一扇窗口。例如,福建省南平市运用舞台演艺模式对非物质文化遗产进行旅游开发,典型代表是武夷山"印象大红袍"山水实景演出,重点设计打造以武夷岩茶文化为主线展开的"喊山祭茶"、传统制茶工艺、"大红袍"传说、武夷茶道等演艺内容。此外,还开发了以理学家朱熹与闽北为主线的朱子祭典、朱子家礼、典故逸事等演艺作品,以及以"延平王"郑成功在南平延平练兵演武、策划驱荷复台的军政生涯为主线的建瓯挑幡、延平战胜鼓等景区演艺产品。

在旅游目的地以舞台演艺的形式主动迎合外地旅游者,满足他们"快餐式"消费文化的需求,其间要尽量避免出现背离地域文化的"时代创新""舞台化真实"以及过度追求经济利益等问题,总体而言此举仍不失为被大众旅游者普遍接受的"非遗"文化的传播形式。

（六）非物质文化遗产周（日）模式

非物质文化遗产周（日）模式通过旅游空间在短时间内集中将非物质文化遗产中的曲艺、传统音乐、舞蹈、传统体育、游艺与杂技以及民俗活态传承并推广普及,这是"非遗"与"旅游化生存"关联较密切的一种模式。这种形式通常和农事生产、民族节日、民俗庆典的祭拜、祈福消灾等密切关联,吸引旅游者前来观光游览、参与体验。

例如，2019 年，南平市文化和自然遗产日主会场活动——"大武夷'非遗'美食嘉年华"，展示了南平南词说唱、延平战胜鼓、岭炳洋畲歌等节目的舞台演出，顺昌仁寿灌蛋、邵武和平游浆豆腐、杨八妹竹筒酒酿造、岚谷熏鹅制作技艺等 42 个"非遗"项目，"非遗"技艺传承人还在现场展示了美食制作。此次活动既有现场部分，也有"互联网＋"线上活动，通过网络投票评选"南平市十大非遗网红美食"，借助抖音直播，网红实时分享体验，参与到"非遗"美食嘉年华中。

又如，省级"非遗"项目"邵武河坊抢酒节"，其初衷是纪念隋代开皇年间兵部尚书冯世基镇抚蛮夷、屯驻邵武的功德。公元 591 年农历九月初一，冯世基视察到了河坊（邵武市洪墩镇河坊村），正值新开垦的稻田大丰收，屯驻军民杀猪宰羊，冯尚书与众将士在奉祀赵子龙的将军庙，军民争相酉酒，向赵子龙神像叩拜敬酒，"抢酒"活动便沿袭定俗在每年的农历九月初一至初九，"抢酒节"从此便成为全国独有的地方性节日。

再如，2019 年 3 月 1 日龙岩市古田旅游区启动油菜花旅游文化节，先后举办了"汉服周""小红军主题周""非物质文化遗产周"等活动。3 月 23 日至 29 日还举办了"红古田快闪周"，游客可参与或欣赏快闪、合唱、歌剧和红色经典等活动。在古田会议会址、油菜花田及"红古田"国营商场，聚集 9 大类"非遗"项目进行集中会演，展示近年来红色土地上"非遗"保护成果，总结交流传承发展经验，推进"非遗"保护成果全民共享。红色文化、自然风光和"非遗"表演交相辉映，吸引了成千上万名游客造访红色圣地，近距离感受闽西非物质文化遗产的魅力。

（七）旅游商品开发模式

旅游商品是旅游购物环节的内容，也是附着于工艺品、纪念品、农副食品的地方文化载体，一般需要体现文化特色、实用功能或美学价值。旅游6

大要素之一的"购"在旅游活动中占有重要地位,也是开发非物质文化遗产获得经济收入的重要手段。现存的旅游商品普遍存在异质性、纪念性、工艺性不高的情况,需要结合当地非物质文化遗产的旅游资源特点开发出更多全国知名的、独特的旅游商品。

例如,南平市主要"非遗"项目中的建盏、湛卢宝剑、九龙窑青瓷、建瓯根雕、松溪剪纸、版画、政和竹制品等工艺品的生产、加工、销售已具备一定产业规模和影响力。武夷岩茶、正山小种红茶、矮脚乌龙茶、松溪绿茶、政和红茶、白茶等旅游者均可自由选购。特产中诸多地方美食,如岚谷熏鹅、建瓯板鸭、建瓯光饼、峡阳桂花糕等都是受到外地旅游者青睐的地方特色风味美食。

当地旅游商品开发可从以下方面融入非物质文化遗产的价值链:第一,通过对非物质文化遗产适合开展生产性保护的传统技艺、传统美术类型项目进行梳理,结合各地方工艺品加工制造产业的现实情况,探索工艺美术产业和文化旅游产业的融合发展[1];第二,从"非遗"文化中汲取优秀文化的养分,针对"非遗"中传统图像图案、色彩设色、外观造型进行提取,运用现代材料、工艺流程设计制作符合不同类型旅游者的多元审美趣味的旅游商品;第三,进行专题文化的创意商品系列开发,既涵盖旅游者参与体验的个性化手工制品,也包括衍生的电子或纸质出版物等。

从现状来看,南平市可以茶产业、建盏产业、竹木根雕产业为依托,加强文化创意设计在旅游商品价值中的比重,提升旅游纪念品的文化品位。通过创新满足旅游者的个性化需求是未来旅游行业发展的方向。

非物质文化遗产的开发思路,可以表 3-1 为例。

---

[1]　林秀琴:《地方工艺如何融入文化旅游?——以南平地区为个案》,《学术评论》,2018年,第6期,第46-51页。

表 3-1　泉州非物质文化遗产开发思路[①]

旅游商品类型	主要产品	开发思路
名点和美食	绿豆饼、桔红糕等麻糍、榜舍龟、米粳麦芽糖、贡糖、口酥；桂圆干、柿饼、蜜饯、金桔糖等；土笋冻、猪油粕、鸡爪等；芋包、肉夹包、芋圆汤、卤面等；永春白鸭汤、德化黑鸡、黑猪、姜母鸡、海蛎煎、香芋焖鸭等。	凸显传承历史、制作工艺、技艺，根据特色进行组装整合，打造为具有不同风格、不同品类旅游商品。根据品类、原料产地、传承历史、文化内涵、制作工艺、技艺，打造系列小吃。组装整合为不同类型件的宴席，打造"泉派"菜系。
传统工艺品	德化白、中国红；泉州刺绣、蟳蜅女服饰、惠安女服饰；藤铁艺品锡器、漆篮、脱胎漆器；文化内渊泉州通草画、纸织画、花灯等；尚卿竹编罩、南安金淘草席、篾香；石雕、木雕、玉雕、漆线雕、影雕；泉州木偶。	传统工艺制品根据其类型、材质，突出艺术价值、收藏价值，突显其地方性，打造系列主题文化旅游商品；紧跟时代潮流，贴近现实生活，发掘其在新的历史时期的新的使用价值，打造相关文化商品。
创意产品	创意文化公仔、新材料玩偶、古船模、惠安女旅游纪念品、创意陶瓷、刺桐花记事本、邮册等。	依托泉州的自然风貌、地标建筑、历史传说、民间故事、民俗民风、地方物产、表演艺术、历史名人等为素材，运用现代高科技手段或现代艺术表现方法，制作相关文化商品。

（八）"非遗"主题旅游线路开发模式

"非遗"主题旅游线路开发模式是以某一类"非遗"文化或某一地域范围内的"非遗"文化为体验内容，将两种及两种以上类型的非物质文化遗产通过特定的主题进行联合开发，集饮食、游览、购物、娱乐、研学等多方面体验内融为一体的游览线路，这样既有吸引力又可以使游客在短时间内对多种非物质文化遗产有所了解，是"非遗"与旅游融合的典型模式之一，能推动"非遗"与旅游融合发展。

鼓励支持广大旅游企业充分利用丰富的"非遗"资源，加强与相关机构、"非遗"传承群体的合作，设计、运营"非遗"主题旅游线路。同时，通过全国"非遗"主题旅游线路的展示、推介，不断提高"非遗"传承实践水平，

---

① 侯瑞萍、王晓燕：《非物质文化遗产保护与旅游利用模式研究——以泉州市为例》，《科技广场》，2014 年，第 8 期，第 219-224 页。

为旅游业注入更加优质、更富吸引力的文化内容，并充分发挥旅游业的独特优势，为"非遗"保护传承和发展注入新的更大的内生动力。

2020年10月18日全国代表性的12条经典"非遗"旅游主题线路（见表3-2）中，"中国名片"——北京城市中轴线"非遗"主题旅游线路，该线路以天坛传说、前门传说、便宜坊焖炉烤鸭技艺、同仁堂中医药文化等非物质文化遗产为载体，让游客在领略"非遗"故事、体验"非遗"技艺的同时，深入感受首都北京的京味文化和古都风韵。该线路已成为北京城市中轴线深度旅游的精品线路。

表3-2　12条全国"非遗"主题旅游线路

"非遗"主题线路名称	具体内容	旅游空间
北京城市中轴线"非遗"主题旅游线路	天坛传说、前门传说、便宜坊焖炉烤鸭技艺、同仁堂中医药文化等。	天坛、大前门、同仁堂等。
千里草原风景大道"非遗"支线	敖包相会、根雕艺术、帝国元王朝、编织灯笼、剪纸、"草原酒"制作技艺、策格（酸马奶）酿制技艺等。	乌尼根雕艺术博物馆、锡林郭勒盟博物馆、苍狼部落驿站。
浙西南畲乡"非遗"技艺体验游	东阳木雕、畲族之窗、蓝夹缬制作工艺、桥梁营造技艺等。	义乌黄山八面厅、畲乡之窗、蓝夹缬博物馆、护关桥。
徽文化"非遗"研学之旅	徽墨制作工艺、宣纸、宣笔、歙砚、徽雕等。	绩溪上庄、泾县。
齐风鲁韵"非遗"之旅	儒家文化、泰山豆腐技艺、台儿庄、运河文化、贡砖烧制技术、水浒文化等。	曲阜孔府孔庙、泰山豆腐博物馆、台儿庄古城、戴村坝博物馆。
"屈原昭君故里""非遗"之旅	端午文化、王昭君传说、民歌南曲等。	屈原故里、昭君古汉文化旅游区。
广州老城新活力文化遗产深度游	广式早茶、粤剧演出、游永庆坊"非遗"街区、十三行商贸风貌、海珠国家湿地公园、岭南水乡沙湾古镇、沙湾何氏广东音乐、沙湾水牛奶传统小食、广州长隆假区等。	永庆坊、十三行、海珠国家湿地公园、岭南水乡沙湾古镇、沙湾、广州长隆度假区。

"非遗"主题线路名称	具体内容	旅游空间
中越边境"非遗"之旅	广西民族博物馆、广西米粉制作技艺、马山县鼓匠文化园、壮族打扁担传承保护基地、防城港东兴市、京族博物馆、京族独弦琴艺术、京族服饰制作技艺、海洋渔文化、百业东兴、红木社区、东兴口岸、爱店关口、宁明县花山岩画景区、花山岩画、友谊关爱国将领冯子材历史故事、红木文博城景区红木文化和红木加工技艺、中越特色小吃、壮族天琴艺术表演、红八军纪念馆、明仕田园、德天跨国瀑布、靖西市龙邦口岸、靖西市文化馆、壮锦制作技艺、绣球制作技艺、壮族提线木偶戏、壮族末伦、壮族南路八音、壮剧、壮族马绿舞、壮族弄腊舞、壮族田间矮人舞、舞春牛、百色红七军纪念馆和纪念碑、民族聚居村寨观赏壮族"麼乜"制作技艺等。	南宁市区、广西民族博物馆、马山县、壮族打扁担传承保护基地、防城港东兴市、京族博物馆、百业东兴、红木社区、东兴口岸、宁明县、凭祥市、红木文博城景区、凭祥美食街、龙州县、大新县、红八军纪念馆、靖西市、百色市。
黔东南侗族"非遗"深度体验游	侗族大歌、侗布、侗戏、侗族牛腿琴、琵琶琴、侗族文化课、体验侗布制作过程、千年"稻鸭鱼"生态系统、体验侗族全鱼宴、侗族木结构营造技艺、侗族酿酒技艺的体验等。	黄岗侗寨、周边侗族村寨。
交响丝路"非遗"之旅	鸣沙山、月牙泉、世界文化遗产莫高窟、嘉峪关城楼、酒泉"非遗"中心、夜光杯厂、参观张掖大佛寺中亚洲室内最大卧佛、国家5A级旅游景区张掖七彩丹霞景区、张掖"非遗"馆、河西民俗博览园、张掖丹霞口旅游度假小镇、张掖印象"非遗"记忆中心、永昌县"卍"字灯俗、雷台汉墓、西夏博物馆、武威市博物馆、念唱宝卷展演活动、中山桥、黄河母亲雕像、参观水车博览园和水车、羊皮筏子制作技艺、参观甘肃省博物馆及文创中心、兰州桥梁博物馆、秦腔博物馆、简牍博物馆等、吃兰州牛肉面、坐羊皮筏子等。	敦煌、敦煌市非物质文化遗产展厅、千年敦煌月牙泉小镇"非遗"传承基地、阳关"非遗"传习所、敦煌三危中学"非遗"传习基地、莫高里工匠村"非遗"研学基地、嘉峪关城楼、嘉峪关市大漠风雨雕石艺馆、嘉峪关非物质文化遗产传习所、嘉峪关市北沟烧酿酒坊、张掖、金昌、兰州市、甘肃省博物馆、兰州桥梁博物馆、秦腔博物馆、简牍博物馆。
滔滔黄河"非遗"之旅	羊皮筏子黄河漂流、炳灵寺石窟、八坊十三巷、茶马古道、彩陶制作、临夏蛋雕、临夏砖雕、拉卜楞寺、甘南藏族唐卡、甘南藏医药、锅庄舞、藏族民歌、冶海天池、洮砚制作技艺、金城关非物质文化展览馆、制作泥人捏制、葫芦雕刻等。	白银市景泰县、永靖县、临夏、夏河、临潭县、金城关非物质文化展览馆。
喀什民俗"非遗"主题游	民俗技艺文化、刀郎民族文化、民俗乐器文化等。	喀什古城、刀郎乡里、民族乐器博物馆。

资料来源：根据网络资料整理。

　　泉州是我国"非遗"文化资源的典型富集地，共拥有世界级非物质文化遗产 5 项、国家级非物质文化遗产 36 项、省级非物质文化遗产 99 项、市级非物质文化遗产 262 项、县级非物质文化遗产 505 项、是全国唯一拥有"人类非物质文化遗产代表作名录""急需保护的非物质文化遗产名录""非物质文化遗产优秀实践名册"的城市。其中各级的非物质文化遗产涉及民间文学、美术、音乐、戏剧、技艺、医药、民俗等，设计体验内容丰富的主题线路条件优越。泉州非物质文化遗产主题旅游线路见表 3-3。

表 3-3　泉州非物质文化遗产主题旅游线路①

景点或馆址	主要产品	备注
泉州海外交通史博物馆	泉州海外交通史博物馆以中世纪东方第一大港——刺桐港的历史为轴心，以丰富独特的海交文物，生动地再现我国古代悠久辉煌的海洋文化。展品中除了一艘迄今国内发现年代最早、体量最大的宋代海船及其大量伴随出土物外，还有数十根木、铁、石古代锚具，数百方宋元伊斯兰教、古基督教、印度教石刻，各个时期的外销陶瓷器，160 多艘历代各水域的代表性船模，以及数量繁多的反映海外交通民俗文化的器物。	联合国"急需保护的非物质文化遗产"水密隔舱福船制造技艺。
泉州非物质文化遗产馆	泉州非物质文化遗产馆是全国地级市最大的非物质文化遗产馆之一，集中展示了"非遗"10 大门类 4 大主题，包括泉州传统美术、"非遗"工艺、民俗风情、戏曲音乐等涵盖 600 多件"非遗"珍品，同时还设立了 15 个传统工艺作坊，不定期邀请传承人到现场表演，跟观众互动。	最全面、最直观、最深入地学习泉州"非遗"品类。
泉州木偶剧院嘉礼馆	2012 年，泉州木偶戏领衔福建木偶戏，传承人培养计划包含提线木偶戏、木偶头雕刻技艺等。	入选联合国"人类非物质文化遗产优秀实践名册"。
泉州府文庙南音传习所	南音，发源于福建泉州，又称"南曲""弦管"等，是现存最古老的乐种之一，有"音乐史上的活化石"之称。2009 年，南音被联合国教科文组织列入人类非物质文化遗产名录。泉州南音演奏演唱形式为右琵琶、三弦，左洞箫、二弦，执拍板者居中而歌，用于唱曲和演奏大谱，是汉相和歌的"丝竹更相和，执节者歌"的宝贵遗制。	联合国"人类非物质文化遗产代表作"、音乐的活化石。

① 《泉州 10 个"非遗"旅游线路让你"非"去不可》，https://baijiahao.baidu.com/s?id=1707810019489518401&wfr=spider&for=pc，2021-08-11。

续表

景点或馆址	主要产品	备注
惠安霞飞石雕工艺博物馆	惠安石雕源于中原，是一种与建筑艺术相生相伴的工艺，有独具特色的艺术风格。它的工艺具体表现形态为圆雕、浮雕、线雕、沉雕、影雕和透雕、微雕、组合雕等八大类上千个品种。作为南派石雕艺术的代表，惠安石雕影响了石雕艺术的半壁江山。2006 年，"惠安石雕"入选首批国家级非物质文化遗产名录，是南派石雕的代表。	南派石雕艺术的代表和闽南文化的瑰宝。
惠女风情园	惠安当地以"封建头，民主肚，节约衣，浪费裤"的歌谣概述了惠安女服饰各个部分的特征。斗笠是惠安女现代服饰最显现的部分，主体色彩是非常鲜艳的纯黄色，每条头巾都是正方形的（约 66 厘米），色彩和花纹基本上是蓝底白花、绿底白花、白底绿花等。惠安女的发饰装扮继承了古代妇女重视首饰的传统。惠女服饰，2006 年被列入首批国家级非物质文化遗产。	惠安女服饰等首批国家级非物质文化遗产。
晋江五店市街区	五店市为了保留这一历史文化记忆和当时留下来的丰富古建筑，于 2010 年逐步规划的闽南文化大观园，大大小小聚集了 130 幢从明清到民国的不同建筑类型，有夯土屋，有"西虹市"的红砖建筑，有中西合璧的洋楼。它是一座藏身于闹市之中的建筑博物馆，到此可细细欣赏闽南民居营造技艺，观赏"非遗"戏曲表演、品尝泉州特色小吃。	闽南民居营造技艺。
"香都"永春达埔兴隆香厂	永春篾香是一项传承了 300 多年的传统制作技艺。宋元时期，海上丝绸之路兴盛，阿拉伯商人运来了异域的香料等货物。明末清初，就有阿拉伯人后裔开始在泉州永春县制作篾香。传统晒香的方法掷香花一直延续至今，将篾香轻掷于地上，自然摊开，仿佛一朵盛开的花朵，极具美感。2017 年，永春香制作技艺入选省级非物质文化遗产名录。	永春香制作技艺。
顺美陶瓷生活馆	早在新石器时代，德化就开始了陶瓷制作生产，唐宋兴、明清盛，发展于当代。宋元时期的德化白瓷就成为"海上丝绸之路"的重要出口商品，"白"扬名世界。自宋代起，德化瓷雕塑至今从未间断，形成了独具特色的传统工艺，其艺术成就主要体现于瓷塑人物。2006 年，德化瓷烧制技艺列入国家级非物质文化遗产名录。位于德化的顺美陶瓷生活馆是大型陶瓷文化旅游综合体，集陶瓷生产研发、陶瓷文化创意、陶瓷文化体验、创作体验和购物体验为一体，是德化瓷烧制技艺的一个展现窗口。	德化瓷烧制技艺。
龙鹏艺术馆	位于德化的龙鹏艺术馆以观展为主。艺术馆以泥土为背景承载展现千年瓷姿，空间内收藏了一段被遗弃的古老河床，与自然共生，意境、美感、实用性融为一体，可获得轻松自在的观展体验。	本土陶瓷艺术与国际国内艺术展览。

二、按"非遗"类型区分的旅游开发模式

以福建省为例，福建省非物质文化遗产可分为民间文学类、表演艺术类、传统技艺类和信仰民俗类四大类型，不同的"非遗"类型侧重不同的旅游开发模式。

（一）民间文学类"非遗"的旅游开发思路

福建省民间文学类的国家级非物质文化遗产目前只有霞浦畲族小说歌、闽南童谣、陈三五娘传说三项。从旅游价值的角度分析，其历史价值、文化价值都很高，民间文学是游客了解一个民族的捷径，具有很强的旅游吸引力，但因存在方言沟通障碍，小说的传承人又日益减少，使得民间文学的旅游开发难度较大。因此，民间文学类"非遗"往往不能构成单独的旅游吸引物，需要与其他演艺类的"非遗"文化进行整合，融入研学旅游、旅游演艺等产品中。

（二）表演艺术类"非遗"的旅游开发思路

表演艺术类的"非遗"包括了传统音乐、舞蹈、戏剧及曲艺等类型，福建省表演艺术类的"非遗"十分丰富，扎根于乡土，有一批优秀的代表性演艺作品，在海外华人中也有较广泛的影响力，以泉州南音、福建歌仔戏、木偶戏、福州评话等为代表的国家级表演艺术类"非遗"是其中的翘楚。

表演艺术类"非遗"旅游的开发要关注以下几点：①创意赋能，结合传统与现代重构和拓展旅游开发模式；②培育都市和年轻人市场，使之成为表演艺术类"非遗"的客源群体；③建立以传承人为核心的活态保护体系，实现表演艺术类"非遗"和旅游开发的可持续发展。[1]

---

[1] 黄丹:《表演艺术类非物质文化遗产旅游开发问题探析——以上海为例》,《文化产业研究》,2020年，第2期，第255–268页。

从真正的旅游产品内涵而言，除了对特定的修学类游客可构成单独的旅游吸引物之外，演艺类"非遗"资源多数情况下不能单独开发成旅游吸引物，且受方言限制，游客的受众面较小，需要与其他演艺类"非遗"文化进行整合式开发。该类旅游资源可以采取娱乐式、参与式以及综合式的旅游开发形式，其旅游开发思路是：①依托景区舞台，将传统戏曲文化在特定的景区采用舞台表演的方式加以展示，以"非遗"进驻景区、"非遗"进驻博物馆的形式，将演艺类"非遗"元素融入大型旅游项目①；②借助节庆活动，打造节事类旅游演艺精品②；③结合时代需求，大力发展"非遗"研学旅游等新旅游市场，以取得旅游产品消费、未来市场培育和"非遗"文化传承等多方面成效。例如，针对宁德地区福安平讲戏、屏南四平戏等古老的演艺文化在特定的景区采用舞台表演的方式加以展示，使游客感受到古老剧种的文化魅力，营造闽东"民间戏曲艺术之乡"的演艺文化氛围。充分利用每年"二月二"灯会线狮表演和"三月三"畲族对歌会的盛大节庆活动。针对当前中小学生、演艺类"非遗"文化爱好者开发研学、修学旅游产品。

（三）传统技艺类"非遗"的旅游开发思路

传统技艺类"非遗"包含传统体育、游艺与杂技及传统美术、医药等类型。此类"非遗"文化资源可以打造以"非遗"手工艺为核心，集研学教育、休闲体验、传习、美食、收藏、展览、文创礼品于一体的"非遗"类旅游产品体系。

例如，宁德市传统技艺类的国家级非物质文化遗产中柘荣剪纸的旅游开发价值高。此外，水密隔舱福船制造技艺、畲族银器锻制技艺、福鼎白茶制

---

① 胥迪：《文旅融合视角下音乐类非遗的活化方式》，《人文天下》，2019 年，第 4 期，第 29-33 页。

② 郑立文、谢新暎：《从宁德市看国家级非物质文化遗产旅游资源评价与开发研究》，《长春工业大学学报》（社会科学版），2014 年，第 6 期，第 34-37 页。

作技艺和木拱桥传统营造技艺,这四项遗产资源都具有较高的审美价值、艺术价值、民俗价值和历史价值,开发时可以突出其观赏性、纪念性和收藏性。

传统技艺类"非遗"旅游资源可以采取观赏型、参与型、体验型的旅游开发方式,其旅游开发思路可以包括:①依托节事舞台、博物馆、技艺馆、工坊等空间,展示工艺制作,增加游客体验。如针对柘荣剪纸、福鼎白茶制作技艺都可以设立一些工艺制作坊,甚至可开发研学旅游产品,让游客欣赏传统技艺魅力;②开发特种旅游,如针对泉州南少林五祖拳、福建传统咏春拳开发特种旅游,针对片仔癀、林氏正骨法等,开发康养或医疗旅游,提高"非遗"文化开发的经济效益;③适当开发旅游纪念品(如剪纸、畲族银器、福鼎白茶、木质船模等),发展购物旅游,增加旅游总体收入。

(四)信仰民俗类"非遗"的旅游开发模式

信仰民俗类的"非遗"资源在旅游开发价值方面的共同特点是都具有历史价值、文化价值、审美价值和娱乐价值,较好地开发利用这类旅游资源可以吸引众多的游客参与节日欢庆。可采取观赏体验型、节庆仪式型的旅游开发方式,其旅游开发的具体思路是:①提炼民俗文化,打造民俗文化村。如畲族婚俗是畲民生活中充满情趣、激情洋溢的文化瑰宝,尤其是"俗不离歌"的传统,在婚俗中得到最充分的表现:以歌传情、以歌结交、以歌述怀、以歌欢娱,几乎以歌贯穿从恋爱到完婚的全过程。因此,可以考虑通过闽东畲族第一历史文化名村白露坑畲村原生态文化现状的实地展现,满足旅游者欣赏和体验畲族文化的需要。②浓缩信俗文化,宣扬民俗信仰的积极意义。如古田的陈靖姑、柘荣的马仙和莆田的妈祖并称"福建三大女神",可以精心组织策划一系列丰富多彩的女神信俗文化交流活动,来提升福建三大女神文化的积极影响。

按"非遗"类型开发旅游模式,可参见表 3-4 福建省国家级非物质文化遗产分类旅游开发模式。

表 3-4 福建省国家级非物质文化遗产旅游开发模式

"非遗"名称	"非遗"类别	主要旅游开发模式
霞浦畲族小说歌、闽南童谣、陈三五娘传说。	Ⅰ 民间文学	一般而言,不能构成单独的旅游吸引物,可与其他音乐艺术类"非遗"组合,融入研学旅游、旅游演艺等产品中。
泉州南音、福建北管(泉州北管、泉州闽南什音)、茶亭十番音乐、黄石惠洋十音、闽西客家十番音乐、福建畲族民歌(华安畲家民歌)、福建畲族民歌(岭炳洋畲歌)、十番音乐(黄石惠洋十音)、长汀公嫲吹、莆仙十音八乐(涵江、仙游)。	Ⅱ 传统音乐	一般而言,不能构成单独的旅游吸引物,与其他音乐艺术类"非遗"组合,可作为研学旅游、旅游演艺、旅游节事等的重要体验内容。
泉州拍胸舞、龙岩采茶灯、龙舞(大田板凳龙)、傩舞(邵武傩舞)、傩舞(浦南古傩)、灯舞(莆田九鲤灯舞)、高山族拉手舞、俤舞。	Ⅲ 传统舞蹈	一般而言,不能构成单独的旅游吸引物,与其他演艺类"非遗"组合,可作为研学旅游、旅游演艺、旅游节事等的重要体验内容。
福建歌仔戏(厦门歌仔戏、漳州芗剧)、福建高甲戏(泉州高甲戏、厦门高甲戏)、闽剧、泉州梨园戏、泉州提线木偶戏、泉州南派布袋戏、泉州打城戏、永安大腔戏、泰宁梅林戏、莆仙戏、政和四平戏、闽西汉剧、寿宁北路戏、屏南四平戏、高甲戏(柯派)、越剧(尹派)、潮剧、晋江柯派高甲戏丑行表演艺术、屏南平讲戏、打城戏、潮剧(东山县、云霄县)、平讲戏(福安)、杂剧作场戏(大田、永安)、木偶戏(闽西客家木偶戏)。	Ⅳ 传统戏剧	一般而言,不能构成单独的旅游吸引物,与其他演艺类"非遗"组合,可作为研学旅游、旅游演艺、旅游节事等的重要体验内容。
福州评话、福州伬唱、厦门答嘴鼓、东山歌册、漳州锦歌、南平南词曲艺、厦门方言讲古。	Ⅴ 曲艺	一般而言,不能构成单独的旅游吸引物,与其他演艺类"非遗"组合,融入研学旅游、旅游演艺等产品中。
建瓯挑幡、宁德霍童线狮、中幡(建瓯挑幡)、新垵五祖拳、泉州南少林五祖拳、福建南少林地术拳、福建传统咏春拳、六合拳(福建六合门)、泉州刣狮。	Ⅵ 传统体育、游艺与杂技	一般而言,对大众不构成单独的旅游吸引物,与其他演艺类"非遗"组合,可作为研学旅游、体育旅游、旅游演艺、旅游节事等的重要组成或专项体验内容。

"非遗"名称	"非遗"类别	主要旅游开发模式
漳州木版年画、漳浦剪纸、永春纸织画、柘荣剪纸、剪纸（漳浦剪纸）、剪纸（泉州李尧宝刻纸）、剪纸（柘荣剪纸）、木偶头雕刻（江加走木偶头雕刻）、泉州江加走木偶头雕刻技艺、软木画、木雕（莆田木雕）、厦门珠绣、惠安石雕（影雕）、木雕（泉州木雕）。	Ⅶ传统美术	一般而言，不能构成单独的旅游吸引物，可作为研学旅游、旅游节事、专题博物馆等的重要组成部分或专项体验内容；可开发特色旅游商品；可作为景区文化元素营造景观特色。
福州寿山石雕刻技艺、厦门蔡氏漆线雕、漳州徐竹初传统木偶雕刻、惠安石雕工艺、泉州花灯、德化瓷工艺、武夷岩茶（大红袍）传统工艺技能及习俗、永定客家土楼建筑工艺、竹纸制作技艺、雕版印刷技艺、唢呐艺术（长汀公嫲吹）、客家土楼营造技艺、银饰锻制技艺（畲族银器制作技艺）、福州聚春园佛跳墙制作技艺、漳州蔡福美传统制鼓工艺、漳州八宝印泥传统制作工艺、福建水密隔舱造船技艺（蕉城漳湾水密隔舱福船制造技艺、晋江水密隔舱海船制造技艺）、安溪乌龙茶铁观音制作技艺、泉州传统建筑营造技艺（泉州鲤城杨阿苗民居营造技艺、惠安传统建筑营造技艺、泉州传统民居营造技艺、南安蔡氏古民居建筑群营造技艺）、屏南木拱廊桥建造工艺、木拱桥传统营造技艺、福鼎白茶制作技艺、仙游"仙作"古典工艺家具制作技艺、福建土楼营建技艺（南靖、华安）、建窑建盏制作技艺、花茶制作技艺（福州茉莉花茶窨制工艺）、小吃制作技艺（沙县小吃制作技艺）、酿造酒传统酿造技艺（红粬黄酒酿造技艺）、红茶制作技艺（坦洋工夫茶制作技艺）、乌龙茶制作技艺（漳平水仙茶制作技艺）、传统香制作技艺（福建香制作技艺）。	Ⅷ传统技艺	可作为美食旅游、购物旅游、研学旅游、旅游演艺、旅游节事、专题博物馆等的重要或专项体验内容；可开发特色旅游商品；可单独形成旅游吸引物；可作为景区文化元素营造特色。
中医传统制剂方法（漳州片仔癀制作技艺）、中医正骨疗法（林氏骨伤疗法）、畲族传统医药、晋江灵源万应茶制作工艺、永定采善堂万应茶制作工艺、福州林氏（如高）中医骨科医术、漳州片仔癀、中医诊疗法（南少林理筋整脊疗法）。	Ⅸ传统医药	可作为美食旅游、购物旅游、研学旅游、医疗旅游、专题博物馆等的重要或专项体验内容；可开发特色旅游商品；可单独形成旅游吸引物。

续表

"非遗"名称	"非遗"类别	主要旅游开发模式
惠安女服饰、闽东畲族婚俗、湄洲妈祖信仰习俗、端午节（安海嗦啰嗹习俗、石狮端午闽台对渡习俗）、中秋节（中秋博饼）、畲族传统服饰、（马尾、马祖、泉州）元宵节俗、宁德铁枝传统表演技艺（福鼎沙埕铁枝、蕉城霍童铁枝、屏南双溪铁枝）、元宵节（泉州闹元宵习俗、闽台东石灯俗、枫亭元宵游灯习俗、闽西客家元宵节庆）、民间信俗（闽台送王船、清水祖师、马仙、三平祖师、延平郡王）、抬阁（海沧蜈蚣阁）、祭祖习俗（石壁客家祭祖习俗）、歌会（瑞云四月八）。	X民俗	可作为美食旅游、购物旅游、研学旅游、专题博物馆、节事旅游等的重要组成部分或专项体验内容。

资料来源：作者整理归纳。

三、"非遗＋旅游"经典案例解析

（一）"非遗"文化与旅游融合开发典型案例

福建龙岩：看世遗永定土楼体验"非遗"传经典[1]

福建永定文化内涵丰富，除永定土楼建筑是世界文化遗产外，永定还拥有客家土楼营造技艺、闽西客家十番音乐、永定万应茶制作工艺等国家级"非遗"项目3个，永定客家山歌、永定土楼楹联省级"非遗"项目2个以及永定客家家训文化等市级"非遗"项目38个，是客家耕读传家文化的集中展示区，也是客家人生活的体验地。

2017年以来，福建永定实施"文化进土楼"工程，按照"一楼一景致、一楼一特色、一楼一主题"的理念，改建了建筑文化展示馆、客家家训馆、民间绝艺馆等多处保护传承场所，吸引了越来越多的人关注"非遗"传承。与此同时，开展"非遗"旅游活动，使游客深度了解、体验、学习"非遗"文化。

---

[1] 张凌云：《这十个案例为何成为2019非遗与旅游融合优秀案例》https://www.sohu.com/a/319906126_160257，2019-06-11。

文旅融合促进了"非遗"事业的发展。2017年6月，由龙岩市文化广电新闻出版局编著的《闽西非物质文化遗产大全》彩页精装书正式出版。龙岩市积极开展各类"非遗"传承培训班，目前已举办了土楼营造技艺、十番音乐、万应茶制作技艺等国家级"非遗"项目的带徒传艺600余人次，举办各类培训班共65批2000余人次。同时大力推进"非遗"进校园、进课堂活动，组织编写各类"非遗"乡土教材，在全市85所中小学开设"非遗"课程，每年开展活动达300多场次。

文旅融合带动了经济发展。永定按照"政府主导、企业运作、群众参与"的旅游发展路子，积极引导合理保护和开发土楼周边"非遗"文化资源，大力实施"旅游+"战略，带动"非遗"工艺和旅游景区形成相互配合、共同发展，集观光、体验、学习于一体的产业集群。以万应茶为例，永定采善堂制药有限公司引进了国内先进的生产设备和检验设备，在原有生产"万应茶"的基础上，拥有茶剂、丸剂、颗粒剂3条生产线，产品远销海内外，年销售额4000多万元。

永定土楼作为研学体验产品应在体验项目的设计上多下功夫，将客家的耕读文化场景化、生活化，与中小学教学大纲、教材内容和课堂教学结合起来，并打造成为具有鲜明特色的国际研学产品，吸引境外学生前来学习和体验中国传统文化，并以此开发系列文化创意产品。

（二）"非遗"文化资源保护与旅游开发相统一的典型案例

"非遗+旅游"推动南平资源保护与开发工作[①]

根据区域旅游业发展特点及非物质文化遗产项目类型分布，南平提出整合地方优势产业资源，发挥武夷山市旅游增长极的带动作用，统筹文旅品牌

---

① 吴剑豪:《非物质文化遗产旅游开发的价值链协同创新研究》,《三峡大学学报》(人文社会科学版),2020年,第6期,第75–81页。

及节事运营，协调上下游产业链支持，补齐协同发展的短板，构建"非遗"资源保护体系的区域旅游发展路径，并反思"原真保护"与"舞台表演"，"利益格局"与"公地悲剧"的现实问题。

1. 推动地方优势产业对接"非遗"资源

重构文旅产业价值链地方优势产业在对接"非遗"生产性保护方面发挥独特作用。

第一，从南平市非物质文化遗产项目分布来看，传统技艺和传统美术这两个类型比重大，应根据各县市优势产业分布的现实状况，主动对接"非遗"资源项目，鼓励有关行业、企业进行"非遗"项目的生产性保护传承。南平市的茶产业基础较好，武夷山市（武夷岩茶、正山小种红茶）、政和县（白茶、红茶）、建瓯市（矮脚乌龙、北苑贡茶）、松溪县（绿茶、红茶）等县市的制茶产业具备一定规模和品牌影响力。此外，建瓯根雕产业、建阳建盏产业、政和竹制品加工产业、浦城剪纸、松溪木刻版画制作、湛卢宝剑铸造等传统工艺品制作在各县市已形成区域优势产业聚集，且极具地方文化特色。

第二，在注重知识产权保护的前提下，探索工艺美术产业、茶文化产业、竹木制品产业与旅游业的融合发展，迎合时尚生活理念，运用文创策划、设计生产符合大众审美品位的各类工艺美术品、旅游纪念品，提升商品的文化附加值。依托传统技艺生产的"非遗"地方美食项目或本地区的种植、养殖产品应鼓励有关机构、行业协会积极申请相应类别的地理标志保护认证，以彰显地方产品的特定品质，扩大品牌知名度。例如："武夷山大红袍""建阳建盏""北苑贡茶""建瓯板鸭"等已获得地理标志证明商标。

第三，推动"非遗"展示与产业制造深度融合。目前，南平市以"观光工厂"项目形式展示武夷岩茶（大红袍）制作技艺、浦城包酒酿造技艺、建瓯酱香型福矛窖酒酿造技艺等非物质文化遗产项目。武夷香江茗苑、浦城"印象小密"中国包酒文化博览园、建瓯福矛窖酒观光工厂、建瓯"双龙戏珠"酒业观光工厂被授予福建省首批观光工厂。以"工业+旅游"方式,整理、凝练闽北茶文化、酒文化与区域产业转型协同发展,重构文旅产业价值链。

2.发挥武夷山旅游增长极的带动作用

扩大"非遗"资源影响力区域内优势旅游目的地客源影响的极化效应,对周边县市依托"非遗"开展文化旅游而言,机遇与挑战并存。鉴于武夷山市作为区域旅游增长极的优势地位与屏蔽效应并存的现状特征,南平市"非遗"资源的旅游开发应主动融入以武夷山市为龙头,辐射延平区、邵武市、建阳区、顺昌县等旅游发展重点县市,形成协同发展的"大武夷旅游"格局。

闽北是朱子理学的发源地,南宋理学家朱熹著述、讲学的大部分时光在武夷山度过,死后葬于建阳。"朱子家礼"(成年礼、拜师礼、婚礼)、"朱子家宴"都是省级非物质文化遗产项目,转化为文化体验型旅游产品的潜力很大,重视对武夷山市五夫镇(朱熹故里)留存的兴贤古街、刘氏宗祠、兴贤书院、朱子社仓、朱子巷等遗迹的原真保护。面向研学客源群体,打造朱子品牌,推介闽北朱子文化之路,策划文化衍生品,如:动漫影视、舞台演艺、格言诗词书签、竹木工艺品等文创商品。

推动武夷山旅游业从以观光旅游为主向观光旅游、文化旅游并重的转型升级。文化空间对"非遗"原真性保护意义重大,既要满足民众对"在地文化"真实性的社会认同,同时也构成面向外地旅游者传播的实际障碍。对于民俗、曲艺、传统体育、游艺与杂技等类型既可通过民俗节庆、舞台表演等形式吸引旅游者前往当地游览体验,如:以"武夷岩茶(大红袍)制作技艺"国家级"非遗"项目策划的"大红袍"传说、"喊山"仪式、武夷茶道表演、传统制茶工艺表演、"印象·大红袍"实景演艺等作品;以朱子文化融入南平南词表演,策划的"朱子之歌"舞台演艺作品。此外,"邵武傩舞""建瓯挑幡""延平战胜鼓""齐天大圣信俗"等"非遗"项目也具备深厚的文化意象和丰沛的商业价值。

3. 加大保护"非遗"资源的力度

补齐文旅协同发展的短板对"非遗"资源实施有效保护，补齐旅游业发展的软硬件短板是文旅协同可持续发展的关键。制订南平市非物质文化遗产保护发展规划，抢救性整理、数字化记录保护濒临消亡的非物质文化遗产资源，指导各县市区普查资源、建档保护，推荐申报市级、省级和国家级非物质文化遗产项目名录，认定市级"非遗"项目代表性传承人，推荐省级、国家级"非遗"项目代表性传承人。针对"非遗"项目的技艺创新、宣传推广、公益性演出、理论研究、成果出版、代表性传承人收徒授业等活动积极申请"非遗"专项保护资金或上级"以奖代补"渠道资金。设立文化产业发展专项资金，对获得省市级非物质文化遗产传习所，省市级、国家级"非遗"生产性保护示范基地以及省市级文化产业示范基地进行资金奖励。

根据南平市"北山南水"（北山指武夷山，南水指延平湖）资源分布特征，重点布局建设武夷新区和延平新城两个文化创意产业园区。南平市文化产业内部体系中，工艺美术品制造和纸张等文化辅助用品制造占比超过2/3，创意设计服务、艺术表演、会议展览服务等所占份额偏低，产业结构有待优化。政府应持续加大扶持、奖励政策力度，从建设用地、市场准入、财政税收、金融信贷、人才支持等方面对南平市文化创意产业进行重点扶持，构建多部门综合协调支撑的政策保障体系。

补齐文旅协同发展的短板不仅需要完善旅游基础设施建设，同时还要梳理、整合各县市区的地方文脉，避免出现地方文化定位混乱、形象模糊的状况，着力打造建瓯闽源文化、建阳建盏、建本文化、顺昌大圣文化、延平郑成功文化、武夷山茶文化、朱子文化。打破界域限制，促进旅游业与第一、二、三产业的深度融合，鼓励田园综合体、自驾车营地、文旅小镇、观光工厂、康养基地等旅游新业态发展，围绕地方文脉主题，差异化设计旅游产品，鼓励各县市区旅行社策划设计"大武夷"文化旅游线路，分流共享武夷山"双世遗"旅游目的地客源市场。

4.统筹文旅品牌及节事活动运营

针对国内外主要客源市场拓展营销，未来 5G 网络技术运用的大趋势下，推动 VR 技术与文旅行业的关联赋能，以增强推广营销的传播效果。另外，在线旅游电商平台、视频互动直播平台、微博、微信、抖音 APP 等基于互联网技术的新媒体，已成为信息圈层覆盖、用户偏好识别、内容精准推送的有效渠道。

依托智慧南平时空大数据与云平台建设试点项目，搭建文旅产业大数据系统，以智慧城市建设推动 4A 级以上景区、高星级酒店、非物质文化遗产中心、博物馆等实现免费 WiFi、电子导览讲解、信息推送、在线预约、游客流量监测等数据信息功能。

南平市"非遗"保护融合旅游业发展可以借鉴"流量经济"的商业模式，按照文化资源的影响力大小，梯度整合南平市文化品牌，以武夷山茶文化、朱子文化为区域文化核心品牌，齐天大圣文化、郑成功文化、闽北民俗文化等为县域特色文化品牌，聚合公域、私域能量资源，借力"旅游直播"等新媒体形式，通过名人"大V""平台主播""直播达人"等社交账号带来"粉丝"互动及消费黏度的有效提升。

结合南平市主要非物质文化遗产资源的地域分布，以民俗节庆、体育赛事、会展活动等推动文旅融合，重点举办朱子文化节、海峡两岸茶业博览会、建窑建盏文化博览会、建本文化学术研讨会、顺昌齐天大圣信俗文化旅游节、大武夷"非遗"美食嘉年华、延平区樟湖崇蛇文化旅游节、大武夷国际超级山径赛、武夷山国际马拉松赛、张三丰故里（邵武）古道越野赛等文体节事活动。

第四章　非物质文化遗产数字化保护与传播

第一节　新媒体语境下的"非遗"保护与传播

随着"5G"时代的到来，新媒体终端的用户规模有了长足的增长，以新媒体视觉为主要内容的载体平台对"非遗"传承、传播的作用正在逐渐凸显。早在 2017 年，光明网联合咪咕视频等平台开展了主题为"致·非遗 敬·匠心"的"非遗"直播活动，其团队足迹遍布中华大地。到 2020 年，"非遗"直播已进行百余场，点击量过亿次，获得了广大传承人与观众的好评。

直播、短视频、游戏、动漫……如同对文化传播的影响一样，新媒体的"走红"为非物质文化遗产的传播和保护也带来了翻天覆地的变化。中国互联网络信息中心（CNNIC）发布的第 48 次《中国互联网络发展状况统计报告》显示，截至 2021 年 6 月，中国网民规模达 10.11 亿，网民规模较 2020 年 12 月增长了 2175 万。其中，短视频用户规模达 9.44 亿，占整体网民的 93.4%。中央电视台财经频道曾经与快手公司联手发起过一次视频征集活动，在这场主题为《我的家乡有"非遗"》的全网活动中，征集了超过三千个视频作品，其流量超过了八千万。这类新媒体节目的走红，标志着"非遗"文化传播正逐步走入新媒体时代。

近年来，抖音、快手、小红书等新媒体平台在全球引领风尚，为文化传播领域掀起了新浪潮。技术的进步推动了文化传播的变迁，媒介特性决定了传播模式，所以在新媒体这个年轻的语境下，实现"非遗"叙事的"年轻化"是使非物质文化遗产在新媒体语境下重获青春活力的重要途径。

一、年轻的媒介形象

目前，我国一部分非物质文化遗产正面临着"断代危机"。部分"非遗"项目的传承途径已经逐步进入"老龄化"阶段，不少民间艺术工艺复杂、可复制性低，在文化产业市场化的现代社会"不吃香"，其艺术产品无法很好地吸引现代消费者的目光，"钱途"堪忧。曾有专家担心，在现代社会的生活压力下，年轻人对传统艺术的热情大不如前，这样的困境在部分"非主流""非遗"项目上尤为明显。

此外，在网络高度发达的现代社会，民间艺术的生存空间受到了进一步挤压，很多民间艺术类"非遗"项目在经济市场上难以立足，多数的艺术形式仅靠政府补贴艰难维持。这些"非遗"项目大多缺乏与现代社会接轨的节点，在经费短缺的现状下，更难以与高科技结合；既无法催生精美的艺术品，又不能产生经济效益，以至于无法科学有效地进行保护性挖掘。

随着新媒体行业的兴起，在"非遗"的传播与保护问题上似乎迎来了新契机。新媒体语境具有相对平民的门槛和优秀的可交互性，这使得"非遗"题材得以在新媒体语境下的主流文化系统中流通，从而进入人们的认知领域。同时，基于新媒体的"去中心化"环境和"分布式"特点，UGC（用户生成内容 User Generated Content）成为新媒体语境下内容生产的重要方式。这种"年轻的"媒介环境让"非遗"传承人和传播者逐步进入公众视野，成为"Z世代"的众多潮流之一，为"非遗"的传承赋予了"年轻态"的概念；也让脱离时代脉搏的"非遗"文化走出庙堂，与公众交互、与时代共鸣。

新媒体的一大特色是有其良好的共享性，短视频的出现正是这一特性的直接体现。短视频短小精悍的特色使其可以在较短的时间内讲述一个相对复杂的概念。短视频充分利用了观众群体的碎片时间，可以携带相对于传统信息渠道更多的声光信息，带给用户更多的感官信息和更好的视听体验；短视频短小精悍，大量精彩内容浓缩到短短几十秒内，俗话说"浓缩就是精华"，这句话用在短视频的范畴可非常合适。近年来抖音、快手、小红书等平台出现了许多年轻的非物质文化遗产传承人，这说明在新媒体的推动下，"非遗"故事正逐步走入当代青年的生活。新媒体的介入使得"非遗"文化与当下流行文化有机交融，使得"非遗"的本质在某种意义上发生了进化，使用时代喜爱的方式展示"非遗"，正是新媒体时代为传统文化带来的最好的礼物。

短视频的另一个特点是制作流程比较简单。相对于制作复杂、画面精良的影视剧，短视频可谓平易近人，视频的创作者可以通过智能手机以及方便快捷的 APP，快速完成视频作品从拍摄、剪编到发布的全部过程。同时随着短视频作者的增多，越来越多的视频平台也投入了运作，这使得公众可以轻松实现在众多平台分享自己制作的视频内容，并且观看、评论、分享他人的视频作品。这种通过群体和圈子实现的裂变式传播使短视频传播相对于其他传统媒介具有更大的力度、更广的范围和更强的交互性。在新媒体时代，"非遗"文化传播需要的不只是传承人的努力，更多需要的是传播群体在新一代媒体平台上的传播裂变，让更多的用户，尤其是青年用户群体，亲身参加到"非遗"传播的队伍中来，为"非遗"传承打造全民传播、全民分享的新氛围。

二、年轻化的媒介风格

新媒体的主要范围已经囊括了图片、文字、短视频等形式。这一类内容在新媒体环境中，往往做了很多年轻化的表达，在技巧上对"非遗"的故事素材进行了很多艺术化地处理，目的是使主体更具有亲和力。在古代，"非遗"文化在成分上属于当时的流行文化，但随着代代相传，其内涵进化难以适应科学技术的飞速发展。所以在形式上实现"年轻化"处理，可以在文化角度与当代青年产生更多的互动和联系，实现"非遗"文化的"年轻化"。在这一点上，可采用两种解决方案，其一是艺术化故事素材，将时尚话题与"非遗"内涵结合，实现二次创作；另一种是利用短视频编导技巧，在表现形式和视觉冲击上进行文化加工。

（一）"非遗"的二次创作

近年来，虚拟偶像洛天依在"非遗"传播领域大放异彩。洛天依是以 Yamaha 公司的 VOCALOID3 语音合成引擎为基础制作的全世界第一款 VOCALOID 中文声库和虚拟形象。拥有庞大的粉丝群体"锦依卫"，是国内最早实现盈利的虚拟歌手。2020 年，洛天依与国乐大师方锦龙在 bilibili 跨年晚会上合奏了一曲《好一朵美丽的茉莉花》并取得圆满成功。此次演出是时尚"非遗"领域的一次伟大尝试，本次晚会在 bilibili 上收获了超过 1.3 亿的点击量，和超过 10 万次的评论，掀起了一场国乐"非遗"热潮。

"非遗"文化与年轻人的碰撞已经成为近年来的热点，诸如《大鱼海棠》《白蛇缘起》《哪吒之魔童降世》等"二次创作的"动漫作品大行其道，使用传统技艺制作的现代题材工艺品也层出不穷；这些当下流行的游戏、动漫、影视作品，在流行层面上实现了传统和时尚的碰撞，为非物质文化遗产在新媒体时代的传播注入了新的活力。

（二）"非遗"的形式加工

除了对传统"非遗"文化进行二次创作外，还可利用新媒体的编导技巧对"非遗"进行年轻化的表达。新媒体编导技巧就是以符合新媒体传播形态、满足新媒体受众心理的方式"讲故事"，因为传播的主体性在于其叙事能力。

如果说传统媒体的叙事大多是单向宣传，新媒体的叙事则是平等的互动交流；在传统叙事中，故事的起因、经过、结果等都需要被明确地提出，而在新媒体环境中，故事展开的核心是某一个"话题"。目前，在主流的新媒体平台上，"非遗"相关的话题已经常态化地出现，这类话题往往将传统的非物质文化遗产与现代的表现形式相结合。例如，抖音在2018年发布了一项挑战游戏："皮一下很开心"，用民间"非遗"皮影戏制造超级话题，将皮影戏与现代舞台结合，跟着孙悟空、杨贵妃、后羿、武松演绎陕西、北京、河北等不同派系的皮影舞。话题参与人数在短时间内达到了260余万。这些类似的新媒体超话个性鲜明，通过图像、色彩、音乐等感官元素，融合新媒体叙事，从而活化"非遗"文化核心，将"非遗"文化与现代文化融合互通，引领中华文化新风尚。

三、年轻的媒介载体

新媒体由于新的媒体功能而呈现出碎片化、互动性和场景化的特征。区别于传统媒体的单向式结构，新媒体要实现碎片化传播过程就要打破传统媒体原有的惯性，创造最符合媒介环境的传播节奏。就非物质文化遗产本身而言，其内涵大多是过程性的，结合当今时代快节奏的生活习惯，短视频刚好可以满足"非遗"在碎片化传播过程中最具有代表性和特色应用场景。

在互动性方面，新媒体文化传播的主要渠道是可交互式媒体和网络游戏；我国的"非遗"文化一脉相传，具有天然的地域性和民族性，同时具有厚重的历史背景和文化内涵。从这个方面讲，"非遗"文化内核特别适合与游戏等高度交互式媒体相结合。目前，市场上已经成功地在众多游戏作品中植入了"非遗"文化的标志性符号，以《王者荣耀》为代表的一系列优质网络游戏早已风靡全球。这种柔性融合能够潜移默化地影响游戏玩家，在传播"非遗"

文化、增强民族认同感、自豪感方面无疑是非常成功的。

网络直播是一种全新的交流方式，打破了社会交往中时间与空间、距离与行为的界限，让信息流的高速传递更加简便。早在几年前，一些网络平台就引入了"非遗"文化，如总人气超过5000万的"YY非遗服装秀"，就是在新媒体的环境下将非物质文化遗产变得"时尚"起来。在这场活动中，"鳕熊""崔阿扎""凯西"等流量主播陆续与"非遗"传承人及时尚设计师互动，了解"非遗"的文化内涵和"非遗"时尚化的"秘诀"，同时也让更多处在不同空间的人们参与到"非遗"的互动中来，为"非遗"文化传承提供了新的思路。

第二节 "非遗"数字化保护

近年来，数字技术在非物质文化遗产的保护与传播领域得到了快速且广泛地应用，小至"非遗"的网络传播，大到"非遗"数据库的建立，非物质文化遗产借助数字媒介实现了更为多元的保护与传播途径。在国内，"非遗"的数字化展示设备已经被广泛应用到各类博物馆、展示馆中，借助数字化技术针对"非遗"元素进行采集、存储、传播的做法已经成为"非遗"保护传播领域的新常态。

一、数字展示引领"非遗"时尚

早在20世纪80年代，我国就开始了"非遗"数字化的探究。那时，我国科研人员已经开始研究如何利用数字化技术实现《清明上河图》的动态展示。40年后，凤凰卫视和故宫博物院联手打造了高科技互动艺术展演《清明上河图3.0》。在可交互式多媒体的环境下，古老的五米长卷重获新生，北宋历史凝结成15分钟的精彩画面。《清明上河图3.0》展演让游客可以在多个维度以不同视角审视北宋都城汴京的众生百态，成为长卷中的人物，横渡船舶如织的汴河，并在宋代的人文雅韵中唤醒文化记忆。

《清明上河图3.0》的艺术总监赵大鸣认为，《清明上河图》的数字化呈现，最重要的就是沉浸式体验。一般的"非遗秀场"或者"风情表演"只能说是一个演出而已，想将观众带入一个交互环境并且实现沉浸式的体验的话，除去文化内涵外，最重要的就是细节把控。这些"细节"是特定时空的多种元素的集合：门牌、灯笼、路人的衣着、神态，乃至气味、光影、乐曲等内容的艺术性还原都是实现观众"沉浸式"体验不可或缺的细节之处。虚实结合，将观众的时间线导入到北宋的街头巷尾，沉浸到这一氛围中，这是数字技术为非物质文化遗产传承提供的全新体验。

除沉浸式展演外，数字技术在很多方面均为"非遗"的传承和保护提供了助力，虚拟仿真、增强现实、混合现实、交互装置等技术的成熟为"非遗"传播形式的创新提供了许多新的思路。2019年10月24日卢浮宫携手HTC VIVE Arts打造了全球首个VR艺术体验项目《蒙娜丽莎：超越镜界》(*Mona Lisa：Beyond The Glass*)，该项目通过数字技术为游客提供沉浸式体验，通过VR技术，使游客可以跨越时空，在全球任何地点欣赏达·芬奇的这幅杰作。

体验开始时，游客会发现自己身处卢浮宫欣赏画作的人群中。随着场景的迭代，画作的保护设施逐渐消失，以便仔细欣赏画作细节。随后项目会将游客浸入达·芬奇的世界，行走于历史长河之中，了解画作的创作过程和背景，了解蒙娜丽莎背后的故事和文化氛围。同时，项目还将带领游客了解达·芬奇最著名的艺术手法——晕涂法。游客在虚拟空间中可以观察到很多平时未注意到的细节，深入了解《蒙娜丽莎》不为人知的秘密。

《蒙娜丽莎》代表了文艺复兴时期的美学方向，该作品折射出来的女性的深邃与高尚的思想品质，反映了文艺复兴时期人们对于女性美的审美理念和审美追求，是人类艺术史上的瑰宝。卢浮宫的大胆尝试是"非遗"数字化史上浓墨重彩的一笔，在融合历史、艺术、文化、"非遗"元素的同时，突破了不同领域之间的界限，创造了无限的可能性。使观众在一个全新的视角上审视文艺复兴时期的历史人文特征，了解非物质文化遗产背后的故事，获得更丰富的感官体验。

在互联网时代，非物质文化遗产的数字化展示早已不同于传统的数字化概念，单纯地再现、恢复和解读已经无法满足公众日益发达的文化审美需求。交互化、沉浸化、智能化的展示体验已经成为"互联网+"时代非物质文化遗产数字化展示的主流形式。生动的视觉效果、流畅的交互体验和丰富的文化内涵使得非物质文化遗产更加切合时代发展的脉搏，成为被当代青年"主动探寻"的新事物。这是"非遗"传承过程中至关重要的一环，也是"非遗"传承数字化的重要条件。

2009年，福建省非物质文化遗产博览苑在福州市三坊七巷景区内挂牌开放。随着近年来科技水平的不断进步，博览苑除设置了常规的展演外，还逐步引入了数字化展示手段。目前，整个场馆布置了智能的场馆导览系统，将数字语音、互动屏幕、虚拟现实等现代化手段有机结合，为游客提供了全方位的现代化"非遗"体验。2020年，博览苑与三坊七巷景区联合开展了"云游坊巷"直播活动，以"云游、云听、云看、云参与"的形式向全国人民展现了福建省非物质文化遗产的独特魅力。

此外，福建省博物院在近年建成了规模宏大的数字化展厅，巨大的数字化"魔墙"让游客可以轻松与全馆的百余件产品互动：图片、文字、声音、影像，沉浸式的游览体验，让游客可以足不出户地体验福建的文化意蕴。据数字展厅的工作人员介绍，新建成的展示系统采用了全景影像、虚拟现实、增强现实等一系列尖端科技，馆藏的大部分"非遗"技艺已经可以在这些系统的加持下，实现"听得见、带得走、学得来"。这些"活灵活现"的历史文物，让中华文化的历史传承焕发了生机。

二、影视传播助力"非遗"保护

近年来，"非遗"文化成为大众传媒的主流元素，综艺节目、电影、网剧、电视剧……越来越多的"非遗"元素出现在了影视作品中。在影视产业的推动下，"非遗"元素在大众传播领域大行其道，以现代人更容易接受的形式，走进了寻常百姓的生活之中，为"非遗"文化传播提供了良好的环境。2006 年，我国确定了文化和自然遗产日，2018 年开始，定期举办"非遗"影像作品展，在每年两届的影视作品交易会中，专门开辟了非物质文化遗产的板块，"非遗"文化的传播正逐渐成为文化领域的主流声音，也成为当代主流大众追捧的对象。

（一）"非遗"与影视剧

"追剧"是眼下时代的热门现象。闲暇之余，影视节目是减轻工作压力、放松身心的有效方式之一。最近几年，很多影视节目都融入了"非遗"元素：国乐、餐饮、戏剧……"非遗"内容成为热播节目的必要元素。2019 年《那年花开月正圆》全网热播，热爱秦腔的沈星移让全国观众重新认识了秦腔，剧中多次出现的甑糕与西安的"人间烟火"，将一席真实的西安民俗带给观众，令人回味无穷。说到这里就不得不提到热播电视剧《延禧攻略》了。

《延禧攻略》剧组在全剧中植入了很多"非遗"元素：昆曲、刺绣、缂丝、绒花、打树花等诸多"非遗"元素的应用，让观众真切感受到这些传统技艺的魅力。剧组在创作影视剧之时，参考了大量的清代历史文献，参照故宫中清代文物的特色对人物造型和戏剧道具进行创作，如在本剧中，剧组就使用了大量的篇幅展示刺绣这一"非遗"技艺。

在剧中，主角魏璎珞以绣坊宫女的身份入宫，在绣坊历经入宫考核、助友人完成绣品、为皇后绣制凤袍等一系列故事，作为推动情节发展的关键章节,在这里最令人印象深刻的就是她用孔雀羽线时说的"平金绣法"。平金绣法是一种历史悠久的刺绣方法,是我国四大名绣之一的广绣最主要的刺绣方式,绣出的作品以色彩淡雅著称。除此以外,剧中还出现过手推绣、打籽绣、珠绣等刺绣工艺,为此,剧组还专门请来了曾在故宫工作的绣娘。

剧中有一个桥段,由于刺绣使用的孔雀羽线丢失引起了轩然大波;孔雀羽线的制作工艺可谓相当复杂,要将孔雀脱落的羽毛以手捻成线;至于其价格,据《红楼梦》中对于晴雯给宝玉缝制雀金裘的描述,其正是用了孔雀羽毛织的线,里面没有金丝银线,每匹的价格就到了纹银 50 两。而刘姥姥称当时贾府每顿吃螃蟹花费纹银 24 两已足够小户人家吃一年,由此可见孔雀羽线确非寻常之物。

这样的情节和细节,非常值得观众细细品味,这在《延禧攻略》中屡见不鲜。如富察皇后的绒花发饰,又如诸多演员身着服饰的缂丝工艺,再如场面壮观的"打树花",很多古老工艺的精密与美感,是现在工业生产无法再现的。影片的制片人于正认为,我国"非遗"艺术的考究程度和珍贵性,要比外国的奢侈品更加严谨,他希望《延禧攻略》及后续的"非遗"影视作品能讲好中国故事,将中国传统文化深度传播,让更多美好的、珍贵的技艺被更多人看到,让民族文化的内涵被大家铭记。

（二）"非遗"与综艺节目

除影视剧外,越来越多的"非遗类"综艺节目也走入了人们的视野。《国乐大典》是由广东卫视、山西卫视联合制作的大型原创中国经典音乐竞演栏目。每季栏目中,将有 12 个乐团的多位国乐演奏高手同台竞技。乐团将以传统民族乐器演奏中国经典音乐曲目,通过 12 场器乐比拼,最终获胜的 6 支乐队将登国家大剧院国家舞台上演国乐巅峰盛典,截至 2022 年,《国乐大典》已播出 4 季,受到全国观众的好评。

《国乐大典》融合了诸多"国乐"的"非遗"元素，我国的经典民族音乐源远流长，但在很长一段时间里，"国乐"的观众群体正在逐年萎缩。将经典民俗音乐与流行文化结合、与现代音乐体系结合，正是让"民乐"回归主流的迫切需求。《国乐大典》的出现大大提振了我们对民族音乐的信心，让豪迈奔放的草原赞歌、粗犷不羁的陕北民乐、温文尔雅的岭南小曲走入观众的"潮"生活，成为主流文化不可或缺的一部分。

在《国乐大典》的全部队伍中，令人印象比较深刻的要数"晋风乐团"了。乐团使用唢呐、笙、口琴等民俗乐器演奏了晋北梆子《三对面》，并在演出中引入了山西"非遗"技艺"木偶戏"，展现了"变脸""帽翅功""喷火"等"非遗"技艺，让观众享受到了绝伦绝幻的"非遗"盛宴。

像《国乐大典》一样的综艺节目在近年来层出不穷，如中央电视台联合故宫博物院等诸多国家级重点博物馆联合推出的《国家宝藏》，又如主打民间相声艺术的《相声有新人》。我国"非遗"内涵的综艺节目无论在数量或是题材、样式上都呈现出欣欣向荣的状态，可以预见今后"非遗"元素与综艺节目的融合一定会进一步加深，这将从现实意义上推动"非遗"传播观念和传播方式的更新迭代，成为"非遗"数字化传播的内生动力。

（三）"非遗"与纪录片

纪录片也是实现"非遗"传播的优质手段之一。最近几年，大量的民俗纪录片持续热播，其中观众最喜闻乐见的要数美食类节目。《舌尖上的中国》是国内知名民生类"非遗"的代表作之一。这部由陈晓卿执导的纪录片一经播出便得到了全国人民的热议。《舌尖上的中国》围绕中国人对美食和生活的美好追求，用具体人物故事串联起了中国各地的美食生态，展现了中国人在饮食中积累的丰富经验，千差万别的饮食习惯和独特的味觉审美，以及上升到生存智慧层面的东方生活价值观。据资料记载，我国公布的非物质文化遗产目录中，美食烹饪技法的占比超过了5%，这说明那些我们看似平常的饮食习惯和日常餐食，在社会层面上早已不再仅仅是食材本身，而是承载了成百上千年的文化、礼仪和风俗。

在《舌尖上的中国》中，很多的"非遗"饮食项目走上了荧幕，北京烤鸭、淮安豆腐、云南火腿、西安羊肉泡馍……最平凡的柴米油盐背后，正是中国博大精深的传统文化。与一般的美食节目不同，《舌尖上的中国》更加专注于美食文化的传承以及美食的制作过程本身。

在影片第一季第三集中，剧组为我们讲述了一个关于"转化"的故事：排列整齐的酱缸、饱满的粮食颗粒以及天然的微生物共同创造了奇妙的产物，利用时间将一种食材转换成了另一种形态——酱油。酱缸、醋缸，进而发展为泡菜的坛子，"转化"的历史在我国源远流长。早在汉代，便有名为"菹"的泡菜被《礼记·祭统》所记载，在随后的几个世纪里，酱菜、榨菜、豆豉等"非遗"产物纷纷从泡菜坛子里面孕育而生。这类"非遗"的诞生，是中国劳动人民智慧的体现，也是承载中国民俗文化的基石。

"舌尖"系列在2016年发布的姊妹篇纪录电影《舌尖上的新年》正是这种"非遗"人文思想的体现。在中国人心底，最难忘的部分一定与家人、家乡有关。神州大地众生百态，每个地方、每个人的心里，年味都不相同。导演陈磊是土生土长的上海人，他回忆起童年时说，"蛋饺"代表了很多上海人记忆中的"年味"，"微微的小火上烘着一只大汤勺，用一小块猪板油抹一下汤勺内壁，加入蛋液，慢慢转动汤勺，让蛋液均匀摊开；放入肉馅，见面皮的边成形微隆起，就把蛋皮折叠过来，一只金元宝似的蛋饺就做成了"。演员周迅为家乡浙江衢州的"龙游发糕"落泪："我是那个特别爱吃拿着八角点红的小女孩。"所以艺术总监陈晓卿在接受采访时才会说："食物和享受食物的流程与方法造就了我们。"

2015年春节前的几个月，为了赶上春节的播放档期，摄制组跑遍了全国

35 个地方，拍摄了 60 多种美食，1 万多分钟素材。这些美食技法，虽然多数尚未名列"非遗"目录，但本质上却与"非遗"美食有着同样的文化内涵，传承千年，留下来的不仅是味觉，还有敬神惜时的祈愿，以及民俗和审美。

2020 年，石狮市广播电视台播放了一组名为《石狮匠人》的网络视听节目，在多个章节主题中，"木雕"一组最令人印象深刻。剧组在这一"非遗"章节中阐述了石狮木雕的前世今生，来自木雕手艺人的传承与坚持被短短的影片阐释得淋漓尽致，来自五代匠人的工艺传承、来自百年间的文化传承无不体现了木雕师傅对这门手艺的极致追求。木雕技艺传承人邱水金认为，木雕技艺从他的祖上三代传到现在，仿佛已经是家族的一个传统了。无论从木雕的选材还是制作工艺，都透露着文化传承的影子，每一件工艺品都源自千锤万凿的辛苦付出，刀法有痕，匠心无垠，这是"非遗"传承人对木雕技艺的坚守，也是对中华文化的回应。

影视传播结合"非遗"模式的成功，引发了对"非遗"传播方式的深入思考，结合当下持续火热的新媒体环境来看，这似乎成了"非遗"保护的必要途径之一，观众的认可才是"非遗"以这种方式持续传播扩散的原动力，也是传播中国传统文化、提升中国文化影响力的新途径。

三、游戏动漫传播中的"非遗"内涵

非物质文化遗产是人类文明的重要载体，在现代生活水平飞速进步的过程中，不少传统文化因子被人们忽视和遗忘，这与现代社会中青年群体兴趣爱好的"科技化"不无关联。自 21 世纪以来，电子信息技术飞速发展，人民的物质文化需求不断提高，随着数字媒体的普及，人民的审美意识与兴趣点逐渐走进了"数字化"时代。很大一部分传统文化在近几十年的时光中与主流科技的距离越拉越大，远离了日常生活与日常娱乐，"非遗"在过去一段时间中逐渐被年轻人忽视或遗忘。

近几十年来,电视机、计算机、智能手机逐步走入人们的日常生活,青少年的娱乐活动也逐步从连环画、剪纸、卡牌、体育运动转变成电子游戏、动漫和电子竞技。艺术源于生活却高于生活,年轻人其实并非不喜欢传统文化,而是在信息社会的大环境下,传统文化的光彩被海量的信息洪流"稀释"了。信息时代出现了更能吸引年轻人目光的艺术形式,光怪陆离的虚拟世界和炫目的视觉特效在很大程度上掩盖了传统文化的光彩。对于非物质文化遗产本身而言,如何结合现代年轻人更喜欢的表现形式,才是传统文化融入信息社会的关键之处。

(一)电子游戏中的"非遗"内涵

电子游戏是现代年轻人喜爱的娱乐方式之一,在很长的一段时间内,电子游戏因其潜在的有害影响而屡遭诟病。很多家长认为,电子游戏挤占了学生宝贵的学习时间,并且对于未成年人而言,游戏本身潜在的成瘾性和诱导性存在引发诸多社会性问题的可能。电子游戏有着奇妙的吸引力,但其本质与一般性的游戏娱乐并无巨大差异。游戏是人类的天性,在电子游戏出现之前,人们一样可以沉溺于下棋、打牌等娱乐活动。

近年来,我国对于电子游戏的态度发生了一些转变,除电子游戏产业持续产生的海量经济效益外,电子游戏也可以产生巨大的社会效益。有专家认为,中国电子游戏产业的蓬勃发展,在很大程度上提升了中国在世界上的技术影响力,也在很大程度上提升了中国在世界范围内的文化影响力。中国游戏在全球的持续热销,让世界上更多的年轻人认识到了中国的科技实力、认识到了中国的传统文化。

早在1985年,日本光荣株式会社就出品了一款历史模拟电子游戏——《三国志》。游戏讲述了中国东汉末年国乱岁凶、群雄逐鹿的历史故事。玩家在游戏中扮演东汉群雄之一，谋求平定乱世、问鼎中原。《三国志》的设定可谓十分考究，开发组在人物头像等细节上，大量参考了中国明清时代的三国人物白描绣像等文献资料，在人名、地理等方面也力求精确，游戏中悠长的配乐更是十分经典。游戏一经上市便获得如潮好评，更是拿下了当年日本BHS大赏的头名及最受读者欢迎产品奖，在全球掀起了一股"三国热"。在其后的很长一段时间，"三国IP"涌现了一大批优秀的游戏作品，如《吞食天地》《三国群英传》《真三国无双》《全面战争·三国》都为全球玩家留下了极为深刻的印象。2020年，《三国志》系列推出了第14代作品，系列的总销量已近千万套。虽然大部分的三国作品都是由日本公司发行的，但其IP在全球范围的持续热销，将我国的非物质文化遗产《三国演义》以及东汉末年的历史文化在全球做了极大地推广，也为我们保护"非遗"文化遗产提供了优质案例。

2015年，腾讯公司自主研发的手机游戏《王者荣耀》正式发布，经过5年的发展，《王者荣耀》在2020年成为了全球首个日活过亿的游戏产品。《王者荣耀》可以说是建立在我国历史基础上的"非遗"盛宴。截至2021年，在《王者荣耀》中总共出现了102位"英雄"供玩家扮演，除少数取自国外典籍或原创外，大部分英雄人物都源自中国传统历史人物及神话传说，其涉及的历史时代贯穿中华历史，早如盘古、女娲，晚至元代成吉思汗，每个英雄人物都有着自己独特的背景文化故事和历史渊源。每个扮演角色的玩家都可以根据游戏的进程和设定拉近自己与历史人物的距离，感受角色扮演带来的历史反思和人文动力。

《王者荣耀》游戏为玩家提供了"角色皮肤"功能，游戏开发团队根据英雄人物所处的朝代及时代特色，融合当下热点为其设计不同形象，不同的英雄皮肤都会有不同的专属台词和动作设计。如源自三国时期曹魏文昭甄皇后甄宓的英雄人物"甄姬"，腾讯公司为她设计了一款名为"游园惊梦"的角色皮肤。这款皮肤的设计灵感来自我国的非物质文化遗产昆曲《牡丹亭》中的经典曲目《游园惊梦》。在戏剧中,杜丽娘与柳梦梅的爱情故事令人动容,因此在皮肤设计中,设计师采用了粉红的主色调,以彰显人物形象婀娜多姿和温婉大方。同时人物手执团扇、身披梅花,配合昆曲唱段,充分演绎杜丽娘以及她"生者可以死,死者可以生"的爱情故事,和英雄甄姬形象完美呼应。

2018年,插画家莲羊使用岩彩为英雄人物"杨玉环"创作了一款名为"遇见飞天"的英雄皮肤,这是《王者荣耀》在保护非物质文化遗产方面做出的又一项成功尝试。开发团队与敦煌壁画研究院紧密合作,以敦煌飞天壁画的人物形象为灵感,参考唐朝时期的"飞天"形象,利用经典敦煌纹样进行艺术创作;在游戏动画中,山峦云雾重重,飞天神女反弹琵琶、体态如燕,似要破镜而出,让游戏玩家大呼过瘾。"遇见飞天"皮肤可以说是敦煌文化的缩影,也是中国传统文化的缩影。同类的皮肤设计还有很多,如:英雄人物"鲁班"的"舞狮东方"、英雄人物"上官婉儿"的"梁祝"、英雄人物"李白"的"上阳台帖"等。

除皮肤系统外,《王者荣耀》在很多方面都引入了中国传统文化的缩影。比如在英雄人物的台词设计方面,《王者荣耀》就引用了不少的文学经典。英雄人物"韩信"拥有一款名为"白龙吟"的皮肤,这款皮肤有一句经典台词"龙有逆鳞,触之必死"便源于经典历史著作《史记》;英雄人物"公孙离"的"来如雷霆,罢如江海"则出自杜甫《观公孙大娘弟子舞剑器行》:"来如雷霆收震怒,罢如江海凝清光"。

又如《王者荣耀》中的英雄人物"狄仁杰",这位英雄的原型是唐代政治家、武周时期宰相狄仁杰。在当代,"狄仁杰"多以神探的形象出现在大家面前,所以在《王者荣耀》中,"狄仁杰"的形象便成为信誉分评估调整的负责人,当玩家因为违规而扣分时,狄大人就会化身捕快对玩家实行提醒和"逮捕"。

　　为什么唐代宰相会成为现代人心中的"狄青天"呢？据史料记载，狄仁杰曾任职唐代的司法部门，在任期间爱民如子，主持破获了很多的刑事案件，受到当时百姓的爱戴。到了明末清初，记传小说《武则天四大奇案》风行于世，其主角便是狄仁杰。再后来小说"四大公案"在民间走红，其中一篇就是大名鼎鼎的《狄公案》。所以现代的民间传说中，狄仁杰便成了"国产名侦探"的代名词。不过真正让狄仁杰火遍全球的，还要归功于一个名为高罗佩的荷兰人。在 20 世纪 40 年代，高罗佩读到了那本《武则天四大奇案》，他被小说深深吸引，于是着手将其翻译为英文在海外出版。此后高罗佩又以狄仁杰的视角用英文创作了《铜钟案》等 16 部作品，在海外市场大获成功，引起西方世界轰动，这就是大名鼎鼎的《狄法官的破案故事》，即《狄公案》。所以狄仁杰在那时就成了中国侦探的代名词，被誉为中国的"福尔摩斯"。可见中国的传统文化和"非遗"内容无论在任何时代、任何地点乃至于国外都可以受到大众的欢迎，如何找到结合的关键点，才是激活"非遗"文化内涵的关键要素。

　　此外，在全球范围内，很多热销游戏都主动或被动地融入了"非遗"元素。如游戏设计师席德·梅尔创作的《文明》系列、Xbox Game Studios 的《帝国时代》系列都在某种意义上可以被认为是世界非物质文化遗产的盛宴。在《文明》系列游戏中，玩家将扮演各文明古国的时代伟人之一，创建及带领自己的文明从石器时代迈向信息时代，并成为世界的领导者。在尝试建立起世界上赫赫有名的伟大文明的过程中，玩家可以选择通过文化、科技、宗教等形式，对抗历史上的众多领袖。在游戏过程中，玩家可以全方位地感受世界各国的文化遗产。如果玩家使用中华文明进入游戏，将通过扮演"秦始皇"完成游戏。玩家可以兴建西安、南京、济南等大型城市，发展文化、宗教、科技等方面的内容，吸引孔子、鲁班、李白等伟人为自己的文明服务，为玩家创作独特的著作或为文明在某个领域中做出突出贡献。玩家同样还可以兴建兵马俑、布达拉宫、紫禁城等世界奇观,探索珠穆朗玛、张掖丹霞等自然奇观,研发诸葛弩、虎蹲炮等制作工艺。《文明》具有独特中国风格的建筑、工艺、角色,随着古琴弹奏的《茉莉花》悠悠响起,俨然一副鸿篇巨制的历史绘卷。

(二)数字动漫与"非遗"表现

观看动画、漫画是现代年轻人热衷的文化娱乐活动之一,中国动漫也从"非遗"中借鉴了很多创作题材。1961 年,我国上海美术电影制片厂就推出了一部脍炙人口的动画影片《大闹天宫》。这部斩获无数国际大奖的动画影片,无论从角色形象设计、建筑风格上都借助了中国"非遗"的美术元素,给全球观众留下了深刻的印象。在欧美国家,迪士尼曾将很多经典童话故事搬上荧幕,《仙履奇缘》《爱丽丝梦游仙境》《匹诺曹》……这些非物质文化遗产,借助艺术家的回春妙手,在现代社会焕发了生命力。

日本是全球动漫领域的先行者,动漫这个词汇是日本动画(Anime)和日本漫画(Manga)的合称。早期的日本动漫题材主要来源便是日本的"非遗"故事。1952 年,日本导演大藤信郎把千年历史的中国皮影戏与日本独有的千代纸结合起来绘制了彩色版的动画片《鲸鱼》,这对日本动漫产生了深远的影响,以其命名的"大藤奖"更成为日本一流的动画片奖项。在随后的几十年中,日本动漫不断探索,涌现了很多优秀作品,其中很多作品凭借独特的画风、新颖的剧情以及日本的历史文化获得了观众的认同。

2001 年,著名动画导演宫崎骏和他的吉卜力工作室为观众带来了动画电影《千与千寻》,这部成本约为 19 亿日元的奇幻巨制在全球斩获了近 316 亿日元的票房。影片的创作借鉴了"爱丽丝梦游仙境"的剧情架构,将日本的神话传说融入影片体系,情节上借鉴了日本长野县南方天龙川一带的传统节日"远山祭",可谓"非遗"成分满满;此外在场景设计上大量采用江户日本桥往山梨县的街道的场景情境，日光东照宫作为汤婆婆住所的外观，二条城作为油屋天花板造型来源……众多日式传统风格的应用，使得影片颇具蒸汽时代的"大和民族"风情。同样以日本文化或"非遗"文化为题材的动漫作品在日本还有很多，如吉原正行的《有顶天家族》、石川雅之的《萌菌物语》、山田风太郎的《甲贺忍法帖》等，这些作品的走红，为日本传统文化的传播起到了非常重要的作用。

中国动漫起源于 20 世纪 20 年代，一百年前的一部《舒振东华文打字机》揭开了中国动画史的第一页。在其后 20 年，万氏兄弟的《铁扇公主》横空出世，发行到东南亚和日本地区，受到国际社会的好评。值得一提的是，日本动画大师手冢治虫正是观看了《铁扇公主》后，才决定投身动画事业的。在 20 世纪中叶，我国动漫在国际上享有盛誉，上海美术电影制片厂在中国动漫的"辉煌二十年"间创作了无数的优秀作品，中国动画一度成为世界顶级动画的代名词。自 20 纪 80 年代以来，我国的动漫产业无以为继，在国际竞争、销量低迷、资金不足等问题的冲击下，中国动漫的优秀作品乏善可陈。

最近几年，中国动漫产业似乎迎来了新的发展机遇。自 2016 年《大鱼海棠》热映以来，我国动漫界涌现了诸多"爆款"作品。在 2019 年，《哪吒之魔童降世》凭借 50 亿元的总票房在我国动漫史上绘制了浓墨重彩的一笔。这部影片的成功，为我国动漫产业足足地提振了一口士气，中国动漫从一个望"洋"兴叹的"少年"，摇身一变成为了炙手可热的文化新星。

纵观中国动漫百年历史，可以发现一个有趣的现象：无论是在中国动漫最为辉煌的那段时间，还是近年来中国动漫产业的复苏潮流中，受到观众热捧的动漫作品或多或少都与"非遗文化"关系密切。《大闹天宫》《哪吒闹海》《孔雀公主》《天书奇谈》《宝莲灯》《白蛇：缘起》……民族文化的认同是动漫作品产生热度的保障。市场热度是检验作品成功的重要标准，优秀的动漫作品与成功的文化传播能产生丰厚的经济回报，这样才能引起市场的积极响应和资本的热情投入。良好的内循环会为我国的动漫产业注入源源不断的发展动力,中国丰富的历史文化内涵则为产业内涵充分赋能。

除画面外,"非遗"元素还经常被用到动漫的声音与动作设计上。在动画作品中,声音与动作通常不是作为单一的艺术形式出现,而是与画面效果紧密相连。尤其在动画表现上,动作与音效设计已经成为动画作品的重要组成部分。音乐和音效为动漫作品提供了大量信息,是动漫剧情在氛围层面的重要补充,民族音乐恰到好处地融入增强动漫剧情连贯性上有重要应用。早在《大闹天宫》中,中国特色的戏曲文化便与动画本身紧密结合,极具中国特色的京剧风格与适当的现代化改编,使得动画本身更添具了一抹神话色彩,创造了一种既民族又新颖的全新艺术风格。

四、大数据驱动"非遗"管理

科学技术融合人文社科从而催生了"数字人文"的新兴概念,数字化、数据化、智能化,伴随着"智慧人文"而来的"非遗"保护也有了新土壤。高新科技驱动"非遗"管理,讲究扁平化管理、动态化保护与社会化传承,"非遗"项目的"活态"价值才是其核心要素。科学技术的进步是社会发展的原动力,最近十年常被称作"大数据时代",以"大数据"为代表的一系列数字科技使得我国社会发展突飞猛进。"大数据"在近些年成为了互联网产业中的热词,其技术价值正随着科技的进步飞速增值。在全球范围内,越来越多机构参与到了"大数据"的开发中,这使得"非遗"信息的处理模式也发生了剧变。

近年来,互联网行业的竞争异常激烈,"数据"本身已经成为互联网巨头聚焦的核心,不同机构对于"大数据"的概念根据领域不同也会有所偏差,"数据"本身的价值则具有无限的可能性。在过去一段时间里,全国各地掀起了一股"非遗数据库"热潮，不少机构已经投身到了"非遗"数据库的开发中，"非遗"的项目、史料文献、研究专著等资源被诸多机构收录入库，化为数字资源供用户检索。此外，"非遗"信息涉及的数据种类繁多，涉及文字、图片、音频、视频等诸多门类，数量庞杂的"非遗"数据在经过大数据系统的分析后，被分门别类地统合起来，经过数据的挖掘与统计，将可以同其他大数据信息库一样，在数据分析层为商业决策、模式推荐等应用提供底层支持，或在数据表达层为可视化、数据跟踪与人机互动提供支撑。

大数据的出现改变了现代社会人们的生活方式和生活节奏，公众的思维受到大数据的影响日渐加深，互联网思维深入公众生活，以至于传统的"非遗"管理模式已经无法适应大数据时代的社会现实，所以"非遗"大数据的挖掘、分析与人工智能的介入，是当代非物质文化遗产活态传承的必经之路。早在20世纪80年代，美国航空航天局（NASA）就提出了有关大数据的概念。2008年左右，国际学术界开展了很多次关于"大数据问题"的深入探讨。随后不久，美国麦肯锡公司（McKinsey & Company）发布了大数据白皮书，将"大数据概念"带入了公众视野。到了2015年，习近平总书记在"十三五"规划中提出："实施国家大数据战略，推进数据资源开放共享。"标志着我国正式走进了"大数据时代"。

我们现在所说的"大数据"主要包含了大数据资源、大数据技术和大数据思维三大部分，其本质是数据积累的过程和价值。2013年，美国IT巨头IBM公司曾提出，大数据是一种可用于生产、服务和管理的自然资源，它反映了物质世界状态变化的信息，并具有极强的积累性。正如大数据在互联网产业中一样，文化产业的大数据核心正在逐步成型，随着我国民族意识的逐步增强以及在国际社会文化自信的显著提高，中国文化大数据正在飞速积累。截至2021年，我国共有"非遗"保护机构3500余个，各级"非遗"项目85万项以上，"非遗"相关店铺、工作室超过30万家，这些独立的实体夜以继日地为中国文化大数据、中国"非遗"大数据积累数据资源,这些都是我国非物质文化遗产为中国大数据产业带来的得天独厚的"附加价值"。

对于我国非物质文化遗产所面临的困境,首先要解决的问题便是如何实现"非遗"的商业价值,大数据技术则是现代商业领域中极具指向性的决策工具。从关系型数据库到数据仓库、联机分析、数据挖掘、数据可视化,再到商务智能决策系统形成,大数据技术的出现,使得商业数据的现代管理更具智慧性。眼下,深度学习与可视化等前沿技术逐渐兴起,5G 网络也已经进入商业化阶段,6G 技术的研发已经初见成效,这就使得大数据的支撑显得尤为重要。虽然新兴技术与非物质文化遗产的产业化运作关联性不强,但大数据技术本身正在潜移默化地改变非物质文化遗产的运作模式,运用大数据思维重构"非遗"产业链,才能最大限度地释放其商业价值。

"非遗"在本质上属于文化产业范畴,就文化产业而言,大数据起到了重要作用。从文化产业全产业链条看,大数据在其生产设计阶段,通过协同生产、C2B(Customer to Business,即消费者对企业)、按需定制等模式降低生产成本、提高质量;在运作阶段,大数据服务金融平台,协助企业筹措资金、综合授信;在营销阶段,大数据提供销售策略引导、用户行为分析,实现精准营销、精准到达;在物流阶段,大数据协助去中心化交付中心运作,提高商品流通效率;在售后服务阶段,大数据提供 O2O(Online To Offline,即线上到线下)个性化服务;大数据技术的崛起为构建"非遗"商业化运作夯实了产业土壤。

如何结合大数据实现数据的抓取和挖掘是近年来学术界研究的热点,其原生数据主要包含文化行为、文化内容等方面。从应用层面上来讲,这些数据是串联起非物质文化遗产产业化的关键内容。

(一)大数据驱动知识管理

在传统的非物质文化遗产数据管理中,主要包括了项目管理、传承人管理、文化保护区管理等内容，这些信息被传统数据库搜集整理并归库建档，实现档案化管理，这也是很长一段时间内我国非常重要的"非遗"保护手段。但是随着采样总量的增加，档案式管理逐步暴露了一些问题，比如"非遗"主体的多元化导致的项目设置多样、体系标准不一、管理政策宽泛等，以至于很多"非遗"数据在采集完成后便沉寂于数据库，不便于被公众接触，成为庙堂之上供人膜拜的"祖训"，难以形成"活态"。而大数据的出现，则将我们观察"非遗"的"视点"转向了其他方面。大数据被业界普遍认作一种"资源"，"非遗"资源的"数字化"则是获取"非遗"大数据的关键。

目前，我国已经建成了非常完备的"非遗"数据库体系，这在很大程度上构建了"非遗"资源的数字化体系。而区块链技术的引入，则将"非遗"的数字化资源建成了分布式的数据存储和管理平台，通过物联网、互联网等在线渠道，抓取用户的互动数据，从而快速积累海量"非遗"数据资源，这是传统档案式管理模式所不能满足的用户信息需求和价值实现。这是大数据驱动的"非遗"资源由档案管理向知识管理进化的转变。

（二）大数据驱动"非遗"动态保护

有学者认为，我国常规的非物质文化遗产保护主要有三种模式：静态保护、活态保护与生产性保护。这三种模式是针对传承人的趋势化呈现，这种保护形势对"非遗"的文化生命延续、文化生态维护和文化产品开发起到了很强的作用，在文化展示、服务与教育层面上充分体现了其保护价值。这类保护形式虽然行之有效，但在社会意义上还是处于"抢救性"保护层面，这类方式在公众参与度与交流性上还是略有不足，这使得"非遗"的活态传承一度陷入被动。

大数据技术的走红为"非遗"的动态保护提供了新思路。大数据自身的特性正在驱动"非遗"保护走向动态模式，高频的实时记录、沉浸式的交互体验、深度的参与定制，交互式的"非遗"保护让殿堂之上的"非遗"艺术深度活化，将传承主体由精英学者转换成了人民大众。大数据时代的"非遗"传播途径广泛多元，万物互联的数字化技术打破了"非遗"文化传承的时空限制，实现了数字化的传承场景。大数据背景下的"非遗"传承核心是用户群体，围绕终端用户的实时需求设计交互体验，这样才能因地制宜地设计"非遗"传承途径，建立本地化策略和监管体系，实现大数据环境下"非遗"数字化保护的文化动态传承功能。

（三）大数据驱动"非遗"智慧分析

田野调查是"非遗"研究过程中最常用的方法之一，田野调查专注于研究文化项目的表现特征，并没有深入地研究其人文特性及文化传承，传统的研究方法不利于实现文化传承的活态展现，大数据技术则是在这一方面的良好补充。

当前，数据科学已经被应用于非物质文化遗产的研究工作，大数据支撑的数据分析打开了现代科学对"非遗"研究的新思路。"非遗"大数据经过几年的发展已经变得更加数字化、数据化和智慧化，这使得常规数据在经过大数据解算后逐步变得可计算、可理解并且可交互。智慧数据囊括了"非遗"文化的"过去式"，并且可以很大程度上的计算其"将来式"。人工神经网络（ANN）支撑的智慧运算是大数据思维的高阶运用，也是大数据思维的思想来源。这种思维方式推动了"非遗"研究的大样本分析，能够以点带面的形成"非遗"的非结构化数据的管理服务和模型，为"非遗"的生态保护、趋势分析、决策分析等内容提供支撑。

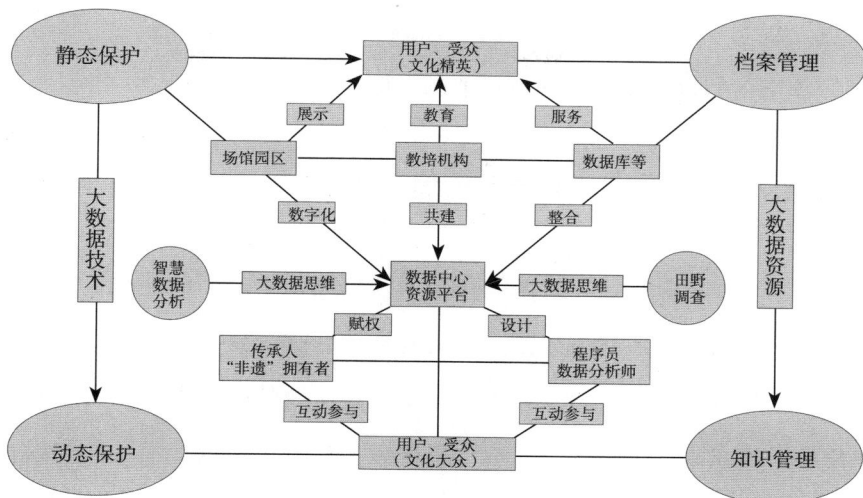

图 4-1　大数据支撑"非遗"业态

目前，福建省安溪市已经落成了中国"非遗"大数据中心，并且建设了福建省非物质文化遗产保护资源数据库，该数据库成为全国 14 个地方文献子库之一。此外，福建省还建设了闽南文化生态保护区数据库、实施了福建地方戏曲"像音像"工程，开展福建地方戏曲 4K 超高清摄制。这类"非遗"保护项目的落地，标志着福建省的"非遗"文化保护全面迈进了高科技时代。

第三节　"非遗"的数字化传播

尖端科技为人民的生活带来了翻天覆地的变化，也为非物质文化遗产的现代化保护提供了基本环境，这从很大程度上革新了现有的"非遗"保护范式。但是在我国，还有不少"非遗"项目分布在经济发展相对滞后、文化传播意识相对薄弱并且基建条件相对匮乏的"圈外区域"，这也导致了在我国部分的"非遗"文化在新媒体时代中传播困难和受众面窄。目前，各级地方政府对于地方文化保护的意识已经逐步增强，地方的文化振兴已经成为

"十四五"规划中乡村振兴的任务之一,借着"新基建"等一系列国家战略的东风,"非遗"的数字化保护在乡村地区正待开花结果。

一、媒介融合助力"非遗"传播

自我国提出"新基建"战略思路以来,相关领域及产业开始备受各方关注。在新基建战略的加持下,数字乡村建设已经提升到了一个新的高度。目前,我国电商新平台已在各乡村落地生根,数字化的基础设施如雨后春笋般地在各乡镇建成,数字技术已经成为我国乡村治理的重要力量,数字媒介也已经与乡村居民"心手相连"——乡镇融媒体已在新农村落地生根。自2013年起,习近平总书记曾多次作出重要指示,高度重视传统媒体与新媒体的融合发展,要"推动融合发展,主动借助新媒体传播优势"。总书记指出,媒介融合要尽快从相加阶段迈向相融阶段,而融合发展关键在于融为一体、合而为一。

习近平总书记指出,全媒体是我国媒体发展的目标,加快媒体间的融合发展步伐,才能实现宣传效果的最大化和最优化,这也是我国融媒体发展的重要目标。所谓的"融媒体"是充分利用媒介载体,把广播、电视、报纸等既有共同点,又存在互补性的不同媒体,在人力、内容、宣传等方面进行全面整合,实现"资源通融、内容兼融、宣传互融、利益共融"的新型媒体宣传理念。媒体的融合将传统媒介组合在一起,取长补短,集中处理信息,使得媒介角色发生了重要变化。

在融媒体时代,音频、视频、XR(Extended Reality,即拓展现实)等技术手段取代了以往的广播、报纸等单一媒介,拓展了用户的信道,使用户可以全方位的接收感官信息,这便为"非遗"的全频传播奠定了基础。在融媒体概念中,信息的传播者与接受者的边界被人为模糊,传统的信息接受者成为与融媒体交互的主体，在媒介环境中成为传播者，实现了信息的双向传播。此外，融媒体拉近了媒体与受众的距离，使得用户变身为传播者，这改变了传统媒体单向传播的情景，使用户获取信息的途径由被动灌输改变为主动接受，这就提高了"非遗"技艺传承的趣味性，提高了传播效率。

在融媒体环境下，"非遗"的传播并非传统媒体与新媒体简单的叠加，而是在资本、产业与技术的相互作用下取长补短共同作用。从传统媒体角度看，其丰富的文化底蕴、良好的大众口碑与专业的运转机制是其在当今市场竞争环境下得天独厚的优势。在新媒体飞速发展的今天，传统媒体仍占有相当庞大的市场份额。虽然新媒体在社会舆论层面具有很强的影响力，但从公信力层面讲，新媒体渠道还需传统媒体"背书"，在价值观、意识形态以及主流声音方面，传统媒体尚具话语权。这一点在"非遗"的角度来看也是十分重要的，传统媒体在促进民众对"非遗"文化价值的认可，扩大其生存空间方面，在很长一段时间内都起到了至关重要的作用。

融媒体的另一个承载者是互联网平台。如今移动互联网技术高度发达，即时、开放、低成本的互联网平台满足了用户在碎片时间内获取信息的迫切需要。加之互联网应用具有的高度可交互性，这便为传统媒体的短板提供了非常优质的技术补充。所以，深化传统媒体与新兴媒体的相互融合，构建全新传播体系，是传播"非遗"文化的历史机遇。在融媒体背景下，我们应当谋求以"非遗"传播创造"非遗"影响力，并获得民众的广泛关注，并以此谋求"非遗"的活态发展，挖掘商业价值、创造流行潜力，以此促进"非遗"文化的历史传承。

二、智媒体升华"非遗"精准传播

如果说融媒体时代为21世纪的"非遗"传播奠定了基础,那么智媒体概念的出现便为"非遗"文化大传播指明了方向。智媒体是指利用数字技术构建内容生产与传播全程的新型媒体,是基于云计算、人工智能、大数据等技术的智能系统,也是融媒体发展的最终形态。依托于云计算的超强算力,使得基于神经网络的人工智能得以实现,这就为智媒体背景下的精准传播创造了条件。

目前,大部分互联网平台都号称自己的大数据体系足以支撑信息的精准传达,虽然这一"市场行为"未必具有充分的现实依据,但不可否认的是,信息的精准投放是近年来大部分互联网企业都在关注的话题。在传统媒体中,信息的传递遵循着采、编、发、收的线性链条,新媒体的出现使得这一结构发生了变革。万物互联的网状结构替代了线性结构,为信息的接受者和传递者提供了更多选择。这种可选择性呈现出来的交互过程,在互联网络中留下了交互和思考的痕迹,无数行为痕迹逐步汇聚,进而形成对应的大数据集,在人工智能系统支撑的数据挖掘与分析下,成为信息精准传达的重要依据。

大数据智能分析的本质是跟踪、搜集并分析用户行为的智能算法,这类算法通过搜集整合用户在日常条件下对某一特定目标的操作习惯,在充分考虑环境因素后,将日积月累的用户行为数据通过卷积神经网络的深度学习运算,得到反映用户喜好的"资源画像",其目的是根据"用户画像"针对其喜好实现信息的针对性传达,也就是我们常说的"推荐算法"。

在一般情况下,用户特征、环境特征、信息特征三个方面构成了推荐算法的基本面。但是这些因素除推荐信息的特征外,其他两个方面具有较强的不确定性,所以在结合推荐信息时,针对不同用户或不同环境的用户群体,往往系统推送的信息差异十足。所以在智媒体时代,信息的传播者已经不再是整个信息传播体系的主宰，其传播优先级和顺序也不再完全由传播者制定，信息的受众在用户行为上成为信息传播环节中重要的决策者。智媒体在非物质文化遗产的传播方面拥有着得天独厚的模式优势。

相较于传统的传播模式，智媒体的精准送达模式是源于用户自身需求的送达模式。用户在寻常的应用场景中通过自身喜好筛选系统推荐的信息，而后通过智能系统的"训练"过程，形成基于用户喜好推送服务。在这个过程中可以融入符合主流意识的"关键特征"，并结合用户个人喜好推荐相关内容，如此便可在政策层面上潜移默化地影响受众的"兴趣点"，做到信息的"软性到达"。

除精准传播外，智媒体的多项内容也被应用到了"非遗"的传播过程中来。人工智能是"非遗"活态传播的有力助手之一，自1956年麦卡锡等科学家提出这一理念以来，AI（Artificial Intelligence，即人工智能）终于走进了实用化阶段。人工智能是计算机科学发展的高阶形态，也是计算机对人类思维的补充产物，现在虽然尚处于弱人工智能阶段，但其应用已经崭露头角。早在2015年，百度公司便推出了一款"非遗百科"产品，以VR、AR、声光电等形式全方位展示我国"非遗"的独特魅力；到了2018年，百度公司利用人工智能技术，在北京建设了一个人工智能"非遗"体验项目——"非遗智能变装秀"，游客可以通过AR、VR等形式身临其境地体验非物质文化遗产技艺；2021年，成都蜀菁馆推出了代表四川"非遗"项目的"AI新锦绣"，远在千里之外的用户可以通过人工智能系统生成设计纹样并且一键下单，把顾客喜爱的照片变成蜀绣，让"非遗"技艺焕发新生。

此外，人工智能技术还可以介入"非遗"的传承过程。与传统的自动化形式不同，人工智能在这个过程中替换了"非遗"传承过程中部分的智力、智能内容。就如"AI新锦绣"项目，虽然蜀绣技艺在劳动生产层面上可以使用机械进行人工的替代，但是传统的自动化工艺无法完成"非人力不可为"

的创意设计部分，传统纹样必须依赖"非遗"传承人的智慧和双手才能绘出；而人工智能的介入在这一环节上加以取代，通过人工智能将照片、甚至涂鸦转化为颇具艺术效果的蜀绣图稿以供刺绣，AI 技术在"非遗"保护上的作用不可小觑。然而人工智能毕竟是人工的智能，并不能掌握"非遗"的核心记忆，所以"非遗"文化的传承还应以人为本。

所以，人工智能技术以及智媒体环境是促进非物质文化遗产传播、传承的有效工具，应当有效利用这些工具，让"非遗"技艺更加适合在现代社会传播发展。同时，要利用智媒体氛围为"非遗"传播、传承提供个性化传播支持，构建传统媒体与新兴媒体融合互补的良性空间。此外，要善用大数据工具，结合扩展现实技术体系匹配"非遗"的文化内涵，提升受众的认可度，提高传播效率。最后，在图形图像处理、高效精准传播、数据仓库存储等方面也要结合智媒体时代特点，构建人工智能神经网络解决图像识别、模式识别、文本传译等问题，实现"非遗"数字化传播的革命性进步。

三、区块链支撑"非遗"版权保护

互联网产业革新日新月异，为非物质文化遗产的传播与保护不断创造新机遇。近些年火热的"区块链"技术也已经开始被应用到"非遗"传播领域。区块链的本质是一个分布式的数据库，这种数据库具有去中心化、不可篡改、留痕可溯等技术特点，这就使其在"非遗"的版权保护领域得到了广泛应用。区块链技术目前被广泛应用在互联网行业的资源完整性保障、资源可信度认可、数字版权保护等领域，并据其可控范围被分为"公有链""私有链"和"联盟链"三类。其技术特点与"非遗"数字资源建设高度契合，在"非遗"资源的异地备份、"非遗"资源的保护、"非遗"版权保护与"非遗"传承领域皆有应用。

支付、交易清算、贸易金融、数字货币、股权、私
募、债券、金融衍生品、众筹、信贷、风控、征信

物品溯源、物品防伪、物品认证、网
络安全性、网络效率、网络可靠性

公益捐赠

租车、租房、知识技能

数字病历、隐私保护、健康管理

代理投票、身份认证、档案管理、公证、
遗产继承、个人社会信用、工商管理

视频版权、音乐版权、软件防
伪、数字内容确权、软件传播
溯源

档案管理、学生征信、学历证
明、成绩证明、产学合作

专利、著作权、商标保护、软件、
游戏、音频、视频、书籍许可证、
艺术品证明

票据、仓储证明、单证

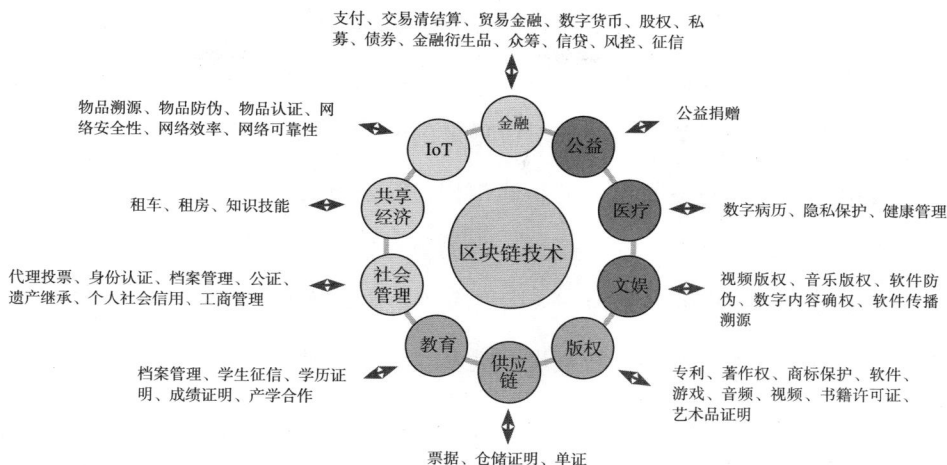

图 4-2 区块链技术应用

对于非物质文化遗产本身，数字技术的飞速发展虽然为"非遗"文化的传播带来了革命性的进步，但也为"非遗"传承人与创作者带来了版权风险。在我国，文化侵权事件屡有发生，尤其在网络高度发达的信息时代，网络盗版的成本更加低廉。隐藏在盗版经济链条中的巨大灰色收入使得盗版手段层出不穷，而且许多分销商都试图利用网络信息的易复制优势，为其带来合法或非法的经济效益，这也使得常规手段很难杜绝源自网络的侵权行为。不少"非遗"传承人对于这类问题颇为忌惮，纠结于互联网络的传播便利与网络侵权的担忧之中。

区块链技术的介入使得这类问题得到了很大改变。"联盟链"是"非遗"数字资源建设常用的技术手段之一。联盟链在互联网行业常用于银行、证券、保险等行业公正和结算业务，具有明确的节点权限，在"非遗"传承过程中可以起到可控分享的"非遗"资源，"非遗"传承主体及作品的原创者以节点的身份参与到联盟链中，可以将分散于各地的"非遗"资源集合到一个公共维护的系统中，将其化为有机整体，在分布式备份的环境中，大大降低"非遗"版权和资源遗失的风险，具有不可替代的抗风险优势。

此外，区块链的分布式结构使得用户在访问网络数据时无须等待主服务器的反馈，在服务集群中的任意节点均有相同权限，可以响应并反馈用户需求，子节点之间相互关联通信，形成稳定的网状机构，提高了资源访问和反馈的效率。也正是得益于这一分布式结构，链系统内的子节点借助时间戳技术实现相互通信、修正，除非超过一半的节点信息被篡改，否则系统子节点之间会强制保证信息的完整性，从而保障"非遗"数字资源创作者的所有权，这对于解决"非遗"知识产权问题，尤其是少数民族"非遗"资源的知识产权难题，是一种有效的解决方案。

"至信链"是腾讯公司联合中国网安联合推出的可信存证区块链平台，可用于为各行业提供版权保护解决方案。这套区块链系统通过链接社会机构（如企业、社会组织、团体等）与司法机构、辅助机构（如公证处、司法鉴定中心等）等多方主体，通过区块链技术对原创作品提供版权保护。终端用户通过申请将原创作品上链，而后在线监测中心对在链作品实时监测，一旦发现侵权行为，便将其证据上链，并与司法机构同步，实现知识产权的快速校验和快速执法。

图 4-3　至信链介入版权保护工作流程

在我国文化产业领域，文化创意知识产权的确权过程较为冗长，这极大地降低了原创作者的确权积极性，一旦发生知识产权侵害事件，其举证维权过程也较为艰难。对于目前的网络传播途径，适用的法律法规并不完善，在手段复杂且效率低下的背景下，维权人的维权效益其实并不很高，这在某种程度上助长了侵权行为。特别是在非物质文化遗产的现代化传播方面，很多"非遗"传承人并非年轻一代，并不了解现代科技成果，所以在遭受版权侵害时往往面对维权无门的窘境，但从这一点来看，区块链技术介入"非遗"传播过程，具有十足的现实意义。

第五章　非物质文化遗产与消费市场开发

第一节　消费者重定位与市场多元开发

"非遗"除了本身具有一定的存在意义，还有使用价值和经济价值，并且还代表了一种文化符号[①]。作为社会变迁的历史性产物，长期以来，"非遗"的主流消费人群大多为城市中的中老年群体。他们经济状况良好，有一定积蓄，喜欢收藏，具有较高的文化水平和较强的购买能力。"非遗"的文化属性适应这一群体对于传统文化的喜好，尤其是属于传统美术类的"非遗"，如木雕、漆画、竹雕、寿山石雕等有较为强烈的吸引力。随着我国消费结构的升级和新兴消费群体的崛起，"非遗"及其文化创意产品的消费人群也在发生改变。

一、新时代促使消费群体发生转变

当前，大众对于现有的"非遗"产品的认识往往是片面的，大多数的消费者认为"非遗带着浓厚的艺术气息、价格昂贵、具有收藏价值"等特点，而忽略了"非遗"产品的创新性引领其更加"生活化"的特点，造成"非遗"产品信息在传播过程中受到阻碍，消费者难以全面认识"非遗"产品，因此

---

① 　宋小飞:《走向消费——从民俗文化到消费资本的非物质文化遗产》,《中国文化研究》,2020 年,第 2 期, 第 112–120 页。

"非遗"产品的消费者群体十分狭小。将"非遗"与新媒体平台融合促进传播是"非遗"当前发展的最佳途径，尤其是新媒体平台上的受众以年轻群体为主，该群体是"非遗"市场的目标消费者，而新媒体平台成了消费者与"非遗"之间的桥梁。

由唯品会公益联合艾瑞咨询、广东省振兴传统工艺工作站、文木文化遗产技术服务中心共同发布首份聚焦当代"非遗"消费的《2019 年非遗新经济消费报告》中显示，80 后已婚高知高消费的女性是"非遗"产品的消费主力，"非遗"产品的消费群体逐渐呈现年轻化、普及化趋势。从近年来"国潮"的兴起，年轻人通过短视频类网络视听新媒体的传播，加深了对"非遗"文化的了解，认识到"非遗"产品的多样性，可以预见，将来年轻消费者会成为"非遗"市场未来主导的消费群体。

（一）新媒体技术转变消费方式

新媒体技术的快速发展，改变了信息传播的方式。近年来，短视频成为使用率最高的传播形式之一，以短视频形式进行传播的新媒体平台将成为"非遗"传播的主场。据中国互联网络信息中心发布的第 48 次《中国互联网络发展状况统计报告》显示，截至 2021 年 6 月，中国网民规模达 10.11 亿，网民规模较 2020 年 12 月增长了 2175 万。其中，短视频用户规模达 9.44 亿，占整体网民的 93.4%。当消费群体全面融入互联网的同时，短视频、电商等线上消费所占总体消费比例全面提升，形成以网络直播为主要方式的"线上引流＋实体消费"数字经济下消费的新模式，促进经济可持续健康发展。2021 年我国网上零售额达 13 万亿元，较 2020 年增长 9.5%，我国网络购物用户规模达 8.12 亿，占网民整体的 80.3%，并且有 65.2% 的直播电商用户曾在直播间购买商品。由此可见，我国的消费方式正逐渐从传统的线下消费模式向线上平台消费转变，尤其是直播电商在广大消费者中深受欢迎。

（二）疫情冲击消费模式

2020 年，新冠肺炎疫情对我国的经济和产业产生了影响，也对消费者的消费模式产生了巨大冲击。国家统计局 2014—2020 年的统计数据显示，2014 年—2020 年的网络销售额与总社会的零售额占比逐年增加，其比例从 10.63% 快速增长至 30%。一般情况下，事物会依次经历起步阶段、成长阶段、成熟阶段和衰退阶段。按正常的发展趋势，我们将网络零售额 2014—2020 年的发展划分成 2014—2016 年、2016—2018 年、2018—2020 年三个阶段并与起步阶段、成长阶段、成熟阶段一一对应，则网络零售额在经历 2016 年—2018 年较为快速的增长之后，将迎来成熟阶段。该阶段里，网络零售额的增长速度将趋于缓慢。根据统计的数据可明显观察到 2018—2019 年的增长速度确实有所减缓，但 2019—2020 年却出现了另一个快速增长的高峰，似乎不合乎规律，这是新冠肺炎疫情推动大众的消费模式从线下零售向网购转变的结果。网络作为新销售平台在我国的销售市场中占据越来越重要的地位，因此扩展"非遗"产品的线上销售渠道将成为其在未来发展的主要方向。

受到新冠肺炎疫情的影响，大众将线下的娱乐方式转战线上，推动网络视听行业的发展。截至 2020 年 12 月，20～29 岁、30～39 岁、40～49 岁网民占比分别为 17.8%、20.5% 和 18.8%，高于其他年龄段群体。疫情防控期间，全民"宅"家的居家方式迫使大众选择"宅消费"的消费模式，中老年群体为适应此变化，加快了学习新消费模式的脚步，数据显示截至 2020 年 12 月 50 岁及以上网民群体占比由 2020 年 3 月的 16.9% 提升至 26.3%，成为不容小觑的新媒体消费的新兴群体。

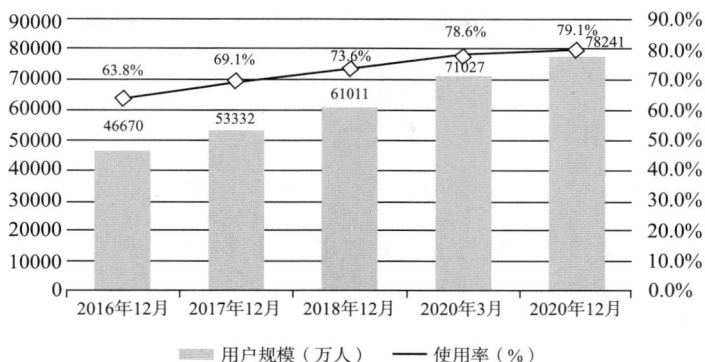

图 5-1 2016—2020 年中国网络购物用户规模及使用率

资料来源：国家统计局

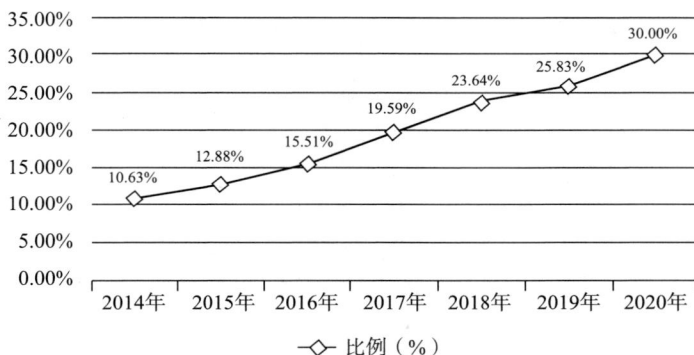

图 5-2 2014—2020 年中国网络零售额与总社会零售额占比趋势图

资料来源：国家统计局

（三）网络平台和年轻消费者群体

网络视听产业包括综合视频、短视频、网络直播、网络音频智能电视（OTT）、交互式网络电视（PTV）和视听内容生产等行业，是展示我国文化传承与创新最具活力的领域之一[1]。当前网络视听新媒体领域的受众最主要还

---

[1] 卢正源：《2020 年中国网络视听产业市场现状及竞争格局分析 综合视频和短视频稳步发展》https://www.qianzhan.com/analyst/detail/220/201211-15e4c044.html，2020-11-11。

是年轻群体,他们对于"非遗"文化的了解是不足的,因此将"非遗"文化传播和产品的宣传以短视频的形式进行,能在较大程度上吸引年轻消费者的注意力,刺激该群体进行消费。

网络平台的年轻受众主要指的是"00后"的年轻群体,该消费人群是伴随着互联网的蓬勃发展成长的,接收着大量来自互联网的信息,这对该群体的消费观产生了一定的影响。"00后"消费群体的消费过程中呈现出更多元化、包容化、自主化的特点,他们猎奇心重、兴趣宽泛,愿意尝试新鲜的事物,因此市场上的新产品能刺激他们进行消费,诱导他们的消费行为。在"00后"的消费群体中2000—2003年间出生的消费群体已步入大学生阶段,处于该阶段的"00后"消费群体拥有较多的个人时间享受轻松愉快的生活,对于空余时间的利用主要是"网上冲浪",从新媒体平台上获取市场上出现的潮流产品信息,了解未来市场发展的趋势,因此新媒体平台是促进年轻消费者了解新产品的最佳途径。

二、"非遗"市场的多元开发

(一)"非遗"文化衍生品具有广阔的市场

纵观整个"非遗"市场,"非遗"产品多以传统美术和传统技艺类为主,传统美术类"非遗"产品多以书画作品和雕刻作品的形式呈现,而传统技艺类的"非遗"产品则多以烧制的器皿和各地特色美食的形式呈现,这些"非遗"产品都是较为直接的、缺乏创意的,很难诱导消费者通过产品去了解产品所具有的文化属性。市场上仅有少数"非遗"的文创衍生品。"非遗"文化衍生品设计大致可以被划分为两大类:一类是软周边,利用文化附加实用价值;另一类是硬周边,主要是艺术复制品,即完全根据原有"非遗"文化艺术品的外观和特性进行复制[1]。

当前市场上最受消费者欢迎的"非遗"文化衍生品主要集中在北京、杭州和南京等城市，这些城市的"非遗"文化衍生品各具特色，带有明显的区域特点，不易于被同质化，而其他城市的"非遗"文化衍生品市场的发展较为缓慢，没有充分利用"非遗"文化的独特性创造出较为优质的产品。

截至 2020 年 12 月，中国列入联合国教科文组织非物质文化遗产名录（名册）项目共计 42 项，总数位居世界第一。在这 42 项非物质文化遗产中属于福建地区特有的"非遗"文化项目有 5 项，分别是妈祖信俗、南音、中国水密隔舱福船制造技艺、福建木偶戏后继人才培养计划、送王船——有关人与海洋可持续联系的仪式，显然福建在"非遗"文化方面是占据一定优势的。据中国非物质文化遗产网统计，福建省的国家级非物质文化遗产代表性项目共有 130 项，其中民俗类和传统美术类的"非遗"项目均为 28 项，属于传统戏剧类的有 22 项，因此福建省的国家级"非遗"文化资源以民俗、传统美术雕刻技艺和传统戏剧表演为主。福建省的国家级"非遗"项目数量与其他省份相比，仅次于浙江省、山东省、山西省、河北省、江苏省、贵州省、和四川省。邻省浙江省的国家级"非遗"代表性项目有 233 项，广东省的国家级"非遗"代表性项目有 147 项，而江西省的国家级"非遗"代表性项目仅有 70 项，相比之下，福建省的"非遗"文化资源是较为丰富的，其"非遗"文化衍生品市场具有较大的发展空间。

---

[1]　王文聪、邹玉清、柏雷等：《江苏非遗文化衍生文创产品设计研究》，《大众文艺》，2017 年，第 23 期，第 80—81 页。

非物质文化遗产展现了各个地区的文化特点和风俗民情，因此具有鲜明的地域特色，而福建省各城市的"非遗"资源也各有差异。由福州市非物质文化遗产保护中心统计整理的福州市非物质文化遗产名录显示，截至2020年，福州市拥有国家级"非遗"项目15项，省级"非遗"项目73项，市级"非遗"项目171项；厦门市拥有国家级"非遗"项目11项、省级"非遗"项目36项、市级"非遗"项目41项；泉州市拥有国家级"非遗"项目34项，省级"非遗"项目98项，市级"非遗"项目262项；漳州市拥有国家级"非遗"项目16个，省级"非遗"项目50个，市级"非遗"项目105个。

从省级及以上的"非遗"项目数量上来看，福州市、泉州市和漳州市的"非遗"项目数目位居福建省各市"非遗"项目数量前列；从"非遗"项目的种类来看，福建省各市的省级及以上的"非遗"种类主要集中在传统技艺类和民俗类上，并且多个城市的传统技艺类"非遗"项目多于民俗类"非遗"项目，厦门市和莆田市的"非遗"项目中民俗类几乎与传统技艺类数量持平。抛开民俗类和传统技艺的"非遗"，福建省各个城市省级以上的"非遗"项目类型相对较多的分别是：福州市——传统体育、游艺与杂技类；厦门——传统美术类；宁德市——传统戏剧类；莆田市——传统美术类；泉州市——传统美术类；漳州市——传统音乐类；龙岩市——传统音类和传统戏剧类；三明市——传统舞蹈类和传统戏剧类；南平市——传统戏剧类。福建省"非遗"具有数量多和类型丰富的优势，对其增加创意元素，开发设计其"非遗"文化衍生品能够推动"非遗"市场的发展。

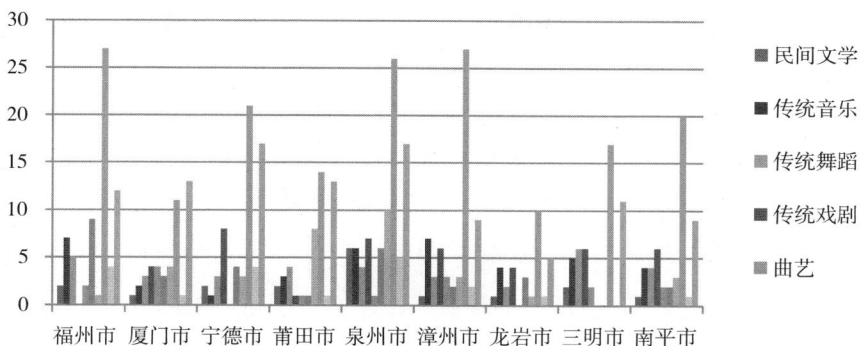

图 5-3　福建各市"非遗"构成表

数据来源：福建省艺术馆网（福建省非物质文化遗产保护中心）

（二）"非遗"文化衍生品应具有地方特色

当前福建省"非遗"市场上的产品多数以收藏品、展览品的形式存在，而收藏品与展览品的特点也使得"非遗"市场受众较为狭窄，仅有少数资金雄厚并且有收藏精美工艺品爱好的消费者会去购买该产品。

以福州市"非遗"的开发现状来看，隶属国家级"非遗"传统美术类的寿山石雕和软木画等产品，依托传统技艺类的福州脱胎漆器髹饰技艺、聚春园佛跳墙制作技艺、福州茉莉花茶窨制工艺而分别制作的脱胎漆器、佛跳墙、茉莉花茶，相对于其他类别的"非遗"，市场中的产品相对较多。在三坊七巷，有许多关于"非遗"产品的门店，除了佛跳墙和茉莉花茶可食用和品尝外，寿山石雕、脱胎漆器、软木画都是以名人工作室的方式存在，因此给游客提供了参观和了解福州"非遗"的场所，让他们深切感受到"非遗"的文化魅力。对于传统美术类的"非遗"产品，大多消费者会选择小巧精美且有一定实用性的产品进行购买，如寿山石雕刻而成的印章、吊坠等；脱胎漆器髹饰技艺制作的茶具、咖啡杯、餐具等。这类产品具有观赏价值的同时兼具实用价值，符合众多消费者的购物需求。传统音乐类的茶亭十番音乐、传统戏剧类的闽剧、曲艺类的福州伬艺和福州评话等其他类别的国家级"非遗"项目没有其所属的物质载体，因此市场对于这类"非遗"的开发是相对较少的，消费者很难能接触到其衍生品。

纵观福建的"非遗"市场，对"非遗"衍生品的开发与设计是相对较少的，多以"非遗"的展示场所的建设为主，停留在外部保护上，并且存在大众对于"非遗"的认知度较低、"非遗"产品本身创新性较弱以及产品的实用性较低等方面的问题，发展福建"非遗"市场应侧重于其文化衍生品的开发与设计，制作具有福建特色的文创产品。

（三）不同类型的"非遗"文化衍生品应针对性开发

非物质文化遗产的类型包括：传统口头文学以及作为其载体的语言；传统美术、书法、音乐、舞蹈、戏剧、曲艺和杂技；传统技艺、医药和历法；传统礼仪、节庆等民俗；传统体育和游艺；其他非物质文化遗产。对不同类型的"非遗"文化衍生品的针对性开发可挖掘其内在的共性，而不是一味地模仿优秀的文化衍生品，从而产生产品同质化的现象。

"非遗"文化资源与文具结合，能赋予文具一定的文化价值和艺术感，带给消费者极致的感官体验。传统技艺和传统美术作为福建非物质文化遗产中光彩夺目的集群正在焕发出新的生命；例如，将木雕、竹刻、贝雕、国佛雕等雕刻技艺所雕刻的作品与文具相结合，开发含有"非遗"元素的文具；将寿山石所具有的独特颜色以及雕刻后的作品形状复刻成橡皮擦；运用漳州木板年画技艺和永春纸织画制作而成的手账胶带；用金银器制作技艺制作精美的书签；印有剪纸、漆画、油纸伞图案的便利贴、手账本等。由于当代年轻消费者有记录生活的习惯，他们在原本单纯用文字记录日记形式的基础上，添加精美的图画增强画面的整体效果，而这就推动了手账的诞生。现做手账已成为众多年轻消费者的爱好，他们喜欢收集各式各样精美的手账本和胶带，尤其是带有中国元素的手账素材，因此具有"非遗"元素的手账本和胶带正好符合他们的消费需求。

（四）"非遗"衍生品与各领域的融合开发

"非遗"能够与各个领域融合开发设计出文创衍生品，还能将两种不同类型的"非遗"相结合进行开发。例如，在油纸伞上绘出木偶戏表演的场景、用木雕雕刻出踢球舞的场景等，用传统技艺与传统戏剧、传统舞蹈、曲艺相结合，通过一件"非遗"文化衍生品了解两个"非遗"项目，可以扩大"非遗"的传播效果，增强传播力度。

"非遗"能与食物相结合进行开发生产，例如，运用传统雕刻技艺结合传统舞蹈、传统音乐、传统戏剧类的"非遗"表演中的人物制成雪糕、棒棒糖和甜点等。故宫雪糕引起年轻消费者的广泛关注，之后众多景区都推出了其特色雪糕，但在福建的市场上尚未出现文创系列雪糕，这是潜在的消费市场，如妈祖形象的雪糕、木偶雪糕、高甲戏人物雪糕等。

近年来，我国动漫产业迅速发展，动漫市场用户也在不断增加，动漫成为年轻群体的心头好。例如，运用木雕、贝雕、竹刻、漳窑（米黄色瓷）传统制作技艺、彩绘技艺等设计出动漫人物周边，同时也能以盲盒的形式进行销售。为了使"非遗"更加生动有趣，可以对妈祖、关帝等进行卡通人物设计，制作表情包，以可爱的形象出现在大众视野，以扩大"非遗"在年轻消费群体中的传播效果。

2018年故宫推出文创彩妆系列，给文创市场提供了全新的发展道路。故宫的彩妆系列给"非遗"文创衍生品的开发与设计带来了启示，将"非遗"与彩妆结合创造出了最具实用价值和审美价值的产品。大自然拥有无数绚丽的颜色，这些颜色能给生活创造无限的可能，比如，将传统美术类如寿山石雕、黄金漆画所具有的独特颜色来作为彩妆的新色系设计出寿山石系列的彩妆产品如眼影盘、口红、腮红等，并且可以设计寿山石配色的化妆刷和美妆蛋。在衍生的彩妆产品的包装上，将包装设计融入寿山石雕圆雕、印钮雕、薄意雕、镂空雕、浅浮雕等雕刻技法或是加入手工彩绘玻璃的技艺使彩妆产品更具艺术性，体现其蕴含的独特"非遗"元素。

将"非遗"同服装、饰品结合也能产生更大的价值，例如，利用脱胎漆器髹饰技艺制作出手链、耳饰和簪子契合喜欢汉服的年轻消费者的需求。另外，近年来扎染工艺逐渐流行并成为一种潮流元素，无论在鞋子、衣服、袜子等各类衣物和配饰上都会出现"扎染"的身影。参考扎染工艺的传播，可以将畲族苎布织染缝纫技艺、安溪蓝印花布与大众服饰结合，不再局限于当地的特色服装中。畲族苎布织染缝纫技艺和安溪蓝印花布都是利用当地的天然植物制成颜料进行染色的，颜色集中于蓝色和青色，相对于市场上的服饰，颜色相对单一，因此要使畲族苎布织染缝纫技艺、安溪蓝印花布与服饰更好地结合，应利用更多的天然植物制造出丰富的颜色，设计出服装、帽子、发带、袜子等，以符合消费者的购物需求。民间文学类的"非遗"——福州方言，则可以制作成印有福州话的 T 恤，消费者在购买时也能了解福州方言并学习简单的福州话，来体验乐趣。

提及福建肯定少不了茶文化的标签，福建省级及以上的"非遗"项目中有 21 个项目都与茶相关，其中包括了制茶技艺、茶饼和饮茶方式，可见茶是福建文化资源中不可缺少的一部分。2019 年大白兔携手气味图书馆推出大白兔香水，这款香水深受年轻消费者的喜爱，这也证实了文化衍生品正逐渐向各个领域延伸。市场上多数的香水以花香为主，茶的自然芳香对于多数人来说都是适合的，如果利用福建的多种茶香制作成香水，将会成为福建"非遗"文化衍生品的一大亮点。

第二节　策略与模式重构，实现"互联网＋非遗"融合营销

当前"非遗"产品要打开新兴市场，光靠衍生品的创意设计、多元开发是远远不够的，营销策略和模式的革新是"非遗"市场化中不可忽视的环节。近年来，"非遗"产品营销还处于起步阶段，在互联网大数据时代背景下有巨大潜力和良好前景。目前"非遗"产品的营销策略仍存在许多问题，诸如产品销售渠道狭窄，推广手段单一，营销人员观念落后，洞察时势、与时俱进的能力不足，没有紧贴年轻用户需求进行产品运营，消费者互动体验不足等。

互联网的高速发展孕育出一批以 95 后、00 后为代表的"Z 世代"，时下流行的消费新热点、新思潮都来自"Z 世代"的亚文化，其中二次元、国风国潮、游戏电竞、偶像圈、COS 等亚文化圈层为"非遗"市场融合消费热点的营销提供了新思路，所以"非遗"的营销理念和营销文案要贴合年轻消费团体的亚文化思维。

"互联网＋非遗"已成为大势所趋，在数字经济发展下，"互联网＋"不仅改变了"非遗"文创产业的传播方式与组织方式，也改变了整个产业的价值链构成与要素组成[①]。借助"互联网＋"构建一个"非遗"产品完整的营销体系，开拓电商、新媒体、社交 APP、短视频等新渠道的网络营销，整合线上线下资源实现多元化宣传推广，把握互联网经济的机遇，创新营销策略、

---

① 缪顾贤、冯定忠、章运：《"互联网＋"推动下浙江非遗文创产业孵化生态圈建设研究》《现代管理科学》，2019 年，第 11 期，第 45—47 页。

打造专业营销团队，时刻洞察用户需求促进"非遗"跨界融合营销，将为"非遗"进入庞大消费市场建造坚实的桥梁。

一、互联网经济丰富线上营销渠道

在互联网经济驱使下，"非遗"营销渠道变得更加丰富，运营过程中可以探索出更多新路径，开辟便捷、高效的网络营销模式。网络营销是以互联网为基础，利用数字化的信息和网络媒体的交互性来支持或辅助营销目标实现的一种全新的市场营销方式[①]。"互联网＋非遗"模式下，可以细分出新的线上营销组合，例如"短视频＋非遗""社交媒体＋非遗"等。

（一）"短视频＋非遗"

根据第48次《中国互联网络发展状况统计报告》的数据显示，截至2021年6月，我国网络视频（含短视频）用户规模达9.44亿，较2020年12月增长1707万，占网民整体的93.4%；其中，短视频用户规模达8.88亿，较2020年12月增长1440万，占网民整体的87.8%。可见，短视频营销的市场潜力巨大，抖音、快手、小红书、哔哩哔哩等短视频平台在融媒体时代都找到了基本立足点。

以抖音为例，在2019年4月16日抖音推出"非遗合伙人"计划，专业技术团队与"非遗"传承人合作，结合当下年轻用户喜好、热点话题等，为"非遗"传承人的短视频设计创新内容和形式。活动的视频内容可以是"非遗"衍生品展示、制作过程和简单"非遗"技艺的视频教程等，平台通过用户的评论反馈，不断更新内容，鼓励更多用户参与内容创作，并邀请明星、网红参与视频创作，为"非遗"持续引流，带来流量和热度。

---

① 周毅灵：《纺织非遗数字化保护平台建设》，《中国纺织》，2020年，第5期，第114–115页。

　　另外，抖音小店也是快捷购物的渠道，刷到感兴趣的"非遗"衍生品小视频，点击下方的商品链接，进入即可购买。短视频创作不仅能助力"非遗"文化宣传推广，还能建立"非遗"产品营销的完整产业链，实现"非遗"文化和市场价值。专业 MCN（Multi-Channel Network，即多频道网络）可以为短视频的内容提供多种不同的素材，"非遗"爱好者们可以通过各种短视频平台发布自己的"非遗"产品体验 VLOG，同时，开箱视频、吃播、穿搭、美妆等，都可以融入"非遗"产品元素，扩大受众群体，提高"非遗"衍生品消费水平。

　　（二）"社交媒体 + 非遗"

　　"社交媒体 + 非遗"是近年来流行的"非遗"营销模式，适应当下年轻用户的媒介使用方式，微信、微博等社交软件都有用户评论、转发、分享等功能，可促进"非遗"二次传播。

　　近年来，与"非遗"相关的微信公众号运营逐渐成熟，这些公众号会定期发送"非遗"相关推文，并在推文下面放微店的链接，销售相关"非遗"衍生品，同时，推文中还有社群二维码，用户可以通过二维码加入社群，深入了解或参与商务合作。另外，也可以充分利用便捷的微信小程序，比如，以福州寿山石雕制作数字化小游戏，借鉴"云游敦煌"小程序，对寿山石矿洞模拟开采，从相石、选择雕刻纹样、技法到模拟雕刻，设计 DIY 寿山石衍生品，举办全民衍生品设计大赛，将优秀作品作为产品销售，真正做到全民开发、全民共享。

　　在微博平台宣传"非遗"，可借助明星、大 V 效应，吸引流量热度。微博用户基数庞大、信息更新迅速、内容形式多样、推广方式便捷等特点吸引了许多商家企业注册微博与网友互动，以挖掘潜在消费者、进行产品营销推广。"非遗"在微博平台的营销，可在官方微博开设话题，引导受众参与"非遗"

产品的相关话题讨论，积累转发量、评论量，抓住粉丝群体。微博的热搜榜最受用户关注，他们能够在上面接收到最新的热点资讯，热搜范围广泛，包括娱乐、政治、经济、文化、科技等众多话题，若是能将"非遗"衍生品创新开发项目结合明星效应推上热搜，便能引发大量关注，带来巨大的热度和市场。借助微博超强的传播力度增加"非遗"衍生品的购买力。

在融媒体时代下，线上传播和营销渠道颇多，找准方法，以适应市场需求，运用新媒体思维打造"非遗"产品营销之路。

表 5-1　微博的规模覆盖力和对用户的吸引力

微博的规模覆盖力	
移动娱乐 APP 指数排名	NO.6
有在微博看新闻习惯的用户占比	52.9%
微博用户平均每周刷微博天数	5.4 天
微博用户平均媒体刷微博时长	1.5 小时

二、多渠道融合助力"非遗"产品营销创新

虽然目前线上营销模式便捷、高效、影响力广，但也不能忽视线下渠道，线下门店直销仍是一部分老年消费群体的第一选择。线下展览馆、体验店使消费者能近距离接触"非遗"产品，依托 5G 技术，展示载体上可以有所创新，如平面、三维、大型多媒体互动、全息影像展示、数字化博物馆、特色项目漫游体验等方式，消费者沉浸式体验能增加对"非遗"文化和产品的了解。

例如，福州"非遗"传统戏剧闽剧博物馆，可以打破以往戏台观赏模式，融合现代科技 VR、AR 技术，在展览馆进行大型多媒体展示，增加互动体验。消费者可选择经典戏剧的角色扮演，有身临其境般的体验，专业老师教学戏曲，同时还销售服装、民俗用品、摄影作品、明信片、书画艺术、经典剧目

插画绘本等衍生品。

将线下"非遗"主题门店装饰出独特风格，打造成网红打卡点。比如，福建"非遗"咏春拳可以与现代健身房结合，打造成中国传统武术风格的健身房，中国风与现代潮流的碰撞能够吸引当下追求健康、养生的年轻一族，同时还可以开设青少年咏春拳兴趣班，专业老师指导教学，还能促进咏春拳的传承发展。

另外，还可进行线上线下联动，从线下往线上引流。比如，在实体店内放置公众号二维码、扫街派单关注公众号送礼物，线下活动物料上、户外广告等渠道上都可以放置公众号二维码进行引流[1]，用户可以通过扫描二维码了解相关"非遗"历史文化背景和衍生品制作流程等。线下还可以在节庆时期开展快闪活动，比如福州评话可以在三坊七巷主街道上开展评话现场表演，同时可以摆摊销售衍生品，吸引街边游客观赏，消费者和媒体拍摄的视频上传到网络，形成线上传播互动，吸引更多受众关注。

"互联网+非遗"融合营销，也是线上与线下整合营销，互联网作为桥梁，将二者互相连接，在新媒体的驱动下将"非遗"营销推向一个新高度。

（一）跨界营销整合资源

活态开发"非遗"市场，实现"非遗"产品创新发展，就要着眼于衍生品的跨界转化、跨界营销，以构建"非遗"良性的可持续生态圈。所谓的跨界营销，就是要整合各方面的优势资源，达到"1+1>2"的成效[2]。互联网背景下，线上线下的渠道资源整合已经实现渠道的跨界，也应打开产品跨界的新思路，为产品创新赋能，适应多元融合，追求新颖等多样化的市场需求。

① 肖丁铭、侯玲：《国家级非遗项目青神竹编的网络营销分析》，《老字号品牌营销》，2021年，第3期，第13页。

② 邹金利：《跨界营销在非物质文化遗产中的应用》，《文化创新比较研究》，2019年，第6期，第85-86页。

在进行跨界类产品的创新时,要考虑不同产品的精神内涵和品位格调上的匹配性,要保证创新后形成的产品既能有机地融合不同产品的元素,又不失原技艺文化的精髓。例如,渭南皮影联合韩国知名化妆品品牌打造的 2017 新春皮影限量套装、联合腾讯设计的企鹅主题;众多奢侈品品牌融入了皮影元素,形成了别出心裁的新款限量高端产品,① 皮影文创产品销售火爆的案例能为其他"非遗"产品的跨界营销带来新思路。

比如,"非遗+网红美食"的跨界方式,大众对于饮食产品外形包装的要求和期待越来越高,可以将漳浦剪纸与星巴克等知名饮品包装结合,以剪纸的纹样和图案装饰杯子或包装袋,在线上星巴克网站设计相关海报和营销文案宣传。再如福州寿山石,石种颇多,颜色绚丽多彩,可以与指甲油产品跨界营销,将不同种类石头的名字命名指甲油的颜色,桃花冻、芙蓉冻、月尾紫、艾叶绿等,让寿山石融入时尚元素焕发新生命。

福建有很大一部分宝贵的传统音乐类"非遗",可以与当下流行音乐进行跨界融合,如泉州南音与网易云音乐合作,设计"非遗"音乐专题栏目,吸引年轻音乐人将传统音乐与现代元素结合开展新创作。类似的跨界思路还有很多,穿着福建畲族服饰的卡通形象包装、福州茉莉花茶窨制工艺与奶茶融合等均可作为"非遗"跨界营销的方法。

"非遗"与流行事物碰撞出新的火花,能吸引市场关注并提高大众消费体验。跨界营销带来的不仅是全新的"非遗"衍生品和服务,还是现代价值观与历史的对话。超越时空的跨界融合,是让"非遗"摆脱困境,开辟产业化新天地的有效路径。

---

① 赵彬:《非物质文化遗产渭南皮影商业化营销研究》,西安外国语大学,2019 年。

（二）创新营销增强互动

在"非遗"产品的宣传、推广策略和模式上也要与时俱进，不断创新。商家可筛选当下的热点事件，将参加的活动或发生的事情与自己的商品联系在一起，做一个软文推广[①]，就是事件营销。在互联网飞速发展，网络发达的时代，商家制造有新闻价值的事件和话题可以轻松地引起全网关注和热议。事件本身也能借助流量明星、网红效应传播，吸引更多粉丝参与。例如，将明星学习制作泉州花灯的视频进行转发推广，在短视频、社交平台发起话题挑战，广大网友参与视频学习和拍摄，DIY小花灯并展示作品，点赞转发最多的视频用户将得到明星签名照和祝福语。"非遗"传承人与明星代言人的合作也能带来良好营销效果，明星代言人承接"非遗"传承的任务，让明星、名人的影响力带动更多人关注泉州花灯文化。

"非遗"宣传要面向大众、面向更广阔的市场，就必须进行精准推广，通过对"非遗"产品的大量宣传才能让消费者更加了解产品。如为"非遗"量身定做相关的纪录片、电视剧、电影等影视作品，当然，这对于一些知名度不高的小众"非遗"来说，难度较大，但可以先从小做起，如寻找与福建莆田妈祖文化相关的电视剧，在播放途中，自然穿插广告，近期流行请剧中演员代入角色做中插广告，以增加趣味性和喜剧效果，能够减少观众对广告的抵触。还可以融入一些综艺节目中，在更广泛的平台，更娱乐化的节目中间接传播"非遗"文化。例如，2017年江苏卫视的节目《最强大脑》，就有一个环节叫"皮影追踪"，节目里邀请了知名艺人周杰伦同台进行互动，使非物质文化遗产——渭南皮影在年轻群体中受到了高度关注。"非遗"作为一种元素加入一些热门综艺，以综艺多元化、包容性强的特点，在综艺小游戏或某些环节中呈现，让观众自然地了解到"非遗"文化、关注"非遗"产品。

---

① 任亚、侯玲：《浅谈非遗传统技艺古城棕编网络营销》，《老字号品牌营销》，2021年，第3期，第37-38页。

新时代"非遗"保护与开发研究

　　运用互联网思维，更新宣传观念，创新营销理念，才能在营销策略和模式探索中找到新出路。"故宫淘宝"打破了传统的营销模式，开展"卖萌"营销。故宫淘宝的设计师们一改故宫严肃沉重的工笔画风，赋予了营销文案与产品画风现代流行、深受欢迎的"萌贱"特点，例如，原本正襟危坐的崇祯皇帝画风突变，以手托额头，摆手做发愁状。调皮的文风搭配搞笑配图，故宫淘宝调侃了崇祯帝从登基到自缢的人生故事，而真正的目的是推销"新年转运必买的 2016 故宫福筒"①。

　　有微信公众号文章中谈到雍正帝喜欢"怼"大臣，常常"把天聊死"，运用流行的现代化网络语言，结合网络亚文化，用幽默诙谐的方式营销推广，拉近与受众之间的距离，得到了广泛好评。福州寿山石雕也可以利用这种营销手段，让寿山石"活"起来，以轻松、活泼、可爱的卡通形象出现，在各大新媒体平台发布，以"卖萌"的宣传文案搭配各种搞笑的图片和视频，根据不同寿山石种从开采、相石、雕刻、磨光等整套工序设计系列漫画、H5 广告、表情包和壁纸，做到风格各异的搞怪、文艺、可爱等主题。营销方面要紧跟各种节日、热门话题的趋势，做到实时更新内容，刺激用户对寿山石衍生品的购买冲动。在碎片化信息时代，要迎合用户心理，与受众对话，参考粉丝想法建议，不断创新发展，打造互利共赢的良性循环模式。

　　如果说"非遗"文化和"非遗"产品是浩瀚海洋上漂泊的一艘航船，那么新媒体渠道和创新营销策略便是为船指引方向、随风启航的风帆。"互联网＋非遗"的融合营销下，"非遗"营销策略与模式重构任重道远。整合线上线下渠道资源，跨界营销、大胆组合，将各种精准宣传推广巧妙融合、创新思路，让"非遗"在市场中展现新的生命力。

---

① 黄莹、王勇：《故宫淘宝的华丽转身——新媒体背景下的文创品牌整合营销案例分析》，《改革与开放》，2018 年，第 4 期，第 13–14 页。

· 160 ·

第三节　鼓励"非遗产品＋电商"发展

"非遗"产品销售难的问题一直是制约"非遗"文化传承和发展的重要原因，虽然"非遗"产品有着巨大的潜在消费市场，但是由于消费范围比较分散，而且消费者也很难获取"非遗"产品的相关信息，因此"非遗"产品的销售十分困难。近年来，"非遗"产品的文化传承和销售得到了政府的重视，各省也推出政策来带动"非遗"产品的销售，例如，福建省就整合"非遗"产品资源，打造"万福"品牌伴手礼来推动福建省"非遗"产品的发展。虽然政府对"非遗"产品的推广有着高度热情，也在一定程度上改善了"非遗"产品销售难的问题，但由于电商的发展从根本上改变了消费者的消费习惯，许多工作也应结合互联网来帮助"非遗"产品销售。因此，应在原有工作基础之上鼓励"非遗"产品借助电商发展，实现"非遗产品＋电商"的发展模式，使"非遗"产品更好适应当下的消费环境。

互联网的发展让信息互通有无，"非遗"产品可以通过互联网的传播，在更好满足消费者需求的同时，能够让更多的消费者了解和认识"非遗"产品。无疑，借助电商能够促进"非遗"产品的良性发展，是推动"非遗"产品适应当下时代环境的必经之路。中国电商市场规模持续增长，越来越多的电商平台兴起，1688、淘宝、京东、拼多多、唯品会等平台能为"非遗"产品销售提供便利渠道。"非遗"衍生品营销可以转为"互联网＋产品＋销售＋服务"模式，电商平台的大数据、云计算技术能准确定位消费者的兴趣爱好，对于产品的推荐更有针对性。

一、深化与头部电商合作沟通，建立高效产销渠道

如今的电商主要由传统电商和新型电商组成，电商市场主要由几家头部企业组成，如传统电商的淘宝、京东，还有新型电商的拼多多、抖音、快手等。头部电商企业把握着绝大多数的流量入口，是大多数消费者的购物首选，所以深化推广"非遗"产品应当与头部电商展开紧密合作，这样才能够达到事半功倍的工作效果。应当有机结合"非遗"文化、"非遗"产品和电商平台，实现共建共赢，利用市场化机制为"非遗"产品焕发出更强的生命力。

（一）设立"非遗"产品销售专区

应在电商平台主页专门开设"非遗"产品销售专区，更多地让流量导入"非遗"产品销售当中。借助头部电商企业搭建"非遗"产品销售平台，让消费者可以在更便捷的渠道购买"非遗"产品。展示专区不仅要展示"非遗"产品，还要将"非遗"文化融入其中，从而提高"非遗"产品的溢价能力。"非遗"产品市场具有巨大的消费潜力，但是一直都欠缺良好的市场化机制，导致许多企业没有设立"非遗"产品销售专区的积极性。鼓励开设主销售专区一是可以通过政府补贴方式鼓励电商平台设立"非遗"产品展示专区，让头部电商企业在"非遗"产品销售导入期可以有一定的积极性；二是要壮大"非遗"产品生产主体或是建立联合生产组织，提高产销效率，利用市场化机制促进"非遗"产品销售专区的可持续性。

作为中国互联网行业领军企业，京东积极响应政府对传统文化传承、文化创新的号召，打造"非遗"产品销售专区。通过整合京东集团生态资源，联合政府力量，京东"非遗"销售专区汇集传统手艺与国潮设计，与"非遗"领域优质品牌商家推动跨品类合作，打造品质文化消费新平台。未来需要更多的政企合作，让更多的电商平台开设"非遗"产品销售专区，令更多"非遗"产品的销售得到支持。

（二）利用消费者信息助力"非遗"产品升级

"非遗"产品虽受消费者的喜爱，但是却深陷"叫好不叫座"的尴尬境遇，由于"非遗"产品大多数属于工艺品，外观精美却缺乏实用性，因此，许多消费者不愿为"非遗"产品买单。基于"非遗"产品特殊的产品特性，需要精确地知道目标消费者的所在，寻找愿意为其背后的文化溢价进行付费的消费者。对于头部电商企业而言，其拥有大量的消费者数据，可以凭借电商平台的用户画像，将"非遗"产品精准推送至潜在的消费者。从另一个角度而言，通过对大量消费者的分析，也可以让"非遗"产品找到创新路径，帮助相关生产者对产品进行进一步的改良从而更好满足当下的消费需求，通过重新开发利用，让"非遗"产品更实用、更有新意，从而实现新时代的产品溢价。

通过对消费者信息数据的挖掘，最终可以形成反向定制来提升"非遗"产品从而满足当今时代的消费需求，同时凭借电商平台的供应链、技术及营销等多方面的优势，帮助"非遗"产品根据消费者需求开发新品，联动优质代生产企业为消费者打造优质、高性价比的"非遗"产品。

（三）培育"非遗"产品品牌

为更好与头部电商企业进行深入合作，应大力推进"非遗"产品品牌培育工作，让"非遗"产品的特色突出，增强文化底蕴。通过提炼地方特产"非遗"产品，以产业为依托，带动"非遗"产品的发展。组织头部电商深入到农村中发掘"非遗"产品，将农村中的"非遗"故事生动地展现在电商平台之上，让更多的人可以更好地了解"非遗"产品的魅力。"非遗"产品品牌的培育是乡村振兴工作的重要抓手，对相关资源的整合可以促进"非遗"产品焕发新时代的生命力。

聊城依托"非遗"项目培育特色文化品牌，培育非物质文化生产性保护示范基地,发挥有代表性的"非遗"传承人作用,开展特色产品加工。依托"非遗"项目培育特色文化品牌,形成了东昌工艺葫芦、临清贡砖、茌平黑陶等一批具有较强影响力和市场竞争力的"非遗"产品品牌。就东昌工艺葫芦而言,带动了当地葫芦种植户1900余户,葫芦加工户390余户,经营户640余户,其中570余户商家入驻淘宝、天猫、阿里巴巴等电商平台,葫芦产业产值达6亿元。生产规模的扩大,可以让电商平台更加重视相关产品的销售,从而提高了"非遗"产品的生命力。

二、建立意见领袖与电商一体化推广机制,打造"非遗"产品"网红爆品"

随着互联网时代的深化发展,消费者所追随的"意见领袖"的主体发生了根本性的转变,越来越多的非传统意见领袖获得了大众的青睐,从而改变了以往的营销方式。所谓意见领袖是指对购买群体具有影响力的人,由于互联网泛娱乐化时代到来,绝大部分的意见领袖活跃在互联网中,并与消费者有着广泛的互动行为,其在消费群体中的影响力与日俱增。因此,可以通过意见领袖达成与目标消费群体的触达,从而可以更好地让潜在消费者理解"非遗"产品背后蕴藏的文化底蕴和独特魅力。同时,因为每位意见领袖都有特定的目标受众,所以可以结合"非遗"产品的特性针对特定的目标受众进行"非遗"产品的介绍。在建立意见领袖与电商一体化推广机制时应着重于培养潜在消费者对"非遗"产品背后文化的兴趣,而不是只关注如何推销产品。

(一)做好目标人群定位,通过"网红"视角讲述"非遗"故事

近几年互联网平台的竞争格局已经发生了翻天覆地的变化,Bilibili、抖音、快手等视频平台逐渐占据着许多人的娱乐时光。对于这些平台的拥趸而

言，平台上的内容创作者无疑是很重要的意见领袖，而这些意见领袖首先得拥有一个重要的身份——"网红"。例如，在 Bilibili 上叫作"卢正义的雕刻时光"的创作者是一位年近古稀却以年轻人自居的手工雕刻师，他用精湛的木工雕刻出年轻人喜爱的动漫角色，包括高达、蜡笔小新、亚索等年轻人耳熟能详的动漫角色，其视频不凭借花哨的剪辑，只有"笃笃笃"木雕的声音配上经典的动漫音乐。在不到一年的时间里，"卢正义的雕刻时光"就获得了超过 190 万的粉丝，单个视频播放量最高超过 700 万。虽然他没有讲述任何的木雕知识，没有传授任何的木雕技巧，但像"卢正义的雕刻时光"这样的"网红"却让越来越多的年轻人开始了解视频背后的木雕"非遗"文化。消费者消费习惯的改变是深远的，且消费者的偏好可以被再次细分，每个群体的消费喜好虽有共性但也存在较大的差异性，不能单为推广"非遗"而推广"非遗"，应当注重当下消费群体的喜好，用好故事来讲述"非遗"产品的文化。首先在于培育"网红"，利用对各种消费群体的覆盖，从而提高消费群体对于"非遗"产品的认知，为后续的营销工作做好基础。

（二）确定推广形式，建立意见领袖与电商一体化推广机制

应当用一定的激励机制来激励意见领袖输出关于"非遗"产品的内容，并根据实际情况确定使用"MCN 代理""创作者直销""引流销售"等推广机制，合理地将流量变现。过去在抖音、快手等视频平台的支持下，涌现了一批针对"非遗"领域的 MCN 机构，例如"奇人匠心"与"寻古成长"。这两个 MCN 机构均通过"非遗"技艺的传播方式吸引消费者，通过知识付费、直播带货等方式进行"非遗"产品的推广。还有类如"李子柒"这样的视频制作者，凭借"非遗"文化输出内容，获得一大批粉丝的支持，随后创建"李子柒"品牌，以创作者的身份通过电商平台售卖"非遗"产品。

虽然有一部分"网红"凭借意见领袖的身份帮助"非遗"产品获得了大

众消费者的喜爱,但是绝大多数"网红"没有推广"非遗"产品的积极性。消费者对于"非遗"产品具有浓厚的兴趣,市场却没有一套良好的机制对这些内容创作者提供实质上的激励,导致"非遗"产品的整体曝光度不足。因此,为更好地推广"非遗"产品,应当在确定推广形式的前提下,建立一套意见领袖与电商一体化推广机制,让作为意见领袖的"网红"在推广"非遗"产品的时候也可以获得一定的报酬,使"非遗"产品的推广更具有可持续性。

（三）精准发力,打造"非遗"产品"网红爆品"

集中力量,通过打造现象级产品的方式帮助更多的"非遗"产品可以进入大众消费者的视野。由于"非遗"产品具有很强的文化属性,同时以精美的外表吸引消费者,这与"网红产品"的属性不谋而合,可以利用打造"网红产品"的逻辑来提高"非遗"产品的产品曝光度。打造"非遗"产品"网红产品",主要围绕"非遗"产品的产品遴选、记忆点以及传播点展开。

首先是产品遴选,要寻找符合大众消费需求的"非遗"产品,这样才能面向更多的消费群体,让更多的消费者可以接受该产品。其次,要突出该"非遗"产品的独特属性,让消费者可以更好地记住产品的特征。最后,通过前期对于"网红"的培育,凭借"网红"进行宣传,以消费者喜闻乐见的形式对"非遗"产品的特征、文化进行传播。

三、融合直播带货提高消费者对于"非遗"产品的感知

非物质文化遗产是乡村精神的依托,通过"非遗"的传播,提振乡村精神、拉动乡村经济是乡村振兴的重要途径之一。新冠肺炎疫情以来,疫情防控常态化的需求使得"直播"成为互联网新一轮的风口,5G时代的到来也同样为直播提供了技术上的支持。将"非遗"结合直播,以直播的方式改变

年轻人对"非遗"的刻板认知，营造"非遗"文化的临场感，提高消费者对"非遗"产品的认可度，是传承和发展非物质文化遗产的新思路。

（一）非物质文化遗产的特性使其和视频直播相契合

非物质文化遗产的活态性特征使其和视频直播相契合。非物质文化遗产具有浓厚的地域色彩和个性化特征，根植于传统民俗和传统文化中。例如，少数民族聚集区富有特色的歌舞、花灯、婚嫁仪式、传统音乐、绣品等，都是"非遗"的载体。这种明显带有地方色彩和生活色彩的文化，一旦离开了其成长的环境，就会失去光彩，沦为没有生命力的表演娱乐。而视频直播的新媒体形式，具有实时性、便捷性和低成本的特征，能够再现非物质文化遗产的原貌，让观众身临其境地感受非物质文化遗产的魅力。

非物质文化遗产的过程性使其和直播相契合。"非遗"产品的制作过程，甚至其制作的场所，都是非物质文化遗产需要保护的对象。而现代商业中，对"非遗"产品的展示着重于"物"，对过程的展示则较为缺乏。制作过程漫长，对特定环境和工具的需要，限制了"非遗"产品生产过程的展示。而视频直播的形式打破了时间和空间上的限制，让消费者更为清晰地认识到"非遗"产品的制作流程。

视频直播没有时空限制，观看直播的用户数量庞大、市场广阔，网红或流量明星直播带货已在电商界发展得如火如荼。比如，邀请福建"非遗"中畲族服饰制作传承人进入直播间缝制畲族服饰，让用户了解产品手工制作过程，其衍生品如穿着畲族服饰卡通人物小玩偶、手办、绘本、日用品、结合时尚元素的畲族风时装等可以同时销售，组合为套装系列礼盒，让消费者既能购入自己心仪的商品又能促进畲族独特服饰"非遗"文化的传播。

非物质文化遗产的群体性使其和视频直播相契合。"非遗"项目中，歌舞类和演艺类的项目大多具有群体性的特征，参演人数众多、表演程序繁复。

而"非遗"传承人通常为家庭或师徒的形式代际传递,多为乡村村民,其本身的社会资本薄弱,不具备营销能力,无法获得社会广泛的支持。展现形式和资金的受限使得群体性"非遗"项目难以登上大舞台。而视频直播等新媒体进入门槛低、受众广,直接利用智能手机即可进行拍摄和直播,通过即时的直播,让"非遗""活"起来,为"非遗"的群体展示提供了一个面向大众的展示舞台。

非物质文化遗产的封闭性使其和视频直播相契合。"非遗"项目中,许多项目与农事活动、乡村民俗息息相关。特别是西南少数民族地区,地形位置上多山地、高原,封闭性较强。物理空间位置上的相对隔绝,使得当地"非遗"和外界的文化交流相对滞后,也阻碍了"非遗"文化的传播和产品的销售。通过视频直播等平台,在"非遗"文化展示上解决了空间隔绝上的限制,在"非遗"产品的销售上扩展了销售市场,并且能够引导乡村内部逐步完善快递、直播运营等服务。

(二)培育具有职业素养的"非遗"直播人才

2020 年的文化和自然遗产日,在河北省廊坊市的群众艺术馆内举办了持续一个半小时的"廊坊非遗美学展"百度直播,直播展出了包含 4 个国家级"非遗"项目、9 个省级项目、8 个市级项目的 100 多件展品,最终累计观看人数达 82 万人次。因为很多"非遗"传承人是第一次进入百度直播间,所以策展人兼主播李媛媛帮助他们介绍自己的项目,并在现场演示技艺的同时顺便带货。著名策展人李媛媛凭借对文化遗产的热情,和"非遗"传承人们的子女们相遇并一拍即合,成立了"传 PLUS"工作室,通过展览的方式向外输出"非遗"文化,达到从文化传播到文化消费的过程。2019 年以来,"传PLUS"在中央文化和旅游管理干部学院、国家对外文化贸易基地、北京国际设计周、第二十四届米兰国际手工艺博览会等,以"仿佛若有光""流淌在生活""宫廷新造办""无界之境，髹饰天下""非遗，让城市更美好"为主题，为大众出品了多场具有高水平的展览。"非遗"直播电商的发展，需要越来越多的李媛媛。

　　智能手机和移动互联网的进步为"非遗"文化的传播提供了更为接地气的方式，也提出了具有职业素养的相关专业人才的需求。对于"非遗"直播人才来说，不仅需要培育懂平台技术、懂选品、懂营销的团队，培育直播主播也是重要的环节之一。"非遗"主播相较于传统主播来说，有着更高的要求，他们不仅仅需要强大的带货能力，更需要具备足够的"非遗"文化知识、文化修养和"演绎""非遗"文化的能力。许多"非遗"主播是"非遗"传承人，本身熟悉产品，但"非遗"的传承大多由宗族之间进行口口相传，缺乏一定的材料记载，对文化的解读不一定足够精准；在直播带货、观众互动上，较职业主播又有所不足。因而在"非遗"主播的培养上，要注重多方面能力的提升，充分发掘"非遗"主播不同于其他商业主播的特色，培养行业真正需要的人才。

　　（三）挖掘"非遗"文化内涵，讲好"非遗"故事，警惕过度商业化

　　"非遗"文化的形成有其特定的历史环境和文化内涵。而当前碎片化的信息环境下，人们对信息的接收倾向于短平快。而非物质文化产品的制作、展示则需要较长的时间，一些精细化的工艺甚至需要大几年的时间才能够完成，因而对其全过程进行直播是难以完成的，只能迎合现代受众碎片化的信息接收习惯，对"非遗"文化的展示进行加工，再将成品展示给受众。但需要注意的是，在加工过程中，"非遗"文化本身蕴含的文化信息在一定程度上会缺失，逐渐丢失"非遗"文化的完整性。此外，在"非遗"直播中，也存在"重产品轻文化"的现象，在直播技艺展示中，更多的主播是进行单纯技艺展示，对"非遗"文化重集体记忆的表达则比较少。因而在挖掘"非遗"文化

内涵时，需要做好"非遗"宣传材料的规范，寻找大众喜爱的信息接收方式和保留文化完整之间的平衡点。

（四）政府引导，多方协调

在引导"非遗"和直播的融合中，政府扮演着重要的角色，特别是文化旅游和宣传部门。政府职能部门一是发布细化地方"非遗"保护的细则，在大方向上引导全社会关注"非遗"传承，以"非遗"传承带动乡村振兴；二是在"非遗"和直播的融合中，担当起协调、引导、扶持、规范的管理职能，对于没有运营能力的工坊，予以培训，对需要平台的工坊，帮助对接，并做好"非遗"产品质量把控和宣传材料的规范；三是充当好"非遗"传承工坊同直播平台间的桥梁，促进双方协助；四是出台相关政策，鼓励"非遗"传承人和热心于"非遗"文化传播事业的人士积极参与到直播中；五是积极连接相关协会、商会、基金会等社会组织，充分发挥社会各界的力量，壮大"非遗"文化保护队伍。

四、丰富"非遗"电商购物节活动，加强普及度与参与度

2020年新冠肺炎疫情的暴发给实体经济带来了巨大冲击，为了保护"非遗"文化的传承和带动社会消费，文化和旅游部非物质文化遗产司提出在"文化和自然遗产日"期间开展线上"非遗购物节"，通过电商平台的合作，将"非遗"好物直接送到消费者身边。全国各省响应号召，纷纷整合"非遗"扶贫资源，在阿里、京东、苏宁、拼多多、快手等多家电商平台建立"非遗"线上销售平台，取得良好成果，为推动"非遗"产业复工复产做出巨大贡献。"非遗"电商购物节是特殊时期的一次新销售模式的探索，它不应当只是昙花一现，今后仍需社会各界广泛支持，使其成为更为稳定的生产力。应当加强"非遗"电商购物节的普及度与参与度，充分利用购物节的开展，讲好"非

遗"故事让"非遗"走入公众的生活。

2021年6月12日，第二届四川"非遗"购物节线下主会场活动正式启动。"非遗"购物节期间，四川省举办230余场"非遗"宣传展示活动，以"主会场+线上"的形式，以"人民的非遗，人民共享"为主题，推动四川省优秀传统文化的传承，营造保护"非遗"的良好氛围。从主会场来看，活动现场举办"百绣百年颂党恩"川渝"非遗"绣活大赛暨主题创作展示；精选四川省部分"非遗"代表性项目进行"颂百年辉煌·承千年技艺""非遗"惠民展演；举行"织幸福生活、绣美好未来"川渝编织刺绣"非遗"精品展、"非遗"直播带货等多项大型活动。此外，四川省文旅厅与阿里巴巴、新浪、抖音、唯品会等平台进行合作，开展"非遗"好店推荐、淘宝四川"非遗"购物专场、饿了么平台四川"非遗"美食分会场、四川"非遗"直播带货等一系列线上活动。全省各地也结合本地"非遗"产品特色，开展丰富多彩的线下"非遗"购物体验活动。这次"非遗"购物节，四川省21个市州有近500家"非遗"店铺参与到活动中来，产品种类超过1.3万种，涉及"非遗"项目近200个，实现了"非遗"扶贫就业工坊全覆盖。四川省第二届"非遗"购物节的成功举办，是将"非遗"购物节发展为稳定生产力的成功展示。

（一）举办"非遗"电商购物节，对于"非遗"传承和发展有重要意义

一是"非遗"购物节受众广、流量大，突破传统展会时间和空间的限制。特别是在疫情防控常态化的背景下，以电商为平台，使得交易能够随时随地地发生，对于"非遗"产品的销售来说，是一次新的尝试，为"非遗"产品的销售带来了全国各地甚至是全球的买家。二是"非遗"电商购物节的开展，是对"非遗"产业转型升级的新契机。许多非物质文化遗产分布在较为封闭的地区，而这些地区电商观念弱，"非遗"传承人对电商平台的使用也较为陌生。

"非遗"电商购物节的举办，是将"非遗"产品送上电商平台的契机。三是通过"非遗"购物节节日气氛的营造，让公众关注"非遗"的传承，使"非遗"产品更有"生活味"。"非遗"购物节通过"造节"的方式，引起社会广泛的关注和媒体的报道，营造了购买"非遗"产品的氛围。随着自媒体时代的到来，人人可以是消费者，人人也可以是宣传者，越多的人购买和亲身体验"非遗"，就越能打破以往"非遗"产品是高高在上的工艺品的认知，让更多人了解"非遗"产品，宣传"非遗"文化，形成良性的循环。四是有助于形成本地"非遗"产业集群，整合当地产业资源。"非遗"电商购物节的参展，对当地电商运营公司、快递服务能力、产品品质监管、原料供应等都提出了新的要求，促使地方"非遗"产业集群的形成，共同树立"非遗"本地品牌。

（二）"非遗"购物节的开展，需要注重文化内涵的挖掘

非物质文化遗产之所以富有生命力和吸引力，原因是其具有深厚的文化内涵。"非遗"购物节除了提供"非遗"产品销售的平台以外，还应为传承人、手艺人提供展示平台。例如"非遗"产品制作工艺的展示、"非遗"产品的历史渊源故事、"非遗"产品运用中的民俗介绍、"非遗"传承人的传承故事等，都是值得发掘的优秀文化。通过传承人讲述、电商品牌品类榜单、相关文创产品地开发等方式，深入挖掘"非遗"文化。

（三）"非遗"购物节的开展，需要政府相关部门深入动员和支持

在指导工作上，各地区文化旅游部门、商务部门，要关注本地区的"非遗"工坊，深入动员本地区"非遗"生产性保护示范基地、行业协会、相关培训院校等，积极参与"非遗"购物节的培训、展示等活动。指导参加活动的相关方进行视觉设计，可以制定统一的主视觉，再根据参与方特点进行修改。同时，相关部门应做好本地区"非遗"相关企业和单位信息梳理工作，

深入调查，再结合地区特色，重点推荐几家销量高、口碑好的优秀的工坊和相关企业，做出宣传、打造榜样和给予重点支持。在监管工作上，需要引导参与活动的传承人、带头人、相关企业，树立"非遗"保护的理念，严守质量把控，爱惜地区"非遗"产品的声誉，避免滥用"非遗"，严禁销售不符合国家规范的产品。另外，相关部门也应加强舆情的监管跟踪，及时对发生的问题做出妥善处理。

（四）"非遗"购物节的开展，需要线上和线下并行

在线上活动方面，通过"非遗"产品预售、折扣、拼团等方式灵活开展，做好预热。对已有一定口碑和销量的"非遗"工坊，可以利用其自带的流量，对活动进行宣传；对符合条件，但未设立线上店铺的工坊，要协助其对接电商平台。在线下活动方面，在做好疫情防控工作的同时，结合各地文化特色，充分结合景区、历史文化街区等，进行线下活动的开展。通过主会场上线各大电商平台，分会场组织线下"非遗"产品集市、文化表演、市集直播等方式，将线上线下进行串联，打造热闹的购买氛围。

（五）"非遗"购物节的开展，需要进行大力的宣传报道

通过电视、报刊、宣传片、微信公众号等各类媒体，进行广泛的报道，扩大购物节的知名度和影响范围。鼓励各地区制作本地区的"非遗"产品目录和宣传手册，为本地区的"非遗"产品拍摄宣传片，充分讲好产品故事。鼓励各店铺积极运用新媒体，借助公众号、bilibili、抖音、快手等平台，持续深入地宣传"非遗"产品。鼓励地方电视台、报刊等媒体，制作"非遗"产品专栏节目，多平台进行播放。各地市的相关部门也应做好宣传稿件、视频的统计工作，对在宣传方面做出杰出贡献的单位、商家或个人进行奖励，从而营造地区上人人关注"非遗"传承，人人了解"非遗"故事，人人参与"非遗"电商购物节的氛围。

第六章　非物质文化遗产的品牌化战略

第一节　品牌化与"非遗"的活态保护与传承

非物质文化遗产是中国优秀传统文化的精华凝聚，是中华文化优秀基因与文化根脉保护与传承工作的主要对象。习近平总书记多次强调：要保护与传承中华优秀传统文化，重点有两个方面，一是赋予时代内涵；二是创造性转化与创新性发展。基于此，笔者秉承"非遗"活态保护与传承宗旨，关注"非遗品牌化发展"问题，对"非遗"践行"创造性转化""创新性发展"进行研究，期待使中华民族优秀文化基因与当代文化相适应、与现代社会相协调，彰显"非遗"魅力，赋能地区发展。

一、"非遗"的活态保护传承：从生产性保护到产业化发展

"非遗"蕴含着人类发展进程中的卓越智慧和认知经验，寄托着特定族群世代持续的刚健有为、自强不息等精神内涵，是人类优秀传统文化基因的凝聚与活态表现。对中国"非遗"文化的保护与传承不仅是彰显中华文化基因，突出中国特色的需要，更是"再次创造"与延续中华文化文脉的需要。

（一）中国的"非遗"保护与传承工作

作为拥有着悠久历史和丰厚文脉的文明古国，中国拥有着世界上最多的"非遗"项目，是名副其实的"非遗"大国。

1. 中国主动融入世界"非遗"工作

早在 2003 年，为保护全球文化多元化状况，联合国教科文组织全球委员会审议通过《保护非物质文化遗产公约》，明确要求政府提名、编辑、更新、保护人类"非遗"代表项目的名录。对此，中国遵照公约要求，持续、积极向联合国教科文组织申报了"非遗"项目。据统计，截至 2020 年 12 月，中国被列入联合国教科文组织"非遗"名录的项目总量已经达到 42 项，总数位居全球第一。其中，人类"非遗"代表作 34 项，急需保护的"非遗"名录 7 项，获得优异的实践成果名册 1 项。42 个项目成功入选，体现了当今中国正在逐步增强的履行责任能力与"非遗"保护水平。

表 6-1　中国入选联合国教科文组织"非遗"名录清单

人类非物质文化遗产代表作
昆曲；古琴艺术；新疆维吾尔木卡姆艺术；蒙古族长调民歌；中国篆刻；中国雕版印刷技艺；中国书法；中国剪纸；中国传统木结构建筑营造技艺；南京云锦织造技艺；
端午节；中国朝鲜族农乐舞；妈祖信俗；蒙古族呼麦歌唱艺术；南音；热贡艺术；中国传统桑蚕丝织技艺；龙泉青瓷传统烧制技艺；宣纸传统制作技艺；西安鼓乐；
粤剧；花儿；玛纳斯；格萨（斯）尔；侗族大歌；藏戏；中国针灸；京剧；中国皮影戏；中国珠算；二十四节气；藏医药浴法；太极拳；送王船；
急需保护的"非遗"名录；
羌年；黎族传统纺染织绣技艺；中国木拱桥传统营造技艺；麦西热甫；中国水密隔舱福船制造技艺；中国活字印刷术；赫哲族伊玛堪；
优秀实践名册；
福建木偶戏后继人才培养计划。

（资料来源：中国非物质文化遗产网）

2. 中国积极展开自身的"非遗"工作

2001 年昆曲入选联合国教科文组织"人类口头和非物质遗产代表作",正式拉开中国的"非遗"保护与传承工作。到 2021 年《中华人民共和国非物质文化遗产法》颁布十周年之际,中国的"非遗"工作取得了巨大的成就——除了积极申请加入联合国教科文组织的非物质文化遗产名录外,国内构建了自国家到省、市县四级系列"非遗"名录体系,地方文化的代表性项目不断增加,代表性"非遗"传承人越来越多,对"非遗"的重视与保护观念深入人心。此过程中,中国的优秀传统文化得到全面梳理、保护和发展,并且逐步激发出国民对中华文化的自信心和自豪感。[①]

(1)健全相关政策法规体系

2004 年中国人大常委会正式批复了联合国教科文组织提出的《保护非物质文化遗产公约》,此后颁布了《国务院办公厅关于加强我国非物质文化遗产保护工作的意见(国办发〔2005〕18 号)》《国务院关于加强文化遗产保护的通知(国发〔2005〕42 号)》《国务院关于同意设立"文化和自然遗产日"的批复(国函〔2016〕162 号)》《中华人民共和国非物质文化遗产法(中华人民共和国主席令第四十二号)(2011)》《关于实施中华优秀传统文化传承发展工程的意见(2017)》《国务院办公厅关于转发文化部等部门中国传统工艺振兴计划的通知(国办发〔2017〕25 号)》等一系列重要的"非遗"保护与传承文件。

(2)全面推进"非遗"项目的登记与核批工作

我国积极推进"非遗"项目的申报与核批工作,对我国"非遗"进行基础性摸底;同时也便于集中有限资源,重点维护保存那些能够体现与代表中华民族优秀传统文化,具有历史、文学、艺术、科学价值的"非遗"项目。

---

① 马知遥、刘智英、刘垚瑶:《中国非物质文化遗产保护理念的几个关键性问题》,《民俗研究》,2019 年,第 6 期,第 39-46 页。

国务院于 2006 年、2008 年、2011 年、2014 年和 2021 年分别公布了五批国家级"非遗"代表性项目名录，总计 1557 个项目，3610 个子项目。这些国家级"非遗"项目主要涵盖了十大门类，分别是：民间文学，传统音乐，传统舞蹈，传统戏剧，曲艺，传统体育、游艺与杂技，传统美术，传统技艺，传统医药，民俗。同时，加强代表性传承人保护。2007 年、2008 年、2009 年、2012 年、2018 年，国家文化主管部门先后命名了五批国家级"非遗"代表性项目代表性传承人，共计 3068 人。

（3）探索与实践"非遗"保护与传承理念方式创新

《中华人民共和国非物质文化遗产法》明确规定，对于那些具有重要保护和研究价值和鲜明时代特征的文化形态的"非遗"项目要进行整体性保护，据此，在全国设立文化生态保护区，是为我国在"非遗"保护方面的一大创举。2007 年，文化部（现文化和旅游部）设立了我国首个国家级文化生态保护实验区——闽南文化生态保护实验区。2019 年 12 月，文化和旅游部将闽南文化生态保护实验区等 7 个保护实验区正式公布为国家级文化生态保护区。截至 2020 年 6 月，我国共设立国家级文化生态保护区 7 个，国家级文化生态保护实验区 17 个，涉及省份 17 个。

（二）"非遗"的"活化"探寻：从生产性保护到产业化发展

有学者提出要让包括"非遗"在内的传统文化成为一个"开放的系统"，要在保护传统文化的时候，推进其当代文化的创造参与，"使传统文化继续并持续变现为有可辨识性的地方和民族特色的现代形态"①。某种程度上说，这给予了我们从"非遗"的"生产性保护"到"产业化发展"举措探寻的内在逻辑。

---

① 章建刚：《制度创新推动文化发展繁荣》，昆明：云南大学出版社，2013 年，第 66 页。

1. 中国对"非遗"的三种"保护"

随着"非遗"工作的实际进行与过程需要，在始终秉承"保护为主、抢救第一、合理利用、传承发展"的方针指导下，中国对"非遗"的保护意识也是在不断地发生改变，进而影响到具体"非遗"的保护方式。目前为止，被广泛认可的中国"非遗"保护方式主要有三种：一是进行抢救性保护；二是进行生产性保护；三是进行整体性保护。

抢救性保护，主要是针对濒危遗产和年事已高、年老体弱的传承人开展的一种急迫的保护工作。它主要依托科技手段，如摄像、摄影、文字、图片等方式把特定的"非遗"文化与"非遗"传承人技艺记录下来，最后整合为一个大数据，给予数字化保护。

生产性保护，其理念如同文化和旅游部提出的"见人见物见生活"。亦即对特定的，符合要求的"非遗"文化类型，借助现代生产、流通与销售等手段，实现"非遗"的产品化，以维持该文化的活态存在与发展。一般认为，传统的技艺、民间美术和中医药的药物炮制技艺等适合采用生产性保护。因为这些项目本身就有生产属性、商品属性和市场属性，但前提和底线必须是核心的工艺流程和手工制作的始终如一，要正确处理保护和利用的关系，坚持"非遗"保护的真实性和整体性，在有效保护的前提下合理利用，防止对"非遗"的误解、歪曲或滥用①。

整体性保护，是中国在"非遗"保护与传承工作过程中的理念创新与实践探索。它主要是基于"非遗"文化与其环境生成的有机关联，而将"非遗"保护从单一的项目性保护转向与该文化相关的自然和人文生态的整体性保护。在此方面，如前所述，国家级文化生态保护区的设立可以说是基于此种理念而对"非遗"保护工作的一大创举。

① 国务院办公厅:《关于加强我国非物质文化遗产保护工作的意见》。

表6-2 国家级文化生态保护区名录

国家级文化生态保护区	国家级文化生态保护实验区
闽南文化生态保护区（2019-12）	羌族文化生态保护实验区
徽州文化生态保护区（2019-12）	客家文化（梅州）生态保护实验区
热贡文化生态保护区（2019-12）	晋中文化生态保护实验区
羌族文化生态保护区（2019-12）	迪庆民族文化生态保护实验区
武陵山区（湘西）土家族苗族文化生态保护区（2019-12）	大理文化生态保护实验区
海洋渔文化（象山）生态保护区（2019-12）	陕北文化生态保护实验区
齐鲁文化（潍坊）生态保护区（2019-12）	铜鼓文化（河池）生态保护实验区
	黔东南民族文化生态保护实验区
	客家文化（赣南）生态保护实验区
	格萨尔文化（果洛）生态保护实验区
	武陵山区（鄂西南）土家族苗族文化生态保护实验区
	武陵山区（渝东南）土家族苗族文化生态保护实验区
	客家文化（闽西）生态保护实验区
	说唱文化（宝丰）生态保护实验区
	藏族文化（玉树）生态保护实验
	河洛文化生态保护实验区
	景德镇陶瓷文化生态保护实验区

（资料来源：中国非物质文化遗产网）

2. "活化"视角下的"非遗""生产性保护"与"产业化发展"

"活化"一词的出现最初就是源于对"非遗"商品化的思考。据说在美国国家公园服务指南的出版物中就首次出现了"活态历史""活态遗产"的提法，大意是指通过外在的表演来复原历史。后来，中国台湾学者借由台湾产业遗产的开发运用正式提出了此概念，再经由东南大学教授喻学才引入大陆①。国内学者对"非遗"活化的研究最初集中于对民俗遗产的保护。为了避免将民俗遗产抢救和保护工作变成单纯的"搜集—整理—归档"的静态抢救和保护，提出要"活态化"地抢救和保护，即将民俗文化"活化"，通过人的

---

① 喻学才：《遗产活化论》，《旅游学刊》，2010年，第4期，第6-7页。

参与和身体力行传承，使遗产扎根民间，保存民间[1]。综合学术界和业界观点，可以认为：对于"非遗"文化的"活化"是对有形或无形历史文化遗产进行多样的、全面的、动态的，符合时代发展潮流、符合大众审美，具有教育性、信息性、经济性等的开发，使其具备现代功能与时代价值，从而谋求文化遗产的"活态"保护与传承。

（1）"生产性保护"与"产业化发展"的目标一致

国务院在《关于加强非物质文化遗产生产性保护的指导意见》中明确表示期望通过"非遗及其资源转化为文化产品"来实现其"活态保护与传承"。例如山东泰山皮影戏，借助生产性保护，目前已经形成了一条完整的产业开发链，年产值逾二百多万元。而"非遗"的"产业化"发展则是指利用"非遗"文化资源发展文化产业[2]。在这里，所谓的"文化产业"实际上就是"产业化"的属概念，是以文化资源为核心要素，由资本驱动，依照市场规律运行的文化产品生产、传播与流通产业[3]。"非遗"之所以能够成为文化产业的核心资源，在于其历史价值与时代内涵被创造性发掘与释放出来。同时也正是因"非遗"的产业化实践，使其得以持续融入现代社会生活而实现其"活态保护与传承"。所以，无论是"生产性保护"还是"产业化发展"，目标都是一致的。

（2）"生产性保护"与"产业化发展"各有偏重，但路径趋同

中国对待"非遗"的基本态度就是"保护"，但也同时要求"合理利用、传承发展"，"生产性保护"的概念亦由此而来。但"生产性保护"措施主要是针对传统技艺、传统美术与传统医药药物炮制类"非遗"，国家明确要求

① 王丽、章柏平、何环芬等：《基于遗产活化的文化遗址公园开发测评——以南京明孝陵为例》，《安徽农业科学》，2014年，第22期，第7477–7480页。
② 胡妍妍：《河南非物质文化遗产的产业化问题探析》，《中州学刊》，2015年，第8期，第87–89页。
③ 房勇、周圆：《论我国文化资源的产业化开发》，《山东社会科学》，2016年，第11期，第175–180页。

"在具有生产性质的实践过程中，以保持"非遗"的真实性、整体性和传承性为核心，以有效传承"非遗"技艺为前提，借助生产、流通、销售等手段，将"非遗"及其资源转化为文化产品的保护方式。"显然，国家期待通过这些生产性质的技艺文化产品化，首先尝试实现其在现代社会的生存价值与可持续发展。另一方面，从文化产业的视角来说，大多数的"非遗"文化资源（包括技艺项目以及之外的舞蹈、音乐、民间文学、书法、民俗、体育游艺等其他"非遗"项目）是可以通过产业化途径而创意开发出具有时代内涵而又不失自身传统神韵和精神内核的文化产品，并通过市场运营而加以价值实现的——最终实现由"非遗"走向市场，再由市场反哺"非遗"的良性循环发展模式。从"东北二人转"发展起来的本山传媒和从云南民族民间舞蹈发展出来的《云南印象》正是这一模式的经典体现。综此，可以看出尽管对"非遗""活化"的关注内容不尽相同，落脚点也各有侧重——生产性保护更加关注"非遗"技艺的保护与传承，而产业化发展显然更强调"非遗"文化资源的经济价值开发，但是二者的作用层面是相互补充，实施路径是逻辑趋同的。

（3）"生产性保护"与"产业化开发"均需以"非遗"的"保护"为首要前提

在实践中，无论是"生产性保护"还是"产业化发展"，最难处理的就是"非遗"文化项目的真实性、完整性与传承性与复杂的市场经济环境的对冲。由于"市场"的介入，"非遗"的价值实现容易出现混乱。其中最常见的问题就是——片面追求"非遗"项目经济价值的开发，忽视了文化价值的传承。例如，福建的传统技艺——柘荣剪纸，为了逐利，有人粗制滥造，以"刻纸"替代"剪纸"，久而久之，剪纸背后所承载的地方民风、文化色彩以及人的品质精神等传统的东西就没有了。此外，在"非遗"的产业化过程中，或因市场改变技艺、盲目过度开发、生产关系的改变而迫使传承人丧失传承技艺的自主权等，都可能导致"非遗"项目变得粗鄙化、趋同化，丧失其文化价值。

同时当"非遗"传承人继承并发展着传统工艺,但因为市场的种种原因难以生存,在生存和市场的双重压力下,"非遗"传承人很难做到不因为市场的诱惑使得珍贵的手工技艺尘封,去生产批量化、简单化的作品。因此在"保护为主、抢救第一、合理利用、传承发展"的方针指引下,要达到"非遗"的"活化"目标,就必须首先关注"非遗"的"社会价值",科学合理的推动"非遗"项目在"生产性保护"和"产业化"运行的过程中兼具文化与经济这两种价值,并通过"非遗"的"活化"实现其综合的社会效能。

二、品牌化之于"非遗"活态保护与传承的积极意义

品牌化是市场竞争的必然产物,也是"非遗"的产品化与产业化,进而实现活态保护与传承的核心要素。根据《中国非遗及其产业发展年度研究报告(2018—2019)》,2018年中国"非遗"产业规模保守估计为1.4万亿元。苏绣被绣进表盘;鹤年堂开发中医养生文化,研发了养生茶、面膜、眼贴等新产品;歌手阿朵带着土家族乐器"打溜子"从热门综艺《乘风破浪的姐姐》出圈;为庆祝《哈利·波特》系列电影诞生20周年,华纳兄弟影业携英国驻华大使馆,发布了由多位非物质文化遗产传承人用不同技艺重现魔法场景的视频;藏羌织绣传承人杨华珍与植村秀、星巴克等国际品牌合作,为产品量身定做设计;新浪微博"遇见非遗"话题阅读量达18.1亿;快手官方公布的数据显示,平台每3秒就诞生1条与"非遗"相关的视频……种种迹象都显示"非遗""火"了。而"火",意味着随着品牌的运作,"非遗""活化"在现代市场中了。

(一)品牌

根据《牛津大辞典》的解释"品牌是用来证明所有权,并且作为质量的标志,或其他用途",也就是说品牌是区别商品、商家的一种手段。这一功能

源自原始社会后期，人们通过在物品上留下烙印，将物品与其他人的物品区别开来。例如，西班牙地区的部落氏族，为了区分各自拥有的牛马，而对自己的牲口家畜等烙上不同的标记。到了中世纪的欧洲，一些手工艺制作者或者工匠也开始在自己制作的东西上打上烙印，使顾客能够辨别出不同制作者的产品。同样的原因，中国的手工业者们也竞相使用标记来达到市场区分的目的。例如，目前能找到的中国最早的商标——宋代山东济南刘家功夫针铺的"白兔"标记。

现代意义上的"品牌"概念诞生于 1865 年，与工业化大生产及市场竞争的演进紧密关联。最早的现代意义的品牌源自宝洁公司的"IVORY"香皂。到了 1932 年，随着品牌经理制的推行，品牌已成为商业市场中最重要的概念，这是产业竞争的必然结果；基于品牌的管理模式也成为现代营销的重要标志之一。

同传统的商业标记相比，"品牌"是在商业标记的基础上更加关注与构建生产者（供给者）与消费者（需求者）之间的心理契约。随着时代的发展，消费者面对众多的品牌有不同的评价，在消费过程中形成了对某个品牌的依赖，也就是品牌忠诚度。为此，有必要进行品牌经营，以更好地帮助其所有者实现商品的销售与市场影响力拓展，让竞争力提升。

目前，国内外关于品牌的概念并没有统一的界定。各个学者和专家们因为角度不同，其观点也不同。美国著名广告专家大卫·奥格威认为："品牌是一种错综复杂的象征，它是品牌的属性、名称、包装、价格、历史、声誉、广告风格的无形组合。同时，品牌也因消费者对其使用印象，依据自身的经验感受而有所界定。"而世界知名市场营销之父菲利普·科特勒认为："品牌是一个名称、名词、符号或设计，或者是它们的组合，用以识别某个销售者或某群销售者的产品或劳务，并使之同竞争对手的产品和劳务区别开来。"[1] 无论

---

① 韩红星、余阳明：《品牌学概论》，广州：华南理工大学，2002 年，第 8 页。

表述如何，一个无可争辩的事实是：品牌最持久的含义和实质是其价值、文化和个性；品牌是企业长期努力经营的结果，是企业的无形载体。

需要关注的是，从品牌要素的构成有两个方面：一种是有形的，也就是说品牌的具体产品、名称、标志、包装等；另一种是无形的，包含品牌承诺、品牌个性、品牌形象以及消费者长期的品牌体验等无形要素。对于品牌经营者而言，后者更可能是品牌价值提升的着力点。应认识到品牌的"由弱到强"，实际上就是品牌无形要素价值的提升，也是品牌运营或者说"品牌化"的重要方面。

（二）品牌化

所谓的"品牌化"是指通过品牌的建设、维护与管理推动品牌成长，使之提升商业价值，有助品牌主体获得并保持市场份额[1]。品牌化指一个品牌从无到有、从弱到强的过程。通常认为，品牌化是品牌塑造中的重要一步，其目的是为了给予产品附加价值，为后续的品牌经营奠定基础[2]。

之所以需要通过不断的"品牌化"推动品牌主体对品牌建设的不断着力，其根本原因在于作为现代商业市场最重要的元素，品牌对产品/服务的市场营销与价值实现具有不可替代的作用。首先，它的商业标识功能帮助消费者明确商品/服务的来源，从而促进消费者的购买选择与决策；其次，品牌是卖方市场时代供需双方关于消费商品/服务的心理契约，蕴含着双方对于供给商品/服务的品质、特性与核心价值等的一致印象与默契认可，从而成为商品/服务价值认定的保证及营销策略确定的基本依据；最后，品牌本身亦是重要的无形资产，因其所包含的品牌文化、品牌价值、品牌承诺、品牌个性

[1] 米勒、缪尔：《强势品牌的商业价值》，叶华、周海昇译，北京：中国人民大学出版社，2007年，第133–142页。

[2] 杜艳菊：《重庆非遗资源品牌化研究》，重庆：重庆工商大学，2017年，第77页。

以及与消费者之间的心理粘连，及至品牌忠诚的存在等而使得品牌本身就可以是巨大的资本财富，是经营者的"摇钱树"。例如，依据 2020 年 BrandZ 发布的最具价值全球品牌 100 强排行榜显示，亚马逊的品牌价值达到 4158.55 亿美元，位居最具价值全球品牌第 1 名；其次是苹果（3522.06 亿美元）和微软（3265.44 亿美元）。在这份榜单中，中国品牌的成绩非常醒目——不仅全年共有 17 个品牌进入百强，是上榜品牌数量第 2 的国家；同时中国上榜品牌的价值合计增长了 16%，几乎是全球增速的 3 倍。榜单显示，阿里巴巴（第 6 名）是中国最有价值的品牌。抖音首次上榜，以 169 亿美元的品牌价值排名第 79 名，是今年五个新晋品牌中排名最高的。

从实践流程来说，品牌化的过程主要包含三个方面：一是根据商品特性设计令人印象深刻的品牌符号；二是在市场中形成品牌的内在认同体系，构筑供需双方关于标的商品或服务的心理契约；三是以追求正向持续的品牌效应为目标确定品牌未来的发展战略。在这个过程中，建议品牌的创建者顺应时代发展的潮流，不断为品牌赋予新的内涵与外延，并建立独特的品牌形象。例如，可以通过挖掘品牌内在文化、塑造丰满的品牌形象、了解市场需求形成品牌延伸等方式。

（三）品牌化对"非遗"活态保护与传承的重要意义

通过"非遗"的品牌化构建与传播，既能够实现"非遗"生产性保护的目的，又能够挖掘"非遗"的时代内涵，创新性地实现其现代市场价值。

1. 品牌化激发"非遗"发展原动力，活态践行"非遗"保护传承

基于将"非遗"资源产品化的实践，可以认为通过品牌建设与传播，"非遗"能够获取发展原动力，把外在的政策优势和经济力量的优势协调起来，把自身文化积淀都发挥出来，协调"非遗"传承与发展的关系，在保护"非遗"的同时实现"在传统上创新，在品牌下发展"。比如，梁平竹帘与蓝牙音

箱结合、蜀绣与牛皮结合推出新的产品，以一种新的面貌走进了寻常百姓家，起到了"1+1>2"的效果。事实证明，只有让"非遗"具备现代功能，体现时代价值，"非遗"的"活化"才具有现实基础。同时在"非遗"品牌塑造与传播的过程中，也将有效增加大众对"非遗"的了解与体会，从中感悟民族优秀传统文化的魅力，提升民族自豪感，增强民族自信心与认同感，吸引更多的年轻人投身于"非遗"保护与传承的事业当中。

2.品牌化推动文化生产力实现，持续传播、传承"非遗"文化

品牌化是实现"非遗"项目的活态传承的一条可行路径。基于市场经济的实践证明，品牌塑造与品牌建设对"非遗"的产业化开发与长远发展是非常有必要的，能够推动"文化遗产"向"文化生产"进行迁移。可以首先筛选有条件产业化运作的"非遗"项目，根据"非遗"的特点与优势制定相应的"非遗"产业化方案，通过品牌传播将点聚合成面，整合"非遗"资源，开发"非遗"产品，并形成品牌效应与产业集群。现实证明，许多"非遗"都具有经济属性，可以通过适当的商业化实现"非遗"的"反哺"，通过品牌传播增加其知名度与美誉度，进一步实现"非遗"的活态传承。例如，企业让更多来自全国各地的"非遗"文化传承者和其他"非遗"传承项目的旅游产品可以通过网络直播实时进行产品展示、销售；多地通过"互联网＋非遗"大数据技术平台、"非遗"文化博览园、国际"非遗"文化论坛、创意文化城市、创意文化经济等多种形式拓宽"非遗"的产业范围和文化外延，打造多功能的"非遗"产业集群，提升"非遗"影响力，甚至实现"非遗"国际化。

3.品牌化融合互联网时代特征，科学进化"非遗"保护与传承

互联网经济时代下的中国品牌化发展模式，不仅可以使得"非遗"项目实现自身的市场价值，同时还使得"非遗"文化更快、更好地传播。例如2018年10月，深圳市举办"首届深圳非物质文化遗产周"，开展了多元化的

"非遗"产品展示、表演、论坛、竞技以及比赛等系列活动，将深圳周边的多个同类"非遗"项目全部集合在一起，形成一个"非遗"文化品牌，从而产生规模效应。同时，企业还可以利用现代移动端和互联网信息技术搭建诸如"非遗金融""非遗教育""非遗文创"等新兴的"非遗"产业化平台，打造集"非遗"融资、教育、展览、交易等多种功能的"非遗"综合性平台，最大程度上发挥"非遗"产业化所能够带来的社会经济效益和其他社会效益，有助于推动其文化资源产业化开发利用的进程。

4. 品牌化助解知识产权难题，积极完善"非遗"法理保护

2000 年，世界知识产权组织成立了"知识产权与传统知识、遗产资源和民间文学艺术政府间委员会"，旨在解决传统文化与知识的保护问题。而当下，在知识产权框架下保护"非遗"已成为国际共识。对"非遗"的品牌化运作实践为践行这一国际共识提供了可行的方向：一是通过政府宣传与市场运作，提升"非遗"的品牌形象，提高其市场知名度与社会影响力，从而使得"非遗"获得更大的生存发展空间，能够有效降低模仿侵权者的侵权概率；二是实施"非遗"的品牌化运营，通过商标注册、专利、专有技术与商业秘密等法规明确保护下的知识产权要素运作，不仅有利于"非遗"的文化内涵等核心要素不被歪曲、肢解或异化，而且有助于市场环境下的"非遗"商业价值流转与变现。

5. 品牌化孵育"非遗"跨产业融合，赋能地区文化经济一体化发展

"非遗"与其他行业的跨界融合有利于地区特色的整合传承以及社会经济一体化发展。市场上最常见的是将"非遗"与旅游结合开发。例如，常山战鼓的发源地正定曾多次举行全国战鼓比赛，在举行比赛的同时，不仅可以带动本地区的旅游产业，同时也对区域品牌的塑造有一定作用。除此之外还可以打造"非遗"体验旅游区，融合该地区的自然风光与独具特色的民族文化，实现人文生活景观、创意产业园等为一体的体验式参观园。通过开发新形式

的体验旅游区，可以吸引更多年轻人的关注，同时也是对"非遗"品牌的一种宣传，并带动区域的综合发展。

第二节 "非遗"的品牌化成长

随着全球化与现代化的加快，中国的文化生态也随之变化。一方面力避非物质文化遗产受到愈演愈烈的冲击，已成为当下传统文化保护的重中之重；另一方面，文化产业大发展为"非遗"从"生产性保护"到"产业化发展"提供了新时期活态保护与传承的可行路径和市场空间。因此，秉承"保护为主、抢救第一、合理利用、传承发展"方针，以"品牌"为引领，以"运作"为主题，有条件的"非遗"正尝试从"文化遗产"到"文化生产"，进而实现传统优秀文化"活化"的目标。

一、"非遗"的品牌化探索

中国对"非遗"的产品化和商业化利用早已有之。比如传统戏剧、评书、相声等，这些"非遗"历史上本来就是通过商演的方式"走市场"的。典型的像民国时期的"老北京"，诸多的"非遗"成为个体赖以"谋生"的手段，结合到人们的日常生活与生产中，并不断发生发展。著名评述艺术家连阔如在《江湖丛谈》中评论："不怕某处是个极冷静的地方，素日没有人到的，只要将江湖中生意人约去，在那个冷静地方敲打锣鼓表演艺术，管保几天的工夫就能热闹起来。① "这里的"江湖卖艺"，实际上大多数就是基于"非遗"的商业形式。

中华人民共和国成立后的公私合营改造在很大层面上改变了传统社会里

---

① 连阔如:《江湖丛谈》，北京：当代中国出版社，2005年，第106页。

围绕"非遗"而构建的利益主体关系①。例如，公私合营取消了"非遗"传承中的"角儿"，改造了"师徒制"，导致许多传统中国下的"非遗"文化的民间保护与传承方式被改变。同时计划经济体系的建设也使得将"非遗"作为"谋生"方式的商业形态被限制，进而影响到"非遗"与日常生活的接轨与活态发展。

　　结合实践来看，"非遗"的产品化及商业化品牌运作与中国文化产业的发展历程是紧密相关的。毕竟"非遗"作为传统文化的精髓体现，本身就是文化产业的主要资源来源。尤其来自美国文化产业资源挖掘与产品推广的先进经验，如以中国古代传说为题材，结合多样化中国传统文化元素拍摄的大片《花木兰》《功夫熊猫》等，在文化资源挖掘与市场价值实现方面堪称典范——都给予了国内"非遗"文化资源生产性保护与产业化开发的产品设计灵感。近年来国内"印象·刘三姐""云南印象""印象大红袍"等歌舞产品就是利用广西、云南、福建的"非遗"资源进行成功创意开发的典型案例。此外，尤其值得关注的是旅游业中对于"非遗"文化的集中性产品化开发与商业性运用。这其中最多的是对"非遗"文化品牌的现实传播探讨。例如帅志强②、卞小燕③、杨勇④、燕扬⑤、王节⑥、阳波⑦等主要配套旅游业开发的"非遗"文化挖掘与品牌化运作探讨。

---

① 高峰：《试论中国非物质文化遗产的品牌化传播》，《北京联合大学学报》，2021年，第1期，第64-69页。

② 帅志强：《打造世界妈祖文化品牌的传播策略》，《莆田学院学报》，2010年，第6期：第6-9页。

③ 卞小燕、吴灵姝：《非物质文化遗产产业化经营的品牌策略研究——以南通印蓝花布为例》，《九江职业技术学院学报》，2010年，第12期，第76-78页。

④ 杨勇：《格萨尔王唐卡文化皮那批传播与衍生品开发》，湖南大学硕士学位论文，2011年。

⑤ 燕扬：《临淄蹴鞠文化品牌塑造与推广模式研究》，成都体育学院硕士学位论文，2014年。

⑥ 王节：《非物质文化遗产品牌传播策略研究——以阜阳剪纸为例》，《知识经济》，2018年，第13期，第5-6页。

⑦ 阳波：《非物质文化遗产视角下滩头木版年画的品牌传播研究》，《科技传播》，2019年，第14期，147-149页。

自从党的十六大将文化事业和文化产业作为相互关联的两个重要概念正式提出来后，无论从"生产性保护"还是从"产业化发展"的角度来说，创意挖掘"非遗"文化内涵，开发"非遗"文化产品并将之依托市场实现价值都成为当下"非遗"活态保护与传承的主流范式。此过程中，品牌作为核心要素，带动中国的"非遗"产品化与商业化走出如下的主要发展路径。

（一）文旅品牌构建与传播

在旅游中开发与运用"非遗"具有天然动机。2018 年 6 月，文化和旅游部部长雒树刚在全国非物质文化遗产保护工作先进集体先进个人和第五批国家级"非遗"代表性项目代表性传承人座谈活动上提出要推动"非遗"与旅游融合发展，充分发挥旅游业的独特优势，为"非遗"保护传承和发展振兴注入新的更大的内生动力 [①]。"非遗"是某一地区人们在生活过程中产生的值得流传的文化和行为，代表这一地区人民的特色，具有强烈的地域性。而旅游，某种意义上来说就是一种体验，体验某一地方独特的风土人情。作为当地文化和价值的象征，"非遗"可以很好地与旅游结合带给消费者最完整的当地体验。同时，"非遗"结合旅游发展，可以创造或者改善"非遗"项目的生存环境，从而实现对"非遗"的整体性保护。例如"非遗＋节庆"的旅游开发模式：江苏南京的秦淮灯会、四川凉山的彝族火把节、湖北郧西的七夕节等"非遗"节日，本身就是民间节日、群体活动，举办这些节日可以促进该"非遗"所蕴含的文化在当代活态传承，达到"非遗"保护目的；同时"非遗"节庆具有特殊的时间、特殊的地点，可以打造成特殊的旅游热点。此外如"非遗＋景区"模式：将当地"非遗"纳入景点线路，让游客获得更加丰富的旅游体验，比如陕西省韩城市加入国家级"非遗"项目"徐村司马迁祭祀"，举办司马迁祠景区"民祭史圣"活动。

---

① 杨红：《非遗与旅游融合的五大类型》，《原生态民族文化学刊》，2020 年，第 1 期，第 146–149 页。

（二）文艺品牌构建与传播

传统的民间音乐、舞蹈、戏剧、曲艺和杂技等都可以被认为是表演艺术类的"非遗"资源。这些"非遗"文化很大程度上受时代的"原真性"影响——在过去听戏、唱曲这是人们休闲娱乐的方式，而现代人随着互联网的出现已经很大程度上改变了休闲娱乐的方式，更多的是看手机、玩电脑。也因此这些代表着过去的休闲方式的传统表演艺术会随着时代的变迁而受到限制，甚至面临着逐步消失的困境。唯有改变，结合当下时代人们喜爱的欣赏方式进行创造性转化、创新性发展，方能重焕光芒。例如，重庆的《印象·武隆》，以濒临消失的"号子"为原型，采用现代光影技术音响效果，带给观众完美的视听享受和精神震撼，对表演艺术类"非遗"文化品牌的塑造有着重要意义。

（三）中医药文化品牌的构建与传播

中医承载着中国古代人民同疾病作斗争的经验和理论知识，是中国特有的医学理论体系。2018年，世界卫生组织首次将中医纳入其具有全球影响力的医学纲要。中医的发展造就了诸多宝贵的"非遗"，"中医针灸"和"藏医药浴法"均被列入世界人类非物质文化遗产代表作名录。在商业化层面也形成多家老字号品牌。例如，位列中医药品牌价值榜第一位的广药集团，旗下有陈李济、中一、敬修堂、采芝林、王老吉、星群、奇星、潘高寿、明兴、光华、何济公、健民连锁12个中医药中华老字号。其中前十个品牌历史超百年。星群夏桑菊、白云山大神口炎清、王老吉凉茶、陈李济传统中药文化、潘高寿传统中药文化、"保滋堂保婴丹制作技艺"等九个项目入选省级和国家级传统中药非物质文化遗产代表性项目。2020年新冠肺炎疫情给世界带来了巨大的影响，面对疫情，人们见识到了病毒的可怕，也看到了中医药的作用。习近平总书记主持专家学者座谈会时指出："中西医结合、中西药并用，是这次疫情防控的一大特点，也是中医药传承精华、守正创新的生动实践。"

（四）文创品牌的构建与传播

近年来，"非遗"元素越来越多地应用于日常生活用品中，进行"非遗"文创化，将"非遗"与文创产品开发相结合，通过规模化、批量化生产，获得较高的经济效益。特别是当下，通过"非遗"与文创结合，通过把"非遗"变得现代化、有创意、年轻人喜欢的样子，能吸引年轻人了解、消费"非遗"产品，从根本上解决产品"需求"问题。这类品牌不仅能促进"非遗"的保护与传承，反之也能为文创产品注入精神文化内涵、更好彰显地域文化，做到兼顾经济价值与文化价值。很多"非遗"项目伴随着创意元素的融入，使古老的"非遗"再度焕发出夺目的光彩，衍生出许多贴近生活、贴近时代、适合当代人审美的文创产品。例如，贵州丹寨锦绣谷，该园区以当地的少数民族"非遗"项目苗绣为核心，打造了"锦绣体系"，包括锦绣谷、锦绣包、锦绣坊、锦绣社，这是一条完整的苗绣生产线，着力解决手工产品的规模化和规范化生产。

整体来说，目前中国的"非遗"品牌化进程正处于高度发展"非遗"项目本身，并尽可能向产品化开发过渡，这个发展现状与我国"非遗"产业化建设和发展的步伐是吻合的。当前中国对"非遗"产品的整体消费快速增长，但低端及同质化的商业化现实却引人头疼。因此推进中国"非遗"品牌化的建设步伐，是促进中国"非遗"活态保护与传承的必然要求。同时"非遗"作为一个国家的优秀文化代表与民族传统工艺文化的新型典范，品牌化可以更好地在全球化进程中推进展现中国文化——这显然有助于国家的文化软实力提升，具有十分重要的社会战略意义。

二、"非遗"的品牌化案例：以福建为例

福建省现有七个入选联合国教科文组织的"非遗"项目；全省国家级"非遗"代表性项目 130 项，国家级"非遗"代表性传承人 143 人；建有国家级非物质文化遗产生产性保护示范基地四个，分别为福建海峡寿山石文化研究院、福建省德化县宏益陶瓷雕塑研究所、厦门惟艺漆线雕艺术有限公司、莆田市善艺李氏工艺有限公司；全省拥有闽南文化生态保护区、客家文化（闽西）生态保护实验区两个国家级文化生态保护区。其中闽南文化生态保护实验区是中国首个国家级文化生态保护实验区。

面对丰富而璀璨的"非遗"文化宝库，在产品开发与商业运作方面，福建省有不少项目已探索出适合市场规律的经营模式。与石雕、木雕、传统食品制作、陶瓷制作、中医药炮制等有关的部分"非遗"项目已形成一定的产业规模。漆艺、软木画、草编等传统技艺，以及一些传统戏剧、曲艺类"非遗"项目也开始有效拓展市场空间，形成新的文化品牌。例如，漳州片仔癀的处方和制作工艺被列为国家绝密级秘密，并被列入国家中药一级保护品种。"片仔癀"注册商标被认定为"中国驰名商标"，成为药品名、商标名和股票名三名合一的经国家批准的特例。再如，蔡氏漆线雕是厦门漆线雕技艺的代表，其第 12 代传人蔡水况，一改早期的漆线妆佛，而采用漆线装饰瓷器盘瓶，使蔡氏漆线雕从濒危的手工技艺变成了精美的手工艺品和高档的礼品，并因此走向品牌化道路，获得了极大的经济收益。

下面以技艺类、民俗类及表演艺术类的福建省著名"非遗"品牌为例，回溯和体验福建"非遗"的品牌化道路。

（一）技艺类——福建武夷岩茶制作技艺的品牌化

1.武夷岩茶制作技艺

"千载儒释道，万古山水茶"，武夷山是世界自然与文化遗产地，是中国著名的茶文化艺术之乡。其独特的地脉、文脉诞生了乌龙茶的始祖——武夷岩茶。武夷岩茶历史悠久，其制作可追溯到汉代，及至宋元时期，更是作为"贡茶"而闻名遐迩。2006年，武夷岩茶（大红袍）制作技艺被正式列入首批国家级非物质文化遗产名录。

武夷岩茶的精髓在于"岩骨花香"，其优良品质除与其自然资源禀赋直接相关外，还与其制作工艺密切关联。武夷岩茶传统制作工序有十道，其中对茶质起关键作用的是"复式萎凋""看青做青，看大做青""走水返阳""双炒双揉""低温久烘"等环节。武夷岩茶制作技艺发展至今经历了千余年历史，最终形成了具有卓越高超技能和鲜明地方特色的一整套完整的非物质文化遗产。

2.武夷岩茶的品牌打造

（1）品牌拓实工作

早在1990年，武夷山有关人士即融合"三九之道"，根据历史典籍、传统故事、民间习俗和传统技法，归纳提炼出一套武夷茶艺，将品茶和观景、赏艺融为一体；随后，有关文艺人员还编写排演很多岩茶采制品饮的歌舞，进一步丰富了武夷茶文化艺术。2003年武夷山成为"中国茶文化艺术之乡"。

2006年武夷岩茶制作技艺入选中国国家级非物质文化遗产名录。2007年开始，武夷山也分批次公布了陈德华、叶启桐等多位武夷岩茶传统制作技艺传承人代表，并配套制定实施了《武夷岩茶大红袍制作技艺传承人管理办法》。

武夷山还投入大量的人力、物力和财力，收集、整理和保存武夷岩茶制作工艺以及茶文化历史的资料文献；挖掘与传统技艺相关的茶艺、喊山、祭茶、斗茶、茶王赛等习俗活动；保护武夷山"中国茶文化艺术之乡"原生态文化景观；实施对武夷岩茶传统制作工艺、传统制茶器具、传统制茶作坊、武夷岩茶主产区古代茶作坊修复和保护工作；整合发展全市茶叶科研机构，在传承发展武夷岩茶制作技艺基础上不断创新发展。

2001年，"武夷山大红袍"获得地理证明商标；2002年，武夷岩茶获地理标志产品保护。

（2）品牌传播推广

第一，严格执行国家颁布的武夷岩茶大红袍制作质量标准和原产地保护规则，加强大红袍证明商标管理使用，确保武夷岩茶传统制作技艺的保护与传承。2019年，政府联合企业建立以地理标志保护为着力点，采用地理标志证明商标和地理标志保护产品商标"两标合一"的管理模式，通过"商品标"和"茶青卡"双重审核，统一制作武夷岩茶地理标志标识，进一步确保岩茶的品质正宗。

第二，宣传推广武夷岩茶品牌。近30年来，武夷山举办了六届"武夷岩茶节"、三届"国际无我茶会"，五届"武夷'正岩杯'岩茶茶王赛"，还承办了14届"海峡两岸茶博会"等系列活动。武夷山有关人员还撰写出版相关茶书，如黄贤庚主撰的《武夷茶艺》，反响良好，在国内外广为传播。

第三，拓展武夷岩茶品牌产业链，打造武夷岩茶广阔产业空间。包括投入2.5亿元建设弘扬武夷茶文化的茶博园，在茶博园内投资1.5亿元由著名导演张艺谋编导的山水实景演出《印象大红袍》，进一步推动武夷岩茶大红袍名扬天下。此外如香江集团还开发了集文化展览、制茶体验于一体的香江名苑特色旅游路线。

3. 武夷岩茶品牌化建设成效

（1）强化技艺传承，宣传推广武夷岩茶

从2000年开始，武夷山政府每年对在茶产业的发展和传统工艺的推广

等方面做出贡献的企业和人员给予表彰、奖励。2010 年，武夷山政府制定了
《关于加快茶产业发展的若干意见》，为武夷岩茶制作技艺传承人提供了切实
的保障。此外，通过举办茶叶交流会与斗茶赛，促进参赛者互相交流经验，
发挥传承人 "传、帮、带" 的作用，提高传承人对传统工艺技能的掌握。

（2）助力乡村振兴，推动产业高质量发展

武夷岩茶已经从一片 "小树叶" 成长为 "大产业"，列入了中国首批优势
特色产业集群。截至 2020 年，武夷山市现有茶山面积 14.8 万亩，涉茶人数
12 万余人，注册茶企业 4560 家，规模以上茶企 31 家，通过 SC（食品生产许
可证）认证企业 834 家，市级以上茶叶龙头企业 33 家，茶叶合作社 236 家。
武夷岩茶品牌强度 905 分，品牌价值 700.17 亿元。"十四五" 期间，武夷岩茶
产业将继续坚持 "生态优先，高质量发展" 的方针，稳步推动产业发展，助
力乡村振兴。

（3）提升品牌价值，打造知名品牌形象

2010 年，"武夷山大红袍" 被认定为中国驰名商标。2016 年，"武夷岩茶"
品牌强度与品牌价值被认定位居全国茶类第 1 名和第 2 名；2017 年，"武夷
岩茶" 获评 "中国十大茶叶区域公用品牌"，同年 8 月，武夷岩茶正式列入中
欧 100+100 地理标志产品互认清单；2018 年，"国家地理标志产品保护示范
区（福建武夷山）" 及 "全国武夷山茶产业知名品牌创建示范区" 喜获批筹；
2021 年，武夷岩茶连续第 5 年蝉联全国茶类品牌第 2。

如今，武夷岩茶已成为中国乌龙茶中极品，中国十大名茶之一，也成为
武夷山不可或缺的支柱产业，是驰名中外、魅力十足的区域文化符号，吸引
着越来越多的海内外人士前来武夷山旅游度假，休闲品茗。

（二）民俗类——莆田妈祖文化品牌的打造与传播

1. 莆田妈祖文化

妈祖，原名林默（娘），出生于莆田湄洲岛，生前经常帮助渔民，28 岁时因救助海难逝世。人们感谢她生前的善举，自发在湄洲岛上立祠祭祀，希望她保佑百姓航海平安。自此，妈祖逐渐成为中国影响最大的航海保护神。2006 年，"妈祖祭典"民俗经国务院批准列入第一批国家级非物质文化遗产名录。2009 年，联合国教科文组织将"妈祖信俗"列入世界非物质文化遗产，成为中国首个信俗类世界遗产。

妈祖文化是以崇奉和颂扬妈祖的立德、行善、大爱精神为核心，以妈祖宫庙为主要活动场所，以习俗和庙会等为表现形式的民俗文化。主要内容涵盖祭祀仪式、民间习俗和故事传说三大部分。湄洲岛是妈祖文化的发源地，是妈祖祖庙所在地。到目前为止，世界上 20 多个国家和地区、国内 30 个省市 500 多个市、县建有 5000 多座颇具规模的妈祖分灵庙宇，每年前往湄洲妈祖祖庙朝拜的海内外游人超过 100 万人次。

2. 莆田妈祖文化的品牌建设与传播

第一，政府主动做好宏观层面的引导与调控。2009 年 10 月，《莆田市加强妈祖信俗非物质文化遗产保护规定》出台，首次以规范性文件的形式将妈祖信俗纳入保护范围；2015 年 11 月，《福建省 21 世纪海上丝绸之路核心区建设方案》提出借助妈祖文化拓展与海上丝绸之路沿线国家和地区的经贸合作与民间信俗交流；2016 年 3 月，"发挥妈祖文化等民间文化的积极作用"列入国家"十三五"规划纲要；2017 年 12 月，莆田市委市政府出台《关于进一步保护好湄洲岛的若干意见》；2019 年 10 月 1 日，《莆田市湄洲岛保护管理条例》正式施行，实现宏观层面的妈祖文化引导与调控，促进文化活态传承。

第二，民间组织发挥作用。在助力政府监管的同时，又帮助企业对妈祖开发的把握。其中中华妈祖文化交流协会表现最为突出，2004年10月，该协会在福建莆田湄洲妈祖祖庙成立，以妈祖信俗遗产项目的文化交流、保护传承、学术研究、传播创新为重点，与全国乃至世界一流的文化团队、研究机构、传播平台和慈善组织合作，推进妈祖信俗文化在世界各地的传播与交流。

第三，企业伴随产品开发实施内容营销，将妈祖文化所蕴含的优秀内涵传递给全世界3亿多信众和广大品牌消费者，甚至于更多的受众。例如，一款妈祖平安香礼盒，其产品推广文案这样写道："香道文化与妈祖文化尽美融合，凸显文化内涵，不单是送礼，更是送文化，送祝福。"在2019年，湄洲岛的金犊奖妈祖文创设计大赛上，参赛作品高达63858件，参与学生超过60万人，参与学校扩增到1148所。

第四，各界联动举办妈祖文化活动，全面推广妈祖文化品牌。"湄洲妈祖巡天下""天下妈祖回娘家""世界妈祖文化论坛"等，每次活动都能吸引当地政府、社会机构、民间组织、妈祖敬仰者、华人华侨、新闻媒体等各界人士参与。每年农历三月廿三期间，世界各地妈祖文化机构都会到莆田谒祖进香，其中台湾地区进香团有600多个，国外进香团有200多个。

3. 莆田妈祖文化的品牌成效

（1）维系同胞亲情，增进国际交流

妈祖文化成为维系同胞感情的纽带，并且随着海峡两岸妈祖文化交流的深入，促使越来越多人意识到两岸同源。当妈祖信仰被列入世界"非遗"名录开始之后，妈祖信仰成为东南亚华人华侨们的信仰，发展成为国际性的民间信俗活动。许多国际友人会不辞辛苦来到中国莆田，感受妈祖的神圣，对中华文化进一步理解与认同。

（2）"妈祖文化＋旅游"，推动经济发展

近几年，湄洲岛着力推进"妈祖文化＋旅游"项目，引进知名文创企业，

建设文创餐厅、海上休闲平台等，开发"妈祖平安礼"系列旅游文创产品 14 类 450 多种，给湄洲岛的旅游业带来了好的发展。据统计，近年来湄洲岛国家旅游度假区旅游接待人数年均增长超过 8%；旅游收入从 1997 年的 0.56 亿元发展到 2018 年 38.57 亿元。

（3）丰富品牌族群，提升品牌影响力

妈祖文化品牌内涵、形象不断提升，品牌族群队伍不断壮大。有以"颂唱妈祖·感恩父母·立志成才·报效祖国"为主题的中华妈祖平安成人礼品牌，有以"心灵契合·两岸和合"为主题的海峡论坛·妈祖文化活动周品牌，有以"争当妈祖人·勤做公益事"为主题的中华妈祖志愿服务品牌，有以"心存善念·行践大爱"为主题的中华妈祖大学堂国学班品牌，丰富的品牌队伍加强了莆田妈祖文化的社会影响力。

（三）表演艺术类——泉州南音的品牌锤炼

1. 国家非物质文化遗产——泉州南音

泉州南音，也称"南曲""弦管"等，是中国现存最古老的乐种之一，有"中国古典音乐的明珠""中国音乐史上的活化石"之称。南音迄今已有千年历史，起源可追溯至唐代，是因由移民带来的中原音乐与泉州民间音乐相互渗透融合，形成的内涵中原古乐韵味和闽南地区文化的音乐。泉州南音于 2006 年入选国家级"非遗"代表性项目名录，2009 年入选联合国教科文组织人类"非遗"代表作名录。

泉州南音用泉州方言演唱，主要以琵琶、洞箫、二弦、三弦、拍板等乐器演奏，其工尺谱记法自成体系，承袭了古代音乐文化。泉州南音由"大谱""散曲"和"指套"三大部分构成，其音乐内容与闽南人的生活密切相关，因此有着深厚的地方基础。南音保留了自晋起至清历代不同类别的曲目，现存有 3000 余首古曲谱，为研究中国古代音乐提供了丰富的历史信息。

2. 泉州南音的品牌建设

（1）整体规划保护，塑造良好品牌生存环境

2004 年，泉州市出台《南音保护与振兴十年规划》；2014 年福建省颁布了《闽南文化生态保护区总体规划》；2015 年泉州市政府制定了《〈闽南文化生态保护区总体规划〉泉州市实施方案》。为保障南音项目传承保护工作的正常运行，泉州市还逐年增加公共财政投入，年均投入 700 多万。同时鼓励社会力量参与南音项目的传承保护，通过捐赠、赞助等形式筹集经费。

（2）南音进校园，建设活态传承队伍

早期南音的传承模式以社团为主，典型者有深沪御宾南音社与安海雅颂南音社。当下，南音开始走入校园，有效促进南音保护传承的专业化、系统化、规范化。1984 年，福建省艺校泉州分校开设了六年制南音班。1990 年开始，泉州市把南音纳入中小学音乐教育课程。之后泉州教育学院、华侨大学、漳州师范学院分别开设了南音培训班、南音代表团、南音学会。2003 年泉州师范学院成立了南音本科制专业，至今已连续 20 余年。

（3）系统整理资料，宣传推广南音品牌

当地整理出版了《弦管指谱大全》《弦管古曲选集》（八卷本）及《弦管过支古曲选集》等南音系列丛书，大大提高南音的知名度；举办泉州南音国际学术研讨会，切实推进省市文化界、学术界对南音的关注；借助科技实施了"泉州南音记录工程"，全面系统录存古曲，只要通过手机扫描二维码即可播放 500 首南音曲目，更方便向全社会推介南音；举办社会活动，宣传推广南音品牌：20 世纪 80 年代开始举办南音国际大会唱，1990 年开始每年暑期均举行中小学生南音比赛，2019 年南音赴台成功举办"福建文化宝岛行——南音进社区"活动等。

（4）创新创意产品开发，赋予南音时代内涵

近年来，市面上有关南音的音像制品、书籍非常丰富。南音乐器随着学

习南音的人的增加，变得更加丰富并融合现代人的习惯。还有南音的文创产品，有的将南音著名常用的乐器做成餐具的样式，吸引顾客购买或浏览。久而久之，南音品牌产生了更大的经济价值。

3. 泉州南音品牌锤炼成效

南音成为泉州"地标性"的文化名片，同时还代表中国的形象，为世界所关注。南音成为亚洲艺术节、海上丝绸之路国际艺术节、世界闽南文化节等重大文化活动的保留项目，吸引了无数海内外弦友聚泉交流。南音的艺术交流会到达新加坡、菲律宾等其他国家，成为宣传中国、与世界他国沟通的桥梁。

南音的品牌化，在社会层面上，提高了群众的关注度，传承保护南音的社会意义逐渐超出"非遗"传承本身，对社会的发展和良好风气的养成都产生积极的影响；在文化层面上，增进了人们对传统乐器与地方性音乐的认知，也增进了人们对泉州地区传统文化以及风土人情的认知；在经济层面上，随着知名度的提高，有了更多的表演机会和报酬，传承人的经济收入有了较大的改善。随着关注的人越来越多，出现了很多南音音像制品、乐器、文创产品等，推动了南音产业化发展。

4. 泉州南音品牌推广的困境思考

泉州南音是传统音乐，用泉州方言演唱，演唱内容也偏本土化，因此比较难在全国范围内迅速地推广和流传。通过努力，泉州南音已经为很多人所熟知，但距离热爱、愿意为他们的相关产品消费还有一定的距离。受众范围相对比较小、产业链条也不是特别成熟。更为严峻的是，南音的文化生存语境已经变迁，创意挖掘其现代意义并予以产品化体现非常严酷地考验着开发者们的智慧。

三、"非遗"的品牌化经验与难题

市场经济环境下，借助现代生产方式和流通手段，把"非遗"资源转化为文化生产力，不仅能够使得"非遗"的现代市场价值得以挖掘和实现，而且能够促进与加深"非遗"的时代融合性，激发其新的生命力，促使其活态传承。概因此，"非遗"的"品牌化"运作成为新时期"非遗"现代化的热点话题。盘点福建"非遗"的品牌化经历，可总结如下。

（一）"非遗"的品牌化经验

1. 政府主导，引领推进"非遗"品牌化发展

在中国，政府始终是"非遗"项目活态传承发展的主导者——从保护物到保护人，实施以人为本；从个体保护到整体保护，构建文化生态保护区；从单纯保护到探索其社会功用的实现，贯彻生产性保护措施；从保护到保护与创新，秉承可持续性发展理念；从政府主导到社会广泛参与，实行多元化保护；随着认识领域的不断扩大，新的保护手段的运用，践行了数字化保护[①]。此过程中，正是基于政府的主导，"非遗"的各个利益关联主体开始围绕现代化与全球化的时代内涵重新整合关系，构建新时期"非遗"活态存在与发展的新形式与新路径。"品牌化"即是这一时期"非遗"市场生命力挖掘的必然结果。

在"非遗"的生产性保护及产业化实践中导入品牌经营理念，实施品牌化运营，不仅能够使"非遗"转化为文化产品，并在市场竞争中顺利实现价值；并且尤为值得关注的是，文化产品价值实现的外溢功能——品牌化意味着知名度和口碑，对于相关产品的关注会直接带动对其背后"非遗"文化的关注热度，从而提升社会对"非遗"的保护与传承意识及行为。同时，对于

---

① 张兆林：《我国非物质文化遗产保护理念的变迁及其现实问题》，《齐齐哈尔大学学报》（哲学社会科学版），2013年，第1期，第22—25页。

"非遗"资源的开发主体而言，作为一种口碑，也是一种自我约束——有利于防止受利益驱使而导致对"非遗"的盲目、过度开发，推动"非遗"的保护和利用双轮驱动，实现文化价值和经济价值的双赢，最终达到"非遗"健康"活化"的目标。例如，厦门的"非遗"项目珠绣工艺就正是在时代发展中通过产品化和品牌化而出口亚欧美50多个国家和地区，为厦门赢得了极为宝贵的美誉度。

2. 人为本，多元践行"非遗"文化活态传承

"非遗"不只包括物质层面的载体和表现形式，更为重要的是在这些物质形式背后的操作技艺、思维方式等非物质形态的内容，因此"非遗"传承人被认为是"非遗"文化的灵魂所在，是"非遗"文化实现创造性转化和创新性发展的关键。国家和地方出台了各种政策支持，比如《中国传统工艺振兴计划》《中国非物质文化遗产传承人群研修研习培训计划（2018—2020）》《福建省非物质文化遗产条例》《福建省省级非物质文化遗产代表性传承人认定与管理办法》。此外，福建还推动福建工程学院增设"历史建筑保护工程"本科专业，黎明职业大学增设"古建筑工程技术"专科专业，并出台《省传统建筑修缮技艺传承人和传统建筑修缮工匠评定管理办法》……种种措施，体现了国家和地方对"非遗"保护与传承中人的作用发挥的重视。

从实践来看，当下"非遗"领域的传承方式从过去依靠血缘、家族等传承方式转向社会传承，将"非遗"传承开放直面社会。从社会吸引"非遗"人才，扩大"非遗"传承人培养范围，让真正对"非遗"有兴趣的人发展"非遗"。随着年轻一代的传承人，特别是受过良好教育的年轻传承人，他们能意识到品牌化能更有效地进行"非遗"的传承和发展。在完成了初始项目和传承人品牌积累后，通过进行产品和企业品牌的打造，因此而取得社会效益和经济效益的双丰收——有了这样的成效，又会带动新一批"非遗"传承人开始进行"非遗"产品和企业品牌的实践。例如闽南和香技艺，当下就

是由闽南梁氏始祖、一代贤相、状元梁克家裔孙、翔安内厝的梁科文来发扬光大的。梁科文被誉为"和香养生继承者和创新者",崇尚"以香养生",其"和香"产品,香氛纯雅,有益养生,深受消费者的赞誉,并得到香道同业的推崇和学习。

3. 意识觉醒,显著带动"非遗"品牌建设成长

无论是"生产性保护"还是"产业化发展",其实质路径都是通过现代生产方式和流通手段,把"非遗"资源的传统价值转化为现代价值并予以持续发展。概因此,从"文化遗产"转为"文化生产"的过程中必然会想到利用"品牌"这一市场核心要素更好地实现"非遗"的传承与发展。而且考虑到"非遗"是饱含时代印记的优秀传统文化精髓,本身天然具备品牌的文脉特性,有助于品牌差异与辨识度打造,这是开展"非遗""文化生产",获得"非遗""市场价值",实现"非遗""活态传承"的市场基础。

当下许多"老字号"的活跃本身就是其背后所蕴含的深厚文化积淀和精湛、独特技艺的传承与创新。例如,福建省福州茶厂就是1925年由当时著名的"何同泰"字号为代表的百余家私营茶行公私合营而成,迄今有近百年的历史。围绕国家级"非遗"——茉莉花茶窨制工艺成就了茶厂产品的精湛品质。长期以来,所生产的茉莉花茶深受国内外消费者喜爱与赞誉,产品内销全国各地并曾外销40多个国家和地区,其中外事礼茶被外交部驻外使馆选为我国外事活动用茶;国宾礼茶等产品在参加的各类茶展、茶评活动中屡获金奖、特别金奖等荣誉证书、称号。可以看出,福州茶厂的成功不仅是茉莉花茶工艺的传承,还与其服务理念的与时俱进及对品质的高标准追求紧密相关。除了"老字号",当下的市场中,"非遗"的市场化成长还表现在基于"非遗""资源"的挖掘和新型产品、服务的开发。例如,福建南平武夷山的"印象大红袍"大型山水实景表演,就是融合武夷岩茶制作技艺于文化产业、旅游产业之中,与发展区域特色经济结合起来,在"非遗"自身的文创开发及

与相关产业的跨界联合发展中获得时代新生。

4.“互联网+”，科技实现“非遗”品牌宣传推广

传统上“非遗”项目因其地域性而传播有限。未有互联网之前，“民间艺人、传承人现场展示”“非遗展览、专家讲座”等线下活动是主要推广形式。互联网时代下，信息传播更快、范围更广、成本更低。通过“非遗+互联网”，运用高科技手段能更好地保护、整理、收集、记录“非遗”信息；通过“非遗”数字化工程，建立“非遗”云博物馆等，也可以让人们可以在线上浏览“非遗”，无门槛接触“非遗”。

国家《“十四五”非物质文化遗产保护规划》鼓励主流媒体充分发挥新媒体的作用开展“非遗”传播，建设“非遗”传播队伍，形成一批品牌传播项目；适应媒体深度融合趋势，培育一批“非遗”项目和传承人“网红”品牌。以直播为例，该方式可以让本身就有一定知名度的“非遗”品牌更快地积累粉丝。同时，“非遗”传承人借助互联网这一载体传播“非遗”品牌，在“非遗”与民众之间搭建交流平台，可以让民众在参观、体验和消费中切实领略“非遗”的独特魅力，提高保护意识，进一步扩大“非遗”传承的社会基础。此外，借助“互联网+”，亦能够积极推动“非遗”文化“走出去”，推动中国“非遗”文化走向世界。在这方面，最为经典的案例就是美食类自媒体品牌——“李子柒”，其创立的美食短视频走红海内外，相继获得了YouTube平台白银和烁金创作者奖牌。其短视频特色在于结合美食，传播中国文化，讲好中国故事，被《人民日报》评价为“活出中国人的精彩与自信”。

（二）“非遗”的品牌化难题

1.时过境迁，“非遗”的现代化遭遇文化生存语境转换的挑战

非物质文化遗产是历史演变过程中基于特定文化时空的产物，是人类生产生活的文化印记，蕴含着特定民族的文化基因与价值体系。可以说，“非

遗”的形成与发展离不开特定的社会环境。全球对于“非遗”文化保护的共识是尽量维护其“原真性”。如1964年的《国际古迹保护与修复宪章》《关于原真性的奈良文件》都提出“将它们真实完整地传下去是我们的职责”，并因此把“原真性”作为界定、评估和监测文化遗产的一个基本要素。而《中华人民共和国非物质文化遗产法》也明文规定“保护非物质文化遗产，应当注重其真实性、整体性和传承性”。这就使得在今天，要实现“非遗”的活态保护与传承，甚至对其具有现代价值的时代内涵进行挖掘都必然首先受到其产生发展的文化生存语境业已时过境迁的挑战。比如福建泉州的世界级“非遗”——南音以及宁德“非遗”廊桥技艺等已因时代的变迁与技术应用的演变而面临日趋严峻的生存危机。这必然影响到借用现代生产流通手段，实现“非遗”从“文化遗产”转向“文化生产”的应用开发空间；同时也极大地限制了“非遗”的品牌化发展与宣传推广。

2. 义利之争，“非遗”的市场化面临经济开发与文化传承的矛盾

义利之辨，延续千年。中国社会对此问题的基本态度是“义为利先”，强调首先是对“大义”的践行，然后才是对“利”的追求——正所谓“君子喻于义，小人喻于利”。同样，作为民族文化的优秀传统基因，无论是“生产性保护”还是“产业化开发”，都必须以“非遗”的“保护”为首要前提。也就是说，对“非遗”的产品化与市场化运作必须首先强调实现“非遗”文化的社会功能。但在现实中，基于经济价值获取的冲动往往带来“非遗”商业化运作的过度。比如，生产者以假乱真，粗制滥造，直接破坏“非遗”的文化根基；再比如，对“非遗”的低层次同质化开发，可能直接导致“非遗”市场价值与开发前景的双双黯淡。从文化产业的视角而言，之所以将“非遗”作为“资源”进行开发，就在于“非遗”的文化价值和社会功能醒目，有助于“非遗”产品化后的市场前景光大。因此，“非遗”的市场开发与经济价值实际上是依附于其文化内涵和传统价值基因的。如果片面讲求经济价值的攫

取，忽略"非遗"文化的价值传承，可能导致文化基因的破坏与割裂，最终使得"非遗"品牌失去其应有的文化内涵和市场特色，从而丧失市场竞争力。

3. 技艺变迁，"非遗"的"活化"经受工业化与农业化的时代碰撞

在关于"非遗"的"生产性保护"规定中，明确传统技艺、民间美术和中医药的药物炮制技艺等属于其应用范畴。根据"非遗"的"原真性"原则，显然这些传统民间技艺必须真实、完整地传承下去。但需要注意的是，所谓的传统技艺、民间美术和中医药的药物炮制技艺等基本脱胎于农业社会。这些以手工操作为主要内容，讲求个体化、精细化的传统技艺，即使如"日本手工匠倾听者"盐野米松所言，没有手工业之后，才知道原来那些经过人与人之间磨合与沟通之后制作出来的产品，使用起来是那么的适合自己的身体……令使用它的人感到温暖——但也仍然无法抵御成功的品牌运作带来的日益旺盛的市场需求刺激，许多人因此转而采用标准化、流水线作业进行工业化复制和机械性生产。这可能直接损害好不容易建立起来的"非遗"品牌声誉，导致"非遗"的品牌文化因此丧失。比如市面上的"小罐茶"，其经典广告语"小罐茶大师作"被认为是宣传其茶叶是八位"非遗"大师的精心之作，但在 2019 年被市场所质疑，最终被认定为虚假宣传，极大损害了当时如日中天的"小罐茶"市场命运。

4. 市场运作，"非遗"的品牌化践行能力尚需修炼内功

（1）"非遗"传承人与品牌运营人之间的立足点差异

"非遗"传承人即非物质文化遗产项目代表性传承人，是指经国务院文化行政部门认定的，承担国家级非物质文化遗产名录项目传承保护责任，具有公认的代表性、权威性与影响力的传承人[①]。从实践看，大多数"非遗"传承人有着丰富的"非遗"知识与技艺，但不了解市场运营，无法将"非遗"进行品牌化运营。为了获得更好的市场化运作，传承人会与企业合作或者直接

---

① 中华人民共和国文化部：《国家级非物质文化遗产项目代表性传承人认定与管理暂行办法》。

创办企业。传承人可能不直接参与企业的管理,而是将注意力放在"非遗"技术传授和钻研上;企业方则主要基于资本的天然属性而对商业价值具有更高渴求。二者出发点不同,会带来传承人与品牌运营方的冲突。

(2)部分"非遗"的开发与市场需求的对应矛盾

并非所有"非遗"项目都适合产业化、品牌化的道路。一些"非遗"传承脆弱、表现形式独特、民族地域性强,不能像工业化产品能规模化、批量化、标准化生产。将这类"非遗"项目强行打造成品牌,会违背对"非遗"进行生产性保护的原则,并且很难开辟足够的市场来容纳这些所谓的"非遗"产品,市场前景黯淡。

一些"非遗"项目开发过程中以追求产品数量、经济效益为主要目标,粗制滥造、以假乱真,造成对"非遗"品牌形象的破坏。许多"非遗"产品是小企业、小作坊生产,投资不足,规模较小,技术迭代相对落后,企业的发展也是参差不齐,行业管理落后,缺乏行业规范。生产出来的产品质量参差不齐,消耗了消费者对品牌的忠诚度。

还有"非遗"开发与市场需求的错位问题。市场上有许多挂靠"非遗"的产品,呈现出低档次同质化竞争的态势,市场竞争力羸弱;还有的产品内容很好,但包装运营档次低,拉低了"非遗"产品价值,间接影响到人们对特定"非遗"文化的整体观感。

(3)"非遗"品牌延伸薄弱,产业链条短

当下的"非遗"产业化开发以及品牌打造几乎都没有能够摆脱地方特色产品定位的成功范例。这一方面受到"非遗"本身就是源于特定区域文化时空的属性影响,导致如果搬离这种赖以生存的熟悉环境,其文化就是失去原有的韵味,品牌独特性受损,市场发展空间受限;另一方面,也跟既有的"非遗"市场运作的水平相关。无论是从文旅品牌、文艺品牌、文创品牌还是从中医药品牌的视角出发,中国当下在运营"非遗"品牌方面的成效有限,基本都是基于地方特色挖掘的视角开发"非遗"品牌，难以形成产业集群及成熟的产业链，品牌延伸的触角非常短促，跨界发展的成功范例不多。

（4）"非遗"品牌的知识产权难题

非常多的商家打着"非遗"的旗号售卖自己的产品，伤害了真正"非遗"老字号的品牌形象。原因可能是有很大一部分"非遗"传承人文化程度并不高，维权意识较弱，很少将自己的名字、手艺去注册商标等；即使注册了商标，也可能因为维权成本较高、维权手续烦琐等，而难以维权。例如，做武夷岩茶的商家，多半声称源自武夷山经典产地"三坑两涧"，导致一时间市面上全是产自"三坑两涧"的武夷岩茶，其质量良莠不齐，直接损害了整个武夷岩茶产业。因此不能忽略"非遗"的知识产权属性，对其无形资产价值的确认和保护，需要摆上重要位置。要基于知识产权保护的视角探索和建立、健全一系列行之有效的和长效的保护机制。[①]

第三节 "非遗"的品牌化战略建议

"非遗"作为人类文明的智慧结晶，是一个民族的文化特色与传统底蕴，审美意识与艺术追求的集中体现。尽管时空转换，历史变迁中的"非遗"在现代社会的冲击面前许多已经逐渐面目模糊、辉煌不再，但要实现民族优秀基因与文化根脉的保护与传承就必须重视、保护与传承"非遗"。因此，为了重新焕发"非遗"的时代光芒，以品牌为引领，通过现代化的商业手段，带动"非遗"的文化生产力变现是新时期"非遗"活态保护与传承的重要路径与方式。

---

① 吴学安:《"非遗"品牌如何维权》,《神州民俗》(通俗版), 2013 年, 第 1 期, 第 17 页。

一、"非遗"的品牌化战略建议

通过"非遗"的品牌化建设与运作，既能够实现"非遗"生产性保护的目的，又能够挖掘"非遗"的时代内涵，创新性地实现其现代市场价值；同时，在此过程中，借助现代生产与科技手段，宣扬与传播"非遗"的重要意义与文化影响，能够加强民族文化自信，提升民族自豪感，从而真正实现"非遗"在现代社会活态传承与发展的价值。因此，加强顶层设计，从战略层面设计"非遗"的品牌化进程是非常必要的。

（一）构建"非遗"资源开发的适宜性评估体系，实行分而治之的双轨道模式

中华民族具有悠久历史与丰富的"非遗"文化资源，但随着现代化、工业化和城镇化的迅速展开以及全球化的强力冲击，原有的基于农耕文明的传统文化生态架构迅速转变。尽管政府一直采取"非遗"保护与公共文化产品免费供给等形式加大对传统文化的扶持力度，但"被动地保护很难阻挡得住非物质文化遗产在强势文化冲击下的式微势头。另一方面，保护工程投入巨大，而经济产出甚微，数量众多的非物质文化遗产保护全靠政府投入将难以为继"[①]，因此对"非遗"文化的生产性保护与产业化开发亦成为推动"非遗"活态保护与传承的重要举措。但不可否认的是，鉴于文化的双重属性，必然有些"非遗"项目可以作为文化产业发展的资源宝库，而有些"非遗"项目则不适宜进行产业化开发与经营。不加以区分而操之过急的商业化运作一方面可能会造成资源投入的失效与浪费，一方面也会带来"非遗"文化保护和传承的负面影响。

---

① 王松华、廖嵘：《产业化视角下的非物质文化遗产保护》，《同济大学学报》（社会科学版），2008年，第1期，第107–112页。

笔者建议：在"国家＋省＋市＋县"的四级"非遗"文化资源登记与梳理体系之外，在"非遗"文化的生产性保护或产业化开发进入实质运作之前，构建区域"非遗"资源开发的适宜性评价体系——①建立产业化开发的适宜性评价指标体系，以作为"非遗"资源开发的决策参考依据；②组织专家学者和相关各方对"非遗"资源进行实地考察与科学评价，以区分"非遗"资源的分类保护与管理；③对适宜开发的"非遗"文化资源与不适宜走开发路线的"非遗"文化资源区别对待，分而治之。

对于不适宜走开发路径的"非遗"文化项目——主要指通常所说的"弱经济价值非遗"（是指那些欠缺经济价值、不适宜产业化开发的众多不同类型"非遗"项目，尤指民间文学、民间表演艺术、传统手工技艺、传统仪式及节庆等"非遗"项目）[①]，应由政府主动承担责任，尊重并维护其历史文化价值，通过数字化存留、展示及展演传播等方式予以保存与保护；而对于适宜开发的"非遗"项目，则应在正确指导、科学规划和有效监管之下，借助市场的力量进行合理开发和利用。尤其强调发挥品牌建设的引领效用，实现"非遗"资源开发的市场价值拓展与竞争力提升，同时宣扬与传播优秀传统文化基因。例如，福建永春县大羽村将非物质文化遗产白鹤拳包装成鹤寿文化品牌，注册"白鹤拳"商标，形成系列的功夫产品，并带动其村庄综合整治模式特色成型，成为乡村非物质文化遗产品牌开发的一个鲜活样本，并获得了 2016 年中国人居环境奖[②]。当然，在"非遗"文化资源的开发过程中要首先强调的是保护为主，实现保护与开发的协调与双赢。

---

① 刘芝凤、立勇：《弱经济价值非物质文化遗产保护刍议》，《中国人民大学学报》，2018 年，第 1 期，第 20-26 页。

② 李斌：《福建乡村非物质文化遗产品牌价值识别研究》，《海峡科学》，2019 年，第 11 期，第 42-47 页。

（二）树立品牌竞争意识，引领"非遗"产品市场价值的深度与广度
挖掘

最初，品牌的最基本意义在于区分产品。随着竞争的加剧，品牌逐渐演
化为供需双方关于产品／服务的心理契约，成为影响消费者购买决策的关键
因素。概因此，在"非遗"的生产性保护所倡导的技艺产品化以及产业化开
发所普遍践行的资源商业性挖掘过程中，品牌都将对"非遗"关联产品的市
场命运产生关键性作用——直接带动"非遗"产品的市场竞争力提升。甚至
由于品牌的口碑作用与知名度属性，对于"非遗"文化本身的现代传播与推
广传承也起到了重要作用。

笔者建议：在"非遗"资源开发的过程中坚持品牌引领原则，拓实推进
品牌化战略。要赋予"非遗"时代内涵，帮助和带动"非遗"通过产品化回
归民众的生产生活，实现"非遗"传统文化意蕴的时代价值挖掘。强调运用
现代市场理念指导，切实把握消费市场特征，将适宜开发的"非遗""资源"
文化内涵、技艺精髓提炼出来，并通过设计转化为适销对路的文化产品与服
务；遵循文化产业规律，围绕版权开发，进行"非遗"的产品策划、设计、
生产、授权乃至周边产品和服务的开发，推进"非遗"产业圈与产业链的
拓展。

要注重科技与"非遗"产品开发创新的结合。利用现代科技手段创新与
开发"非遗"产品，既有利于"非遗"产品的现代转型，又能够在"非遗"
产品的创意开发中做到汇通古今，满足当代消费者的审美意趣及求新、求乐、
求知的心理需求。如福建的国家级"非遗"项目——德化瓷烧制技艺，历
史上它使得德化成为中国三大古瓷都之一，因"中国白"而享誉四海。在今
天，已有不少新一代工匠，在传承"非遗"技艺的同时不断探寻德化白瓷的
创新与发展。除了设计开发传统白瓷茶具、工艺品外，还不断尝试调整瓷土

配比，开发具有更好耐热性、耐酸碱性、吸附性更强的新材料，推出具有特殊功能的新型陶瓷。此外，越来越多的陶瓷企业通过技术升级，拓展了产品品类，实现智能化、机械化生产，提升了产能，也因此接到更多的海外订单，让"中国白"继续漂洋过海、享誉世界。

（三）提升市场运作能力，选择适合的"非遗"品牌化运营模式

以福建为例，当下的"非遗"产品化或资源商业化挖掘主要走下述几种常规模式。

第一，依托文旅融合发展的旅游业开发模式。比如福州上下杭的福州"非遗"博物馆模式；厦门鼓浪屿依托著名古建筑进行的"非遗"展示与体验；各地举办的诸如"文化和自然遗产日"等专门的节庆活动以及莆田妈祖祭祀、龙岩茶灯舞等传统民俗活动。

第二，民间工艺品开发模式。该模式既包括对"非遗"技艺审美的产品体现，如福州软木画、脱胎漆器；建阳建盏；同时也包括对民间传统技艺的现代运用，如福州永泰白云乡樟洋村通过对"一家三代，三朝御医""一门四院士"的医药名人非物质文化遗产的市场开发，打造"力钧文化"品牌，进行产学研中药材基地建设，组建科技创新平台。

第三，表演艺术商业化经营模式。福建的传统歌舞、地方戏剧乃至曲艺游艺等因为"八山一水一分田"的地理格局而种类丰富。通过组建艺术团体，以商业化经营为主要手段，不断将其搬上现代舞台，成为地区文化名片展示。如福州的闽剧表演及十番音乐、宁德的霍童线狮、莆田的莆仙戏和泉州南音表演。整体而言，"非遗"的文化资源开发取得了很大成就，但在商业化运营方面还存在诸如过度开发、同质化低层次竞争以及产品表现单一，"非遗"文化品牌影响力难以拓展等问题。

笔者建议：第一，立足保护，挖掘精髓，传承"非遗"的核心技艺与文

化价值。学者刘鑫提出基于同心圆模式的非物质文化遗产双轨利用模式,认为"非遗"的经济价值来源于两类文化产品和服务——"非遗"核心技艺产品/服务和"非遗"衍生产品/服务。而其中,最核心的就是"非遗"核心技艺产品/服务①。由是,在品牌化的运营历程中,应当尤其关注"非遗"的人文内涵与核心技艺,以保持其真实性、整体性与传承性,而不能片面追求以标准化的机器生产来过度开发"非遗"文化。

第二,在坚持民间传统技艺基础上与现代工艺相结合,并借由现代流通手段,推广与传播"非遗"品牌。此过程中可选择两种品牌运营模式,例如,对于民间日常生活用品、特色食品及其制作技艺,如油纸伞、永春漆篮、福州肉燕、沙县小吃等闻名遐迩的日用品"非遗"、美食"非遗"等,可以通过现代生产方式来扩大产业规模,提高市场占有率,提升品牌影响力。而对于软木画、脱胎漆器、德化白瓷等制作技艺,则适合走高端化、精品化路线,以质取胜,融入精神内涵,增加产品的文化附加值,提升品牌竞争力。

第三,复合打造歌舞表演类"非遗"品牌。建议对应的开发模式可以有两个。一是将其打造为舞台精品,结合现代科技与传媒手段营造品牌影响力,例如,福建武夷山的"印象大红袍"大型山水实景演出;二是将其作为开发资源之一,与区域其他自然与文化遗产等相关资源结合,通过产业融合实现"非遗"品牌影响力。

第四,跨界融合,实现"非遗"产业链延伸,拓展"非遗"品牌空间。当下"非遗"产品开发频繁,种类繁多且关联性较强,但大多处于各自为政格局,基本未形成规模化的产业聚合效应。为整合形成全方位、宽领域"非遗"产业链,建议以品牌构建引领代表性"非遗"项目的统筹规划,通过版权形成与运作,探索构建集研发、生产、物流、销售与体验为一体的,融合

---

① 刘鑫:《非物质文化遗产的经济价值及其合理利用模式》,《学习与实践》,2017年,第1期,第8页。

旅游、休闲、娱乐、影视、会展、出版、服饰等关联产业形成跨界综合性"非遗"产业集聚，提升产业关联度，扩张规模和效益[①]。

（四）焕发创意点石成金功效，以文化创新驱动"非遗"品牌核心竞争力形成

约翰·霍金斯说过"创意是新点子"。而文化创意是指蕴含在文化产品和文化活动中独特的内容与崭新的形式。这种内容与形式，既有历史的积淀，也有当下的创造。[②]实践证实，创意是挖掘"非遗"文化内涵，使得传统文化资源向现代产业资源转化，进而获得价值的商业变现的桥梁。比如，传统手工艺生产的工艺品、生活器具、食品和药品，原本大多是日常生活消费品，因为手工产能低，分布"小散弱"，很难与机器化生产竞争，看上去日益萎缩，甚至濒临危境。然而《舌尖上的中国》《我在故宫修文物》《香巴拉深处》这样纪录片形式的"非遗+"产品创新，加上互联网传播手段，使得传统"非遗"具备了商业变现的可能。

笔者建议：第一，产品设计创新。要基于"非遗"的文化内涵与核心技艺展开产品设计创意，进行创新。无论是对"非遗传统技艺的创新设计"，还是"从非遗传统文化元素出发的文创产品设计"，或者是"汲取非遗传统文化元素的现代产品设计"，其目标都应当是使得中华优秀传统文化获得"创造性转化和创新性发展"。例如，椰雕"非遗"传承人吴名驹尝试把传统手工艺嫁接现代科技产品，设计出可以通过蓝牙、Wi-Fi连接移动设备的椰雕音箱。

第二，营销策略与品牌运营创新。包括"非遗"产品的市场推出创新——例如北京布鞋老字号内联升携手《大鱼海棠》线上推出"大鱼海棠"

---

① 胡妍妍：《河南非物质文化遗产的产业化问题探析》，《中州学刊》，第2015年，第6期，第87–89页。

② 汪振军：《文化创意与文化产业创新（笔谈）——文化创意：从资源到品牌的关键》，《郑州大学学报》（哲学社会科学版），2008年，第4期，第5–6页。

主题布鞋;"非遗"产品的展示平台创新——如武夷岩茶举办"喊山"仪式、泉州开辟线上"非遗"展播平台,还有重庆的百工传艺打造"手工品电商平台漫淘网+线下手艺工场+在线教育平台手艺网"运作模式,实现了"非遗"传承人、手工艺爱好者和手工产品在相关手工艺文化和技能知识平台上的有效链接;"非遗"产品的营销方法创新——例如 2016 年"阿里年货节"期间,淘宝众筹联合故宫淘宝在线上发起"非遗众筹"。众筹产品全部由故宫淘宝提供设计方案,高密剪纸、朱仙镇木版年画、内联升老布鞋等"非遗"传承人进行手工制作。项目上线仅半天,高密剪纸众筹项目筹款超过 13 万元,项目达成率 1300%,很快满额停筹;山东花饽饽和朱仙镇木版年画众筹项目达成率也超过 150%[①]。

第三,延展品牌效应,实现"非遗"产品的跨界应用创新。例如"非遗+旅游"玩出新花样,不仅有常规的"非遗"体验项目、"非遗"博物馆、"非遗"节庆会展等传统模式,还可以创新产品,例如"非遗+民宿""非遗+大型综合类旅游项目"——济南方特东方神画"非遗"小镇就是一个典型案例。此外,"非遗+"还可以与新零售相关联、与教育业相对接,在"非遗"品牌的牵引下实现"非遗"产品的跨界融合,延伸产业链,拓展品牌影响空间。例如,从 2004 年起,由白先勇执导的青春版昆曲《牡丹亭》通过现代舞台技术呈现传统戏剧的技艺与传承,用年轻演员去吸引年轻观众,坚持高校巡演,培养未来的观演群体。诸如此类的"非遗"进校园、"非遗"进社区、"非遗"研学等各种"非遗+教育"活动如火如荼,这些都说明"非遗"品牌正在产业延伸和跨界发展中努力寻找适合自己的姿势和方式,向年轻化、时尚化转型。

---

① 盘古文创:《新时代下的"非遗+",让传统文化撬动千亿资本市场》,https://www.sohu.com/a/250847827_100005654,2021-08-06。

（五）强化政府主导，鼓励社会参与，完善"非遗"品牌化保障机制

要加强政府在公共文化事业管理方面的规制职能。必须设计和执行好"非遗"资源开发的适宜性评价体系，确保优秀传统文化基因得以在现代化和全球化情境中活态保护与传承。进一步加大政府对"非遗"的保护与投入力度，认真执行四级"非遗"登记制度，梳理地方文化精髓；保持地方性法规与国家《非物质文化遗产法》一致，同时在与地方"非遗"保护实践相统一的基础上突出地方特色；建立"非遗"保护的专项资金，对品牌"非遗"项目开发予以一定的财政支持和税收优惠。

鼓励个人、团体和企业对"非遗"保护与传承工作的支持和投入。引导和监管"非遗"文化资源专业市场，搭建关联企业交流平台，建设"非遗"生产示范基地，扶持和培育"非遗"龙头企业，推动"非遗"文化资源产业开发集群形成。推动多元文化资源市场投融资体制建设，拓宽投资渠道，突破资源约束，借助市场力量拓展"非遗"的市场开发与运行空间。

从人力方面大力培养"非遗"代表性传承人和文化资源产业化经营人才。在支持和推动对既有"非遗"传承人的培训和教育之外，鼓励社会参与，提高"非遗"文化的知名度和影响力；支持民间艺人通过商业表演或产品形式获得经济收益；积极搭建展示馆、博览会或者生产性保护示范基地及各种节庆活动，为"非遗"传承人提供展示交流、收徒传艺、宣传销售产品搭建平台，推动"非遗"保护与传承的社会空间。同时加紧文化资源产业化开发人才培养，提升"非遗"市场化运作水平。

二、基于区域品牌建设的"非遗"文化拓展构想

国家基于"非遗"文化及其存在情境的有机关联而提出"非遗"文化及其相关的自然和人文生态的整体性保护措施——设立国家级文化生态保护区。

这一举措为"非遗"的文化品牌建设与运营同样给出了一个创新思路——构建"非遗"区域品牌，基于代表性的"非遗"文化引领，实现对整个区域"非遗"文化及其生存情境的活态保护与传承。

（一）"非遗"区域品牌的内涵

当下学术界关于"区域品牌"内涵的观点角度包括三种：从产业集群的角度、从地方名特产品的角度、从一定地理区域或行政区域的角度[①]。此处所涉及的"非遗"区域品牌倾向于从地方名特产品的角度来论述，该观点认为区域品牌是以区域传统产业为基础、以地方名特产品为载体、以悠久历史中积淀的文化为内涵，冠以行政区域或当地景象名称，享有广泛的知名度和较高的美誉度，极具商业价值的品牌，也称为传统区域品牌[②]。同时，结合联合国教科文组织的《保护非物质文化遗产公约》，将非物质文化遗产定义为被各群体、团体、有时为个人所视为其文化遗产的各种实践、表演、表现形式、知识体系和技能及其有关的工具、实物、工艺品和文化场所。作为人类的特殊遗产，非物质文化遗产从内容到形式都有自己的特殊性，集中表现为传承性、社会性、无形性、多元性和活态性等[③]，因此，"非遗"区域品牌的打造相较于传统的区域品牌来说又增添了上述的一些独有特征。

可以对"非遗区域品牌"做如下定义："非遗"区域品牌是一种具有强烈非物质文化遗产特征并且能够体现该区域文化特色的名称、名词、标记、符号或设计，或是它们的组合运用。其目的是借此品牌辨认当地特有的非物质文化遗产群体或者该文化群体的生产或服务，并形成具有一定知名度且可以

---

① 孙丽辉、盛亚军、徐明：《国内区域品牌理论研究进展述评》，《经济纵横》，2008 年，第 11 期，第 121–124 页。

② 童兵兵、王水嫩：《传统区域品牌保护不力的原因及对策——以金华火腿品牌危机为例》，《浙江树人大学学报》，2005 年，第 4 期，第 37–40 页。

③ 宋俊华：《非物质文化遗产特征刍议》，《江西社会科学》，2006 年，第 1 期，第 33–37 页。

成为一定区域代表的名称，同时使之与其他区域区别开来[1][2]。

"非遗"的价值可以通过建设"非遗"区域品牌表现出来。以德化瓷器为例，它是福建瓷器的代表，是福建的一个标记，如果某个瓷器被认为是德化瓷器，那么它的质量会让人认可和相信。"非遗"区域品牌不仅可以实现对"非遗"的整体保护，对"非遗"的活态传承和持续发展亦具有重要意义。这一点可以在武夷岩茶和福州茉莉花茶的制作技艺及其产业影响中获得认证。

（二）塑造"非遗"区域品牌的意义

随着区域竞争日趋激烈，文化个性将会是未来区域形象发展的核心要素[3]，"非遗"区域品牌化，恰恰能够使得特定地区的文化时空得以完整、独特体现，并持续发展。

1."非遗"区域品牌促进文化资源的保护与开发

在建设"非遗"区域品牌过程中，必然要对区域中所拥有的"非遗"资源进行整理。这里的"非遗"资源是指特定区域所有的"非遗"以及与"非遗"有关的物质文化遗产和自然遗产及其人文环境、生态环境。通过区域性的整理，可以更好地了解一个地方的文化根基与脉络，为当地区域品牌打造文化特色。福州寿山石、武夷山大红袍、德化瓷器等这些地区特色的"非遗"区域品牌就是根据当地独特的"非遗"资源形成的。

2."非遗"区域品牌保留地区文化内涵和民族情感

一个区域中的"非遗"，是其先人们创造出来的智慧结晶，代表的是特定

---

① 陈瑾、肖蓉、张志莲等:《基于区域品牌的大湘西非物质文化遗产保护与发展策略研究》,《新西部》,2019 年,第 36 期,第 44-47 页。

② 黄宁夏:《区域文化品牌战略研究——世界文化遗产项目福建土楼案例分析》,《长春师范学院学报》,2012 年,第 6 期,第 56-59 页。

③ 刘钰舜、李烁、刘金得等:《艺术品牌设计助力精准扶贫发展》,《包装工程》,2020 年,第 6 期,第 262-265 页。

区域的文化底蕴、生活方式，经过历史的沉淀和长时间的流传。当地人能够通过参与"非遗"区域品牌的建设表达自己对该地区的情感，即保护了"非遗"，也增强了品牌的使命意义与社会号召。通过区域"非遗"的品牌化，他们能够将这种情感感染给更多的人，带来更多的文化认同感和自豪感。

3. "非遗"区域品牌促进区域"非遗"关联企业集聚提升

许多以"非遗"技艺为依托的小企业，在产品外观设计、包装服务、营销推广等方面互相模仿，同质化、低档次竞争形势严峻。名义上保护了"非遗"，实则是对品牌名誉的破坏。"非遗"区域品牌在建设过程中能够以文化为号召，聚集大量的人才、资金、技术，更好地推进区域内围绕"非遗"资源的开发而实现的产业集聚与升级。例如，许多地方构筑"非遗"产业平台，集中展示地方"非遗"宝藏，入驻"非遗"传承人，给予进站企业各项优惠，有效实现了"非遗"的关联企业集聚，并通过产业链的配套，带动产业集聚效应提升。

4. "非遗"区域品牌推动区域文化产业发展

文化资源是文化产业发展的基础。构建"非遗"区域品牌，可以使区域文化产业集群拥有更丰富的"非遗"无形资产、具有更深层次的文化内涵和丰富的情感色彩，可以使产业集群更加快速地发展、壮大。"非遗"区域品牌着眼于更为丰富的地域文化内涵，代表着整个区域的文化形象，体现着区域整体的文化竞争力与影响力，超越了单一品牌以追求经济利益最大化的狭隘思想。①

5. "非遗"区域品牌提振各方区域发展信心

①无论是在"非遗"资源的有效整合及合理配置上，还是在区域宣传上，"非遗"区域品牌都有极强的推动力；②在建立区域品牌之后，能够起到一定

---

① 赵云雪：《区域文化遗产保护与区域文化品牌塑造——以渝东南土家族苗族文化生态保护区为例》，《四川戏剧》，2015年，第10期，第77–80页。

的聚集效果，主要体现在资源、资金、人才就业等方面，为区域全面发展创造有利且有效的条件；③"非遗"区域品牌的构建将为区域发展提供文脉渊源，从文化力视角为区域发展各关联利益主体提振信心。

（三）建设"非遗"区域品牌的若干建议

1. 立足区域特色、挖掘重点"非遗"项目

塑造"非遗"区域品牌，应是对地区存在的所有"非遗"项目进行资源整合与文化溯源，打造一个独具地区特色的"非遗"文化品牌。在前期应该明确区域的范围，对"非遗"资源进行全面梳理，这个过程中可以顺便考虑首先哪些"非遗"资源可以作为"非遗"区域品牌的核心，其次怎么利用这些"非遗"资源塑造独树一帜的品牌。然后梳理出"非遗"现存状况，包括"非遗"代表性项目和代表性传承人，以及重要的非物质文化遗产资源，与之相关的物质文化遗产、自然遗产以及人文环境。再考虑"非遗"现存状况、开发难易程度、大众对于该区域的印象等多个因素，将地区中"非遗"分类分析，将"非遗"资源变成文化产品，再借助现代生产组织方式和流通手段进行品牌化。最好还能打造特色突出、带动力强、有广泛影响的龙头项目。有了龙头项目，可以形成一条用知识产权制度构建起来的集注册商标、专利、属地保护、创意产品、旅游开发等为一体的整体产业链。

2. 政府主导下的利益相关主体协同推动

政府、企业和行业协会是"非遗"区域品牌建设的主体，可采用"政府主导，协会中介作用，企业参与"的模式来进行品牌的管理和维护。在这一模式中，各主体要明确各自的角色定位和职责。区域品牌的塑造体现着该区域的综合竞争力与影响力，因此政府要充分发挥其在区域品牌建设中的引导、服务、资源配置和监督职能，出台相关政策扶持和引导企业，为企业发展提供更多资源。而行业协会作为区域内企业与政府沟通的桥梁："一方面协助政

府制定行业规划，另一方面为企业创造一个共享信息、知识和品牌等资源的平台。最后以企业为主体的经营单位是区域品牌管理和维护的基石，企业产品的好坏直接影响区域品牌的建设，因此企业在口碑和产品质量上需要严格把控。其实区域文化品牌的构建也离不开民众。民众对"非遗"的文化的认同与追求，为区域文化品牌的构建提供动力。"[①]

3. 品牌传播跨界融合，实现整合营销

"非遗"区域品牌传播就是把区域中有特色、优势和个性的"非遗"产品和品牌内容予以整合，把"亮点"传播出去。品牌建设初期可以借助个别已经出名的品牌来带动"非遗"区域品牌。例如，服装类技艺可以和知名服装品牌合作，使"非遗"融合现代元素，使消费者更能接受。要借助各种媒体全面推进宣传，传统媒体、网络媒体、自媒体共同发力，多渠道多层次的宣传，及时调整宣传内容和渠道。[②]综合运用报刊、杂志、广播、宣传单等传统媒介，创新"非遗＋互联网"新媒体传播方式，应用移动互联、社交媒体与网络，包括社交媒体公众号、移动终端应用程序等，开展融媒体宣传，实现整合营销。

① 李月露:《云南石林撒尼刺绣区域品牌生成和成长路径研究》，云南民族大学硕士学位论文，2018 年。
② 黄宁夏:《区域文化品牌战略研究——世界文化遗产项目福建土楼案例分析》，《长春师范学院学报》，2012 年，第 6 期，第 56-59 页。

第七章　非物质文化遗产与现代设计转化

第一节　"非遗"与现代设计转化的典型范式

一、"非遗"与现代设计转化的关系

非物质文化遗产是一个国家和民族历史文化成就的重要标志，是中华优秀传统文化的重要组成部分，其所蕴含的地域特色和艺术气息也为现代设计艺术提供无限设计灵感。

现代设计，通常被称为"功能主义设计"，又称为"技术美"或"机器艺术"。现代设计是现代设计教育的产物。在艺术史、社会学、工业设计中，现代是一个专用术语，它是针对后现代而言。在文化艺术领域，现代的含义往往受科技和社会的影响，因为艺术总反映时代精神。文中的现代设计是指根据现代设计教育在现代设计审美法则的标准下的设计手法和设计方式。

"非遗"的活态传承关键在人，传统技艺与现代设计的结合不仅需要技艺的传承人亦需要现代设计者的不懈努力，我国拥有的品类众多的"非遗"文化也为现代设计者提供了庞大的设计素材和设计灵感。活化与创新是现代设计者利用"非遗"文化资源的重要路径与有效策略。现代设计者应积极探索运用"非遗"文化资源的发展规律和原则，充分提炼其典型的、具有象征性

的艺术元素，并使之创造性地融入设计作品之中，以此来提升设计作品的美学品位和文化内涵，推动我国现代设计艺术的进一步发展。

"活化"——使非物质文化遗产活起来，具体是指将"非遗"文化中具有象征性、代表性的美学符号、经典技艺等与现代设计进行有机结合，使"非遗"文化在现代设计作品中得到充分的利用和创新，即在现代设计创作中不一味地沉迷仿古或照搬照抄传统，对传统的"非遗"文化进行适度调整和改造，使之更符合现代审美标准和审美需求。

在某种意义上"非遗"就是指"利用民间美术与艺术设计的形式对人类社会的传统文化和历史文化进行表现的一种宝贵文化"①。对于现代设计而言，从"非遗"文化之中汲取营养，是丰富设计作品美学内涵和艺术形式的重大举措。一是"非遗"文化在给予设计者们创新的素材和灵感的同时也丰富了现代设计的表现形式。"非遗"文化的视觉形象元素具体包括图形、色彩、符号和材质等都是在一定审美标准和艺术倾向下的、极具辨识度的。设计者通过采用这些视觉元素来丰富设计产品的外在表现形式。在设计实践中，将"非遗"文化作为一个重要的艺术设计素材库，为设计者们的艺术创造提供了更多可能。二是可以提升设计作品的文化价值和美学内涵。"非遗"文化是经过历史沉淀的优秀传统文化，具有鲜明的民族特色并且蕴含着丰富多样的人文内涵、艺术内涵以及时代价值。将"非遗"文化中的某一艺术理念、设计元素或是创作手法运用于现代设计作品中，那么这一设计作品中就继承了"非遗"文化中所蕴含的艺术价值和审美价值，传统文化与现代设计之间也会产生一种密切关联，因而设计作品中的文化底蕴也就更为厚重。

在"非遗"文化与现代设计的关系中，现代设计与"非遗"文化的良性结合不仅可以提升现代设计的文化底蕴亦可促进"非遗"文化的发展。一是

---

① 高媛:《非遗语境下的民间美术和艺术设计协同发展路径》,《大众文艺：学术版》,2019 年，第 18 期，第 65–66 页。

良好的设计可以促进"非遗"文化的传播，现代设计可以提取"非遗"文化中最鲜明的特征并通过设计使其融入现代生活的方方面面，并可以保持"非遗"文化不失传不变味。将"非遗"文化结合数字化时代的新科技亦可实现"非遗"文化在新时代的多渠道多方面传播和传承。二是可以创造出更多符合时代潮流的承载"非遗"文化的表现形式，而不拘泥于传统技法和传统表现形式，通过设计改造"非遗"文化载体的表现形式，使其无论在制造工艺还是使用价值方面都能符合时代潮流。

"非遗"文化与现代设计的结合对双方的发展都能有正向的促进作用，在现代设计中融入"非遗"元素，可以更好地保护和传承非物质文化遗产；而"非遗"本身固有的文化属性又可以使两者融合得更加贴切，也必然激发现代设计者的创作灵感。换句话说，"非遗"给现代设计提供了文化素材和创意源泉，现代设计也为"非遗"提供了创新机制和融入现代社会的平台。两者相融，挖掘"非遗"的创意价值，不仅可以赋予"非遗"以新的活力也能提升现代设计的文化底蕴和人文价值。两者的结合对双方来说都是一种创新，也是新时代人们对精神和物质追求的一种必然趋势。

二、"非遗"与现代设计转化的典型范式

（一）地域文化元素的设计开发

1.地域文化元素内涵

地域文化元素中"地域文化"是指在一定空间范围内，在历史发展长河中形成和积淀的源远流长、独具特色、传承至今仍发挥作用的文化传统，包括历史遗迹、传统习惯、民俗风情以及生产生活方式等。这里的"地域"是指一定的地域空间，范围可大可小，是构成不同文化的地理背景；"文化"主

要指地域范围内能够被传承的风土人情、传统习俗、行为规范、价值观念等，是一种能够传承的意识形态。不同的地区都有自己独特的地域文化，它是打着地域烙印的独特文明，是一个地区的灵魂，渗透于该地建筑、饮食、服饰、民俗、生活的方方面面，贯穿于地域发展的始末。

地域文化是本地区文化发展的根基和灵魂，而地域文化元素则可以说是对某些地域特征的集中体现，纵观全国数千项"非遗"无不是依托于本地特有的文化发展而来的。地域文化元素是该地域在不同的历史时期的发展过程中所呈现出的不同历史文化元素和地理文化元素。可以说，地域文化元素承载着地域文化，有着丰富的价值内涵和文化寓意。地域文化元素也承载着该地域民族赖以生存的文化基因。现代设计是对地域文化的传承和保护的重要载体，也是地域文化资源创新和发展的基本途径之一。现代设计与地域文化元素相结合既包括对传统地域的建筑景观、习俗礼仪、民间工艺、生态资源的充分挖掘与应用，也包括对传统地域文化的文化内涵的重新构建和阐释。而将地域文化元素融入现代设计不仅可以促进该地区民族文化的传播、传承与创新发展，更可以提高该地域民族的自信心和文化认同感，进而促成本地居民自发成为文化自信的践行者和培育者。

2.地域文化特点

（1）稳定性

地域文化是囊括该区域的精神风貌、物质发展状况的区域文化，是某一地区人民在经年累月的生活过程中所积累地得到绝大多数本地人民认可的并且十分熟悉的文化。具有鲜明的当地特色并且蕴含丰富的当地文化内涵。短期的、影响力度小的、转瞬消失的人类创造，就不会传承下来。因此，稳定性是地域文化的首要特征。

（2）渗透性

地域文化是某一地域人们对生活经验、人类文明长时间的概括、积累，因此可以说地域文化来自该地域人民生活的方方面面亦影响着这片地域上居住人类的生活方式、生活习俗。以此地域文化具有很强的渗透性。

（3）独特性

地域文化内涵丰富多样，包括饮食文化、建筑文化、图腾文化、民间信仰等。在长时间的地域文化发展过程中，由于人的差异性、流动性、创造性以及地理环境等因素的影响，各区域又会呈现出自己特点，这也是区域文化的差异性，而地域文化的差异性造就了其独特性，即每个区域都蕴含着其独特的文化内涵和人文风采。

（4）时代性

经济基础决定上层建筑，地域文化作为上层建筑的一部分，决定于每个时代的生产力水平、经济、政治，特定时代的文化会随着历史的发展，被打上深深的时代烙印。

3. 地域文化元素的设计开发原则

（1）注重意境之美

中华文化历经千年传承，富含丰富的文化底蕴和意境之美，地域文化是中华传统文化的组成部分，意境美亦是地域文化的重要体现。因此在对地域文化元素进行设计开发时应注意体现地域文化的独特韵味和意境之美。

（2）赋予文化寓意

设计者应首先从设计产品的基本功能出发，选择的地域文化元素适合产品基础功能相吻合的寓意，不强行嫁接拼凑，其所设计的产品在功能和地域文化元素的应用上应和谐自然具备统一性、寓意性和代表性。这些特性也是现代设计应具备的重要价值。若产品的基础功能无法促进地域文化元素与产品进行寓意对应，则会出现"为赋新词强说愁"的反面文化效果。

（3）融入现代生活

在开发设计地域文化元素的同时还应注重与现代生活相融合。融入现代生活这一设计原则要求设计者既要关注地域文化元素与产品设计的统一性，也要关注产品设计与人类需求的统一性。只有做到这两点，才能够保证产品是满足人类基本需求的，才能够保证对地域文化元素的传承。

4.地域文化元素在设计开发中的应用方式

地域文化元素与现代设计的有机结合，以地域文化元素与现代设计产品相结合为例，不仅是对地域文化元素的创新性发展，同时，也赋予了现代设计产品极大的人文内涵和文化价值。地域文化元素在设计开发中的应用方式如下。

（1）提取文化符号

地域文化中的符号元素是代表了其精神形象和情感气质的重要方面，有着各个时代发展中所认同的审美思想，如太极图、方块字等。提取地域文化中的符号元素与现代设计进行有机结合，如将符号元素转化为图形元素可以将设计者的思想进行更加直观地展现，图形是一种没有语言阻隔的元素符号，可以更加真实直观的反映地域文化。

（2）选择代表材料

每个区域根据所处的地理位置和生态环境不同，会产生出不同的文化元素，若能够从地域文化元素中精选具有代表性的材料，使其与现代设计产品相融合，突出地域特色，彰显地域文化内涵，必将会更好地展示地域文化特色，亦能促成更高层面的情感体验，从而打动消费者内心。同时，选取恰当的具有代表性的材料能够表现一种独特的视觉语言，强化设计产品的视觉形象，从而传递产品独特的情感内涵，以更加强大的表现力去展示设计产品的特殊性，提升人们对产品的兴趣，刺激购买欲望。

（3）运用拼接手法

每一种"非遗"文化都有自己独特的符号象征，将某个物品特定的象征符号直接拼接在另一个物体上，拼接在一定程度上能够展现出产品的逻辑关系，也能够表现出设计者所要传递的文化价值。在设计过程中，设计者所选择的拼接符号应是具备中国传统价值和传统色彩的，通过对这些传统符号的充分化的利用，能够增强设计产品的传统性和文化性，能够通过产品来对传统文化进行传递，从而能够有效提升设计的文化价值。

将地域文化元素融入现代产品设计，使消费者在购买设计产品后，既能够享受该产品的基本使用功能，又能够享受到设计产品背后所赋予的文化价值和人文精神，从而满足消费者自身更高的精神文化需求，也就促成了设计产品与消费者之间的良性循环。因此，地域文化元素在现代设计产品中的应用是十分必要的。新时代下，设计者应从社会群众的现实性精神需求和文化需求出发，确立设计创作的原则，明确设计创作的方式，将地域文化元素和现代设计产品进行有机结合，创作出符合时代潮流、具备地域文化素养的设计产品。

（二）传统技艺体验的设计开发

1. 传统技艺体验内涵

传统工艺亦称传统手工艺或传统手工技艺。传统手工技艺类"非遗"是指被人们视为非物质文化遗产的民族工艺产品及其制作过程中的传统手工技艺，其中工艺产品是由手工艺人利用一定工具或者纯手工制作出来的，并且具有实用性、创造性与观赏性的特征。从功能上可划分为实用性和欣赏性两大类，从属性上可划分为 13 类：印刷、剪贴、轧制、髹漆、陶瓷、编结、编织、冶锻、印染、捏塑、雕刻、纺织和刺绣。传统技艺体验的中心在于"体验"，所谓体验，"体"有体会、体察的意味。体验是在实践活动中只可意会不可言传的获得。体验比经验更具有身体性，体验使经验的概念具有"整体性"。体验具有独特的优势，借助体验，结合"非遗"文化，既有利于促进人们对"非遗"文化的深入感受和深刻认同，也有利于推动传统技艺的传承。

体验为体验者主动建构的主观感受。在"非遗"文化的保护和传承中,深入开展综合性传统技艺体验活动,可以提升"非遗"文化的影响力。

2. 传统技艺体验形式

目前在我国传统技艺体验形式主要有三种:一是开展"非遗"研学体验活动;二是围绕"非遗"发展体验旅游;三是博物馆展陈式互动体验。

(1)"非遗"研学体验

传统手工技艺类"非遗"具有较强的经济特征,可以围绕手工技艺类"非遗"开展"非遗"体验活动和手工艺的研学活动,如邀请"非遗"技艺传承人进行"非遗"技艺的展示和传授,体验者在观看和亲自体验传统技艺的过程中制作研学产品。例如,福州素上软木工作室就会定期开展福州软木画的"非遗"研学活动,体验者可以与福州传统软木画承认师傅们进行交流和沟通,了解这一"非遗"技艺的制作手法和制作过程。通过了解,体验者也可以将自己独特的审美体验带入制作,也提升了体验者对这一"非遗"技艺的文化认同。通过活动吸引消费者体验传统软木画制作的"非遗"技艺,在提高消费者参与度的同时也拓展了品牌文化和软木文化的传播方式。"非遗"文化需要在生活中进行解读,将传统手工艺类"非遗"的技艺美、价值美等充分展示的活态展陈方式也是一种尊重制作者传承的主体地位的方式。

(2)"非遗"旅游体验

围绕"非遗"发展体验旅游,激发传统文化的活力的同时促进旅游产业发展。从体验的角度看,开展"非遗"文化体验活动有利于增强人们对"非遗"文化的自豪感和归属感。当下保护民族地区"非遗"的重要途径是与旅游结合,而想要"非遗"文化的内涵得到充分体现也必须依靠人民群众,通过适当且充分挖掘当地"非遗"文化资源,因地制宜立足"非遗"的活态性、原真性等开展"非遗"文旅体验项目。利用"非遗"文化,开发体验型旅游产品,促进"非遗"文化产品经济发展。

"非遗"旅游开发的重要方式是将体验式开发融入其中，通过旅游带给游客别样文化体验的同时亦可丰富"非遗"文化产业内涵。从旅游更具深度体验经济出发，适时融入现代化技术，利用高科技提升游客的体验，将全息技术与"非遗"文化结合，在旅游景点展示全息动漫和传统技艺制作视频，打造"沉浸式"旅游体验，可以使游客休闲放松的同时增加对传统技艺的认知，这在全面推进乡村振兴战略背景下促进乡村旅游和传统工艺振兴尤为重要。

（3）博物馆展陈体验——以厦门惠和石文化园为例

打破传统博物馆"请勿触摸"的展陈方式，提供全方位的多重体验模式。厦门惠和石文化园是影雕传承和展示基地，设有影雕传习中心、艺术馆、博物馆、文创展区等，是一个集石雕展示、艺术创作、文化交流、旅游休闲及教育学习为一体的体验型综合性园区。通过精巧的石筑、精湛的石雕以及与高雅的环境相结合，来打造一个富含文化底蕴的石文化展示园，同时也展示闽南石文化的源远流长。园区根据石刻技艺在历史上的演进以及南派石雕的技艺特点进行梳理，对主题、内容和内涵做了挖掘和拓展，对福建省"非遗"的保护工作起到了重要的示范和引领作用。

（三）"非遗"产业驱动的设计开发

1."非遗"产业驱动的内涵

"非遗"产业驱动顾名思义就是将"非遗"文化产业化，并通过产业的发展驱动"非遗"文化的发展，"非遗"和产业相融合使"非遗"文化产业化，而产业化作为"非遗"保护传承的重要路径，也能够促使"非遗"的生机、活力等得到增强。"非遗"产业化发展作为新时代文化产业发展的一种新形态，不仅满足了"非遗"保护与传承的需要，而且适应了人民群众多样化的文化需求。

2."非遗"产业发展的环境分析

2021年8月，中共中央办公厅、国务院办公厅印发了《关于进一步加强非物质文化遗产保护工作的意见》，并发出通知，要求各地区各部门结合实际认真贯彻落实。保护好、传承好、利用好非物质文化遗产，对于延续历史文脉、坚定文化自信、推动文明交流互鉴、建设社会主义文化强国具有重要意义。

互联网经济为"非遗"产业发展注入了新活力，网络为人们追求和满足精神文化生活提供了便利，也对网络资源的质量和数量提出了更高的要求，而这为"非遗"文化产业的发展创造了更宽阔的市场。"非遗"文化可以以更多元的方式融入人们的生活。

随着经济的发展和时代的进步，人们精神文化消费需求日益增长，当下消费的主力军也呈现出年轻化趋势，消费的年轻化意味着消费者们更容易接受新鲜事物也更愿意为情怀和精神体验买单。同时经济的快速发展也促进了国内投资环境的改善，使一部分人将眼光转向了"非遗"领域并在"非遗"领域挖掘商机，也有更多的人开始关注对"非遗"的保护，从而改善了许多民间工艺濒临绝迹的现状。"非遗"文化产业产品在满足人们对精神文化的消费追求时也提高了人们对"非遗"文化的认知度和接受度。

5G时代的来临再加上VR技术的日渐成熟，沉浸式与交互式参观体验将会作为未来最流行的一种体验模式，解决消费者时间与空间的难题。这种身临其境的体验模式，为"非遗"文化产业提供了更好的展示平台，为产业发展提供了先进的技术支撑，带给"非遗"文化产业发展的新契机。如一些"非遗"文化产业的商家可利用网购直播平台进行"非遗"文化产品的展示和销售，新媒体科技的发展实实在在地促进了"非遗"产业的发展。

3."非遗"产业发展中存在的问题

我国的社会大环境为"非遗"产业化发展提供了较为良好客观条件，但也存在着一些问题。我国虽然大力倡导和发展"非遗"文化，但资金不足是制约"非遗"产业发展的重要因素之一。在我国，长期以来非物质文化遗产的保护与传承主要是政府主导，国家事业经费支持，各级地方政府牵头来进行。但由于我国非物质文化遗产的种类和数量极其庞大，政府主导这种单一的保护方式必然存在人力物力投入不足及保护经费不足等问题。

目前"非遗"传承和保护中最大的难题是"非遗"传承人"老龄化"严重，一些优秀"非遗"技艺传承出现后继乏人的现象，因而缺乏创新创造的主体。而结合了一定创新的"非遗"文创市场也存在着效益为先、同质化严重、缺乏特色、质量不高等突出问题。

很多"非遗"项目、"非遗"技艺被放在博物馆里或者旅游景点里，只能成为旅游者偶尔参观的一部分，导致"非遗"文化远离了现代人的生活，"非遗"文化产业发展没有深入平民生活中去。"非遗"产业的发展是与其所面对的目标消费人群紧密相关的，如果无法融入目标消费人群的生活，将很难产生影响，更无法促进"非遗"产业的发展。

"非遗"产业中的知名品牌太少，人们对"非遗"产业的关注度较低。多数消费者并不了解"非遗"文化以及"非遗"产业，这说明"非遗"产业的影响力远没有涉及普通消费者。这一方面是因为"非遗"产业的品牌较少，知名品牌更是屈指可数，产业发展力量较小；另一方面也说明现有"非遗"产业对自身品牌塑造关注度不够，品牌推广力度也不足。

第二节 "非遗"设计转化的基本方法和原则

一、"非遗"设计转化的基本方法

（一）功能性

随着时代变迁和社会进步，人们的需求在实用功能、审美功能甚至社会功能之间不停地转换，因而对这些"产品"的认知与期待发生了改变，"非遗"产品的价值与意义也应随之发生变化。其保留下来的技艺、文化及某些物质载体不再适应现代社会环境，因而无法满足人们的各种需求，是"非遗"在现代社会中濒临消亡的根本原因。"功能性"，换句话说也就是致用性。现当代的"非遗"文化日渐脱离了人类社会生活生产的轨迹，它们的社会需求大多仅停留在供人追忆和观赏的层面上，而丧失了原有的某项"非遗"在那个年代所具有的致用性。"非遗"的展示要与一定的物质载体相结合，用物质的载体来诠释非物质的内涵；而物质的载体不仅要能够准确地表达"非遗"的内涵，还要能够满足人们文化消费的功能性要求。

《周礼·冬官考工记》记载："天有时，地有气，材有美，工有巧，合此四者，然后可以为良。"在这里，古人道出了设计优秀物品的四个要素。其中，"非遗"中的手工艺品也可借鉴这个转化的基本方法，一方面既要满足作为产品的实用性功能；另一方面也要满足工艺品特殊的具有文化内涵凝结的观赏性功能。值得注意的是，为了更好地渲染工艺品的功能性，设计者在"非遗"材料的选择上，应着重考虑"非遗"的本质特征，善于利用本土化材料来彰显"非遗"的特色。对于功能性的"非遗"工艺品的设计和营造，本土材料的运用无疑是表达其本质特征的有效途径。适当运用本土化、地域性材料能突显展示场所特质和历史文脉，引起观展者的心理共鸣。

基于近几年"非遗"的文创产品设计，将其只定位于工艺品，或单纯的复制"非遗"产品是不够的，还需要具有某项功能。人们购买的不单单是产品的外形，还有其功能。如若设计缺乏创新，或与现代人的审美观念不相符，那么实际设计出来的文创产品只可以用作收藏；而缺乏实用性，就无法真正融入人们的生活当中，难以对"非遗"文化起到传承的效果。所以，在设计过程中必须要注重文创产品的功能性与实用性。首先，在对日常生活物件进行文化性转变方面，借助非物质文化遗产的图文和形象对人们日常生活用品进行装饰，这也是比较普遍的正向文创产品实用化应用方式。其次，文创产品设计中实现了"非遗"产品生活化，通常是在文化艺术层面对生活化进行设计切入，这种设计属于反向"非遗"的文创产品实用化应用方式。比如，关于北京故宫文创产品的设计，从化妆品着手实现文创产品的生活化设计，故宫手工绘画梳子、故宫特色口红等也都是文创产品在日常生活用品中的设计体现。此外，书签、筷子、服装等制作方面融入了故宫的龙文化，这些都体现了"非遗"在文创产品中的实用化设计。

我国有着丰富的非物质文化遗产，不同形状、元素以及符号均具有其独特的含义。不同于普通产品，文创产品的一个重要价值就是其蕴含的文化，同时亦是"非遗"文创产品想要传达给消费者的重点，同时兼具了工艺性与实用性，利用一个新的视觉来呈现出古老文化，将文化内涵传递给大众。所以在进行文创产品设计时需要对产品的内涵进行深入挖掘，并能够通过产品传达出"非遗"文化内涵，这样才能获得更多消费者的认可。

（二）趣味性

"非遗"中的民俗艺术形式来源于生活信仰和群众日常生活，具有较强的社会基础。然而，随着群众科学观念的普及和文化水平的提高，很多民俗艺术难以融入群众的日常生活，最终走向消亡。而保留下来的艺术形式，经过不断地继承与创新，在艺术表演目的和形式上已经融入了当代人的生活理念，被赋予了极强的娱乐性和趣味性，将传统的、难以进入现代生活的民俗艺术形式转嫁为生活化的产品，是"非遗"民俗艺术活态化转化的有效方法。

福建传统戏剧文化绚丽多彩，代表性戏剧有闽剧、芗剧、梨园戏、高甲戏、莆仙戏、布袋木偶戏、提线木偶戏等。其中漳州"布袋木偶戏"和泉州"提线木偶戏"是由木偶表演剧、布袋木偶戏、木偶头雕刻等组合而成的一种综合性的传统民俗艺术，是民间艺术的一朵奇葩。布袋木偶戏赋予了传统民俗表演艺术中的戏剧文化以新的趣味性的形式和类型，漳州布袋戏与漳州民俗密切相关，木偶造型上有鲜明地域文化特点，说白念唱运用闽南方言，取材于经典名著或民间故事传说，具有独特的地方韵味，对漳州历史文化、人文风俗等研究具有重要意义。同时，布袋戏反映漳州民俗传统，对旅游者具有较强吸引力，开发文化旅游产品是漳州布袋戏发展的方向之一。

（三）情境性

"非遗"是指前人在特定历史条件下、特定环境中，创造、享有并留传下来的财富，是在特定文化情境中发生、发展和传承的文化财富。"非遗"的设计转化是活态的，这种转化是实地讲述的现象或现实，而不是脱离了具体情境的或僵死的符号化改写。要将"非遗"的活态转化落到实处，并且完整理解"非遗"中的文化内涵，就必须从"非遗"的情境入手。遗弃了情境而目的仅在于继承传统"非遗"类型化特征的"非遗"转化，极度容易变成博物馆中的文物类型。因此，在"非遗"的设计转化中，进行情境性的转化是一种至关重要的方法，甚至可以说"情境"是保持"非遗"活态化转化的核心。

　　在"非遗"中，情境性的设计转化多发生于民俗活动的场所改造。"文化空间"，亦称为"文化场所"，是联合国教科文组织在保护非物质文化遗产时使用的一个专有名词，主要用来指人类口头和非物质遗产代表作的形态和样式。由于文化空间是非物质文化遗产中的用语，因此，文化空间的释义必须以"非遗"为基础。它在人类学概念被界定为一个集中了民间和传统文化活动的地点，作为民俗活动发生的具体时空条件，是"非遗"情境的重要组成部分之一。

　　情境重塑方法就是在可能和必要的条件下，通过建筑、场景、人文活动的有效组织，再现和再生地方文化。透过物质的空间和形式的表象，渲染出当时的历史环境、人文风貌、民族文化、地域特色，烘托出情绪氛围，传达其背后隐藏的精神内涵，这种"再现"对于非物质文化遗产了解不多的普通大众至关重要。在"非遗"空间中如果缺乏情境的烘托，"非遗"文化内涵的吸引力和感染力就会大打折扣，空间情境的营造是"非遗"与"人"之间的沟通媒介。"非遗"展示空间中的情境再现，再现的是当时的历史环境和氛围，注重的是人的情感的激发。这一情境必须能让"非遗"的受众融入其中，切身感受，与受众的内心情感产生互动、产生共鸣。当然，这种再现是有现实依据的再现与还原，并非凭空想象和臆造的，是以真实情境为基础的再现。现有的情境再现可分为静态情境再现、动态展演、互动式体验三种方式，将"非遗"空间打造成为一个空间与叙事紧密融合、超具感染力的场景。

（四）故事性

　　故事是当前"非遗"体验的重要入口和关键内容，而且"非遗"本身包含着无尽的故事内容。"非遗"文化资源的创意转化离不开故事的打造，挖掘、创作和分享故事有助于实现大众记忆、传播、理解、娱乐、想象、创造等文化功能。以特色"非遗"资源为基础，通过专业团队、个人或众创等方式挖掘或创意出具有"非遗"属性的好故事，包括有人格、有情节、有情怀的系列内容，既可以是老故事、旧作品、传说的新玩法，也可以是根据"非遗"内容衍生出的新事件。当然这种故事转化与创意应以遵循传统文化发展规律和现代文艺创作要求为前提，避免对"非遗"的过度演绎和消费，"非遗"的"原真性"一直是在被大家所讨论的。不能让"非遗"为了与现代生活结合而过度演化，失去其原本的质朴和特征。

（五）科技性

让"非遗"与人们的日常生活建立关联，让传统手工艺与当代社会文化观念、生产方式及生活方式产生关联，使"非遗"重新成为当下生活与文化的一部分。在快节奏的、以高科技为主导的现代社会中，这就需要进行科技与传统工艺的融合，使得传统手工艺在保持原有的手作技艺上，在一些制作环节利用科技辅助，省时有效，提高产能。例如，南京云锦作为较有代表性的"非遗"已在文创产品设计的开发方面取得了成功，然而云锦织造前期的纹样开发成本很高，人力成本很高，这些都导致了云锦在产业化尝试中困难不断。随后，南京云锦研究所与高校展开了合作，尝试在技术上进行创新转化，为云锦的设计转化提供科技支持。技术上的提升，使传统云锦织造前道工序摆脱了落后的手工操作状态，这既节省了人力，也提高了效率，降低了生产成本，同时也为云锦的大众化普及奠定了基础。

除了"非遗"的核心工艺方面与科技的融合，在"非遗"设计转化的另外一个重要方向则是"非遗"文化的传播。在这方面与科技的融合是以"非遗"为主体，与新媒介的融合来进行传播，以此实现"非遗"中的传统文化与现代科技的对接。要从单向传播变成双向互动，不能仅仅是让大众单方面被动地接受"非遗"文化的宣传推广，而是重新构建人与"非遗"中的传统文化的关系，让受众参与到民俗艺术的创意衍生及传播中。例如，2019年腾讯QQ中利用AI技术推出"年画中的我真好看"小游戏，根据不同地域的选择，配以地域方言祝语及年俗美食形成自己的专属年画，转发分享给亲朋好友传递佳节的传统问候。2020年，新冠肺炎疫情突发，各地民间文艺家协会迅速行动，"非遗"传承人制作各种抗疫宣传画通过网络媒体迅速传播，年画的风格加上抗疫的内容，以老百姓熟悉、亲切而又非常深刻的形式，完美实现了抗疫宣传年画在媒介传播的不断迭代升级，在融媒传播效应的助推之下，不断实现着传统文化中的"礼"和民间的"俗"互动的融合。

这些沉浸式的互动传播体验，大多数是以传统年画中的形象为母本，与现代科技和新媒体进行融合，从而将以往大众对传统年画的"静观模式"转变到接收者感官的"自我体验模式"，构建了人与年画的新关系，同时注重增加当代的受众在传统民俗艺术中的代入感，增加了现代受众与传统民俗之间的对话，有助于实现传统与现代的对接。

二、"非遗"设计转化的基本原则

（一）以市场为导向原则

2019年年底，抖音推出了"非遗"系列纪录片，用小视频的形式讲述"非遗"传承人的故事，抖音"非遗合伙人计划"让没落的"非遗"技艺能够得到传播。其中浙江省杭州市"非遗"项目富阳油纸伞的传承人闻士善，在抖音上他叫"闻叔的伞"，粉丝们亲切地叫他闻叔。凭借30多年来打磨出的精湛手艺，闻叔的油纸伞畅销海外。

"非遗"技艺如若仅仅停留在传承工艺和技术的目的上，那么注定了以"非遗"技艺为基础设计出的产品是无法获得巨大知名度和市场的。无法获得市场成功会使得"非遗"技艺缺乏实际的资金支持，导致不能长远地、良好地存活下去，从而进一步使其无法获得知名度，也会最终导致"非遗"技艺逐渐被世人忘却，消失绝迹于这个世间。因此，以市场为导向原则不仅是设计这个商业性行为的根本，也是"非遗"向设计进行转化的基本原则。赢得市场认同的实质是获得大众对于"非遗"的内核——中国传统文化的认同和赞赏，这也是"非遗"进行设计转化的要点。

但是在吸纳现代元素进行的设计转化，并且以市场为导向的过程中，最容易引起关于"非遗""本真性"的争议。对"非遗"的"本真性"要多方面地去看待。一方面，不断纳入现代元素进行相应的转化，是"非遗"在历史上生存发展的基本规律，不能因为吸纳了这些元素，就认为"非遗"失去了"本真性"；另一方面，在对"非遗"的现代设计与创意中，以市场为导向，则一定会与经济效益相关联，所以要警惕因商品化而肆意改变"非遗"使其丧失"本真性"，以至于产生和活态保护的初衷背道而驰的后果。

（二）突出差异的创新原则

"非遗"的多样性是使其能够不断进行创新和设计转化的核心要义之一，保护"非遗"的多样性也就是保护文化的多样性，是进行创新原则的最主要方法之一。同一类型下的"非遗"技艺，但是却有着其独特的技艺特征和文化内涵，这个特征和内涵是其他技艺所无法替代和比拟的。"非遗"特有的文化个性可以确立文化身份，即冯骥才所讲的"文化 DNA"。冯骥才认为："非遗的多样性，正是中华大地民间艺术的伟大之处，传承人在传承各自艺术的同时，一定要避免同质化，民间艺术在传承中有些东西可以变，但它的民族性、地域性和手工性不能改，千万要保住，因为这是民间艺术的根。"正是这种技艺和内涵的独特性，能够给"非遗"带来突出差异的创新性。"非遗"所包含的传统文化，并不仅仅是进行简单的、一时的复兴，而是应该对传统文化进行重构和再生产、再创造。

在设计"非遗"产品时并非单纯地生搬硬套，应当是基于当代人的审美来创造性加工"非遗"文化，利用创新的手段来巧妙地呈现出"非遗"文化。目前国内的"非遗"文化产品虽有一定程度的创新，但仍存在较明显的同质化问题，产品创意不足，类型较为单一；产品类型主要都是箱包、手机壳、钥匙扣、书签、冰箱贴等产品，缺乏突破性的产品。在"非遗"产品设计中融入中国传统文化遗产精髓，为在现代语境下的"非遗"产品地设计、开发创新了发展思路。其中产品的外观方面的特征就是中国传统文化的精髓在产品设计中最为直观的表现。比如在服装上印上古代的象征图像，将"非遗"以文字、图形在图书上展示等。文创产品能够以虚拟作品的形态展现出来，如视频形式的文创产品、平面艺术作品等，这些都是"非遗"在文创产品中的具体展现形式。此外，在新媒体文创产品中也融入了"非遗"因素，在社会城市标识、文明图标等文创产品设计也都融入了非物质文化艺术元素，增强了"非遗"产品在设计形态和设计发展上的紧密联系。

"非遗"工艺的材料的特殊性是决定了其能够突出差异进行创新的关键。现代设计中经常用到的材料如玻璃、金属、塑料、钢筋、混凝土等，这些都赋予了产品设计极强的现代感，但与之相对的却是让设计缺失了传统的质朴感和原始美。"非遗"产品的创新应抓住材料的特殊性这个得天独厚的优势，如竹、陶泥、纸、木头、布、棉布等，这些未加工的材料都赋予了"非遗"进行设计转化的过程中与生俱来的天然美和自然感，这是现代设计所不具有的。同时，"非遗"在设计转化时也可尝试将"非遗"材料与现代化材料进行结合，但"非遗"工艺运用的材料仍应占据主导地位。

（三）绿色环保原则

绿色环保在设计中的核心原则即在产品整个生命周期内，着重考虑产品环境属性（可拆卸性，可回收性、可维护性、可重复利用性等）并将其作为设计目标，在满足环境目标要求的同时，保证产品应有的功能、使用寿命、质量等要求。从设计的具体过程来看，即在设计最初的时候就要采用可回收利用的材料，生产过程中要减少对环境的污染，产品成型后能形成多种组合形式从而减少用户对于产品的厌倦。

在"非遗"设计转化的过程中，如何将"非遗"中的经典文化元素进行提炼，从而设计出让消费者感到持续的新鲜感的产品呢？"非遗"的传统手工艺一直以来都遵循着"天人合一"的自然观，大多采用木石、植物纤维等自然材料，因而可以通过"传统工艺素材"来提升产品的生态价值，使其符合绿色环保原则。新时代下的"非遗"传承更是如此，崇尚新工艺、新材料、新技术、新模式的发展，更加关注减少能源消耗、提高绿色健康和个性特征的发展方向。

在这个现当代信息和技术爆炸的时代，随着东西方文化交流的日益增多，新的文化形式也不断地出现在当代民众的视野里。伴随着新观念、新技术以及新材料的产生，"非遗"的产品设计也要与时俱进，打破传统的设计章法和格局。不仅在设计观念上要进行转化，同时也要运用国际化的设计语言，并且在材料的选择上进行创新，尝试利用一些新型环保材料作为设计的依附载体。

将设计行为融进"社会—自然—人类"的系统中体现出的可持续设计，可实现人类和谐、共同繁荣等社会价值。在现代化的时代背景下，应秉持身心健康和绿色设计的理念，为其提供自我展示的舞台，并保护好"非遗"工艺原汁原味的特色。传统的非物质文化遗产与当代可持续发展理念，有利于传统"非遗"技艺的活态传承。"非遗"一旦活化和振兴，便不再需要"保护"，而是自身就蕴含了无限的生命力。加入更利于身心健康的可循环利用的新材料，将是未来可持续发展的探索方向。"非遗"产品设计只有在大数据时代背景下融入"文明健康""绿色生活"的理念，才能真正成为群众共有的物质和精神财富，从而更有利于对传统技艺的保护和传承，有利于弘扬优秀的非物质文化遗产，有利于开拓创新传统工艺振兴之路。

第三节　"非遗"设计转化的基本流程

一、项目管理与市场调查

（一）项目管理

项目管理办法作为一种科学又高效的系统化管理方法，在管理分析中具有绝对优势，如今在各行各业的使用极为普遍，取得了良好效益，而将项目管理法应用于"非遗"设计转化中有着深刻意义。在新媒体技术发达的时代背景下，大众消费者越来越注重于"非遗"产品的审美性、精神性、实用性等特性，大众消费者对于"非遗"产品关注度提升给"非遗"产品行业带来了巨大的冲击和挑战。如何提高市场占有率，获得大众消费者的支持和青睐，一直以来都是"非遗"产品行业要努力突破的重要课题。产品设计涉及众多设计流程，每一步过程都环环相扣，其中任何一个环节出错都会引起连锁反应，这就要求在产品设计过程中严格把控好项目管理，对设计项目管理中每个环节密切监控，并采取有效的营销模式，为"非遗"产品行业创造更广阔的消费市场。

1. 文献搜索

文献搜索作为项目管理的初始阶段，是"非遗"项目开发过程完整度的重要前提，也是深度剖析产品的必要条件，做好前期的文献资料整合，能为后期的项目阶段奠定基础和提供保障。通过全方位的国内外文献资料搜集，综合看待"非遗"产品设计所面临和所需要解决的问题，了解当下"非遗"产品开发设计研究领域和项目管理方向相关成果，整理已有的文献资料，并加以分析整合，为后期的"非遗"产品设计和开发提供充分的理论依据。

2.项目规划

项目规划过程让项目管理更加系统化、规范化，项目的推进过程更清晰明朗，为后期的项目阶段奠定坚实的基础。项目目标的设定为整个项目奠定基调和方向，有了项目目标，设计团队围绕这个目标发散思维，为产品量身定制详尽的设计方案，在实现项目目标的过程中，发现并解决产品设计过程中的问题。项目目标的确定，既要把握住大众消费者的痛点和痒点，也要把握好设计的大方向，才能在制定好目标的条件下，做到工作效率最大化。

设计项目流程图的确定和执行，能够保证项目设计过程中有条不紊，设计人员能够依据设计流程制定设计合理的时间分配和节点规划，保证设计过程在一定的流程范围内秩序性地执行，而不是碎片式的实行。

设计项目总体时间规划表主要从总进度时间安排、主要阶段时间安排、详细阶段时间安排三个层次上进行恰当地把握。管理者按照项目总体时间规划表将项目目标划分成具体的时间段，有助于管理者跟进和监管每个时间段内需要完成的设计进度量，把握设计项目的总体进程，适时调整并为下一个设计阶段做好准备。

个人绩效考核表，是对应到设计人员个人的考评标准。个人绩效考核表是对设计人员设计工作量化的监管模式，以量化的方式来评估设计人员是否按时按量完成设计目标，以公平公正的评价方式让设计人员自觉自律、保质保量地完成工作，为每个阶段的设计工作奠定基础。

3.项目评估

项目评估分为产品评估和管理评估两个部分。产品评估，不同的产品的评估标准各异，定位人群的多样化对产品的评估标准也有影响。项目目标作为引导机制，在产品评估中具有风向标的作用，它能使产品设计目标紧跟最初设定的设计标准。而产品评估最重要的依据是产品是否具有一定的社会性和市场价值，社会性是检验产品是否符合社会文化的发展潮流，而市场价值则是检验产品是否能够在市场中立足、是否具有一定的市场发展前景。管理评估，就是对于产品项目进行总体经验总结，对于项目、团队和个人的发展都有很大的意义。

4. 项目具体人员与团队

一个有大局意识、协作精神的设计团队，是设计项目能够顺利推进的重要前提。项目团队中领导者把控全局、分布任务、监管进度；设计师们提出个人思考，将创新点融入设计当中，并把专业知识运用于设计之中；其他辅助人员专注细节，协同设计师完成设计内容。各个部门人员的结合形成一个完整的设计团队，各司其职，为项目的完成共同努力。

（二）市场调查

1. 探索性调查

探索性调查能够体现消费者的语汇情况以及兴趣的焦点。探索性调查能够为调研者提供定性的数据。前人没有提供数据或者没有提出的项目，在调查中提出自己的假设，经过调查、整合、总结分析，来验证自己的想法是否有所出入，从而调研总结出思路的局限性。探索性调查能够准确调研出大众消费者的痛点和痒点，为产品带来独特的创新点，是产品设计前期市场调查的重要步骤。

2. 描述性调查

描述性调查是在具体的设计项目中调研特定的问题。一般情况下，描述性调查是在探索性调查之后的步骤，因为探索性调查能够提前检验项目前假设的问题，从而进行描述性调查来探讨下一个问题。识别出不同定位人群在行为、消费、态度等方面的差异性，需要描述性调研研究不同类别的调研对象，描述某个类别定位群体的特征。

3. 因果关系调查

因果关系调查是为了调查某一现象产生的原因，并进一步研究分析成因结果两者之间的关系。通过因果关系调研法，能够调研清楚设计项目成因和结果的关系，来调整项目规划。因果关系调研的目的就是寻找足够的现实依据来验证设计状态，它可以验证说明设计现象或者设计流程之间的关联性。

4. 预测性调查

预测性调查是专门为了预测未来一定时期内某一环节因素的变动趋势及其对营销活动的影响而进行的市场调研。预测性调研的最终结果是对调研项目未来发展趋势的预测，预测性调查立足于描述性调查和因果性调查的基础上。

5. 深度访谈

深度访谈是一种无结构的、直接的、一对一的访问形式。深度访谈是社会调查研究中一种应用广泛的调研方法。调研者通过有目的性的问答与调查访谈对象直接获取社会信息。深度访谈中，研究人员与被调查对象围绕研究问题展开相关的沟通交流，对研究问题做出根本性分析，以求达到解决所研究问题的目的。

6. 问卷调查分析

问卷调查以研究中心为题为焦点，调查者围绕焦点问题，制定详细精准的调查问卷，让被调查者根据问卷内容进行逐一回答，由此搜集调研问题相关资料。

问卷调查是研究大众消费者工作中一种十分常见的数据收集方法，也是弥补深度访谈调查缺陷的重要手段，它不仅大大优化了深度访谈自身的局限，还能突破时间和空间的限制，在尽量大的有限范围内，对不同类型的调研对象进行信息的整合和收集，具有节省人力、财力、物力和时间的优点。但是，调研人员在享受问卷调查所带来的便利的同时，也承受着调查数据真实性、可靠性的担忧。所以，问卷调查的质量和数量也是决定问卷调查结果准确度的重要因素。

二、受众行为问卷分析

（一）受众行为分析

1. 从社会学角度分析

在文化消费观念快速发展的新时代社会背景下，"非遗"文化产业形成自己特定的社会信号，其所带来的文化效应是无意识影响大众的，这种文化效应下的社会效应性质，会潜移默化地影响大众的社会观念和行为。"非遗"产品，把特有的文化思想内涵依据符合大众审美的设计语言转化为各式各样的创意性设计产品，将无形的中华传统文化融入大众的日常生活当中，有助于大众了解"非遗"文化的思想内涵，从而提升大众的文化层面。

从社会学角度出发，"非遗"文化产业的设计语言是基于社会发展进程的，是自然和社会所展开的创意设计行为。这种创意性设计行为，并不只是单纯的引导消费行为，而是有目的性的文化输出行为，反映社会现状当下大众对于文化价值的需求。人与"非遗"产品之间的互动所形成的体验感，也就是共同拥有的文化符号，社会的进步就是在人与物不断交流过程中不断丰富复杂的符合系统。"非遗"文化在"非遗"产品设计中的社会性主要依据于文化价值、社会环境和大众审美等因素，这些因素也反向体现于"非遗"产品设计当中，让"非遗"产品设计在新时代社会环境中更能呈现文化价值性，更能充实大众消费者的审美体验。

2. 从传播学角度分析

"非遗"产业的崛起是中国经济发展到一定阶段的产物，作为文化创意产业中的一部分，"非遗"产业正在带动我国的文化创业产业高速发展。从传播学角度来看，"非遗"产品所传递的内容是中华优秀传统文化，经过时间沉淀形成的"非遗"文化当中的内涵是不言而喻的，经典传统文化的输出正迎合当下大众消费者的文化审美。优秀的产品的传播需要一定的载体，通过载体的传播达到文化输出的成果。在新媒体发达的背景下，"非遗"文化输出通常依靠网络和新媒体的渠道进行宣传输出，在新媒体快、准、狠的传播形式下，"非遗"文化以及"非遗"产品推出以多倍的速度向大众扩散。"非遗"产品带给大众消费者审美价值的提升，切身实地地让大众接受并喜爱"非遗"文化所带来的精神层面的细腻感受。但是，"非遗"产品传播形式的创新是需要不断改进的，通过传播形式的开发与发展能够为"非遗"产品宣传和推广开发更广阔的市场空间。

3. 从经济学角度分析

伴随着社会经济的飞速发展，"非遗"文化产业也呈现出了新的发展趋势。"非遗"产品自身所自带的经济功能和社会功能决定了它能够创造出巨大的经济效益，推动社会经济的增长。它本身所具有的经济价值也使其成为能够具体且直观反映国家综合实力的因素。

"非遗"文化产业如雨后春笋般应运而生，但是市场形势的多变性，导致相关的"非遗"文化产业难以从中把握住其发展规律。其中部分"非遗"产业追求精致设计语言，从而人工成本变高，生产规模不大，导致产品价格逐步增加，让消费者望而却步，只有少数人为精美产品买单。随着更多现代化产品引入市场内，更多有设计感的产品精美而平价，给"非遗"文化市场带来不少的冲击。因此，"非遗"文化产业的产业链在设计过程中就显得尤为重要，一体化的产业链模式能为"非遗"产业注入新的生命力，能够推动"非遗"文化产业的良性循环发展，推动中华传统文化设计转化和新格局发展。

4. 从文化人类学角度分析

文化人类学为"非遗"产品的开发和研究提出了一种全新的视野角度和理论范式。文化人类学重点研究的是人类社会与文化的传承问题，在文化人类学看来，人既是文化的创造者，同时也是文化的产物。"非遗"文化是中华传统文化的精准提炼，以独特的艺术形态向大众传达了民族文化的多样性，是传统文化中具有标志性的文化"活化石"。在"非遗"文化传承与保护方面，将设计者将文化置于物的载体之中，设计出大众接受的精致的"非遗"产品，由文化到物到人的形式，文化由物至人的输出过程，促进了社会政治文化交流，为传承和保护国家非物质文化遗产提供了典范作用。"非遗"文化在传承和保护中所反映出的社会文化价值是无法忽视的，是需要一代代文化艺术工作者去坚守和发掘的文化宝藏。在文化人类学更广泛的视角下，"非遗"文化产品将"非遗"文化表达置入文化社会的情境中，使大众用更开阔的视野去见证"非遗"文化的核心价值。"非遗"文化本身在推广传承传统文化的同时，也在孕育着传统文化历史。

三、产品定位与头脑风暴

（一）产品定位

1. 以人为本的现代设计定位

在多姿多彩的现代社会中，人们追求的目标不会是整齐划一的单一产品，人们需要的是富有情感价值的个性化产品。以人为本的产品设计定位其意指在产品的设计过程中，功能性是必备的，还要确保产品是能够满足大众精神方面的需求的，进而达到使用价值与文化价值的高度统一。"非遗"产品在形式上能够做到以人为本的设计定位，在内容上也能迎合产品受众人群的品位，形式与内容的高度统一，使得"非遗"产品设计能够在市场中实施可持续性的发展策略。

2."非遗"体验的理念深化

"非遗"文化的传播载体、媒介是永远会被不断打破的，但在"非遗"文化的传播过程中，人的介入是必然的。所以将"物＋人"的参与行为作为设计理念深化到"非遗"文化体验之中，"非遗"文化就不再是孤立的内容，有了"人"的参与行为，"非遗"文化体验更是一种活态的传承形式。"非遗"文化特殊的价值内容，也使得"非遗"文化体验的本质是现代情境系统下"环境—人—文化内容"各要素之间的关系协调与平衡。

这种"非遗"产品形式介入了"人"的参与行为，"非遗"产品就不再是独立的物体，而是物与人互动的体验式产品，也是践行了"非遗"体验的理念深化。

3.视觉审美＋精神基因

"非遗"产品设计不仅需要设计师运用各项审美元素来深化产品的视觉形态，还需要设计师将精神基因注入产品设计中，视觉审美与精神基因的高度统一是"非遗"产品设计突破传统设计重围的必要条件，由此"非遗"产品形成"非遗"文化中具有特殊意义的表达形式。

"非遗"作品以现代人的审美方式转换，将传统文化以现代化的方式呈现，是文化先行的价值输出与精神价值的经营的高度统一，让"非遗"文化以产品的形式，更高效地将"非遗"文化触达大众。

（二）头脑风暴

近年来"非遗"保护工作取得了令人瞩目的成就，"非遗"产业受到的关注度越来越高，在市场的动态越来越活跃。然而，一些"非遗"文化项目在被大众看好的同时，其产品在市场销售过程中却频繁遭遇冷场。如何让"非遗"产品走出传统设计的屏障，重获生机与活力，成为当下设计的热点问题。产品设计师应积极探索"非遗"传承和保护领域，以新媒体平台作为跳板，利用新技术为"非遗"产品设计注入新动力，为"非遗"文化设计转化这一难题找到新思路。以下围绕社会转型时期"非遗"文化产品设计的传承和发展，展开"头脑风暴"。

1."非遗"产品＋交互设计

随着现代科技的快速发展，信息技术产业的日渐完善，现代化背景下的"非遗"产品一定是"实用性＋科技感"的产品，而虚拟现实技术就为现代产品设计提高了全新的设计思路。将 VR 交互设计运用于产品设计之中，是新时代背景下的一大趋势之一。现在已经有相当一部分"非遗"体验馆，将 VR 交互设计运用到体验馆当中，但是更多是体验馆与参观者的互动，"非遗"产品自身与参观者的互动体验较少，这将是"非遗"产品设计的一大设计趋势。设计者将自身思维以可视化的形式进行重新表达，为使用者提供崭新的产品体验，使用者也在新奇的感官体验中接收到设计师所想呈现的思维逻辑。VR交互设计的导入使使用者全身心沉浸于设计者所构建的虚拟情境之中，与产品进行深入的互动体验，丰富了使用者的感官体验，从而让使用者与产品之间的联结更为紧密。

2."非遗"产品＋消费者的参与互动行为

大多数消费者只愿意对同一种类的产品消费一两次，因而将引导消费者二次消费的设计原则融入产品设计中，将会很大程度上改变"非遗"产品的消费方式。例如，由河南博物院出品的网红"考古盲盒"，名为"失传的宝物"，产品设有不同级别，级别越高，所挖出的"宝物"的稀缺程度越高。当然，宝物并非真正的古文物，而是做工精美的文物仿制品和有历史文化内涵的文创产品。消费者购买的产品不仅仅只是一个简单的物件，而是需要自己动手"寻找挖掘"的宝物，产品与消费者之间产生了参与互动行为，让产品文化记忆在消费者心中更深刻。

由此，盲盒与"非遗"产品的结合，"万物皆可盲盒"的形式加上"非遗"传统文化，不仅满足了消费者的好奇心，还提高了产品的收藏价值，更是促进了"非遗"产品的二次消费行为，从而让"非遗"产品与消费者之间增加了更多地参与互动行为。

3."非遗"产品 + 叙事性故事脉络

在全新的现代文化语境下，大众的审美眼光更容易聚焦到文化产品的情感表达上，产品透露出细腻的设计理念以及所使用的环境的氛围营造，成为现代大众评价产品的重要标准。设计师将"非遗"文化脉络与故事脉络串联注入产品设计之中，赋予产品精神情感，使用者由此能够与产品产生共鸣感，此时的产品就不再是冷冰冰的使用品，使用者能够更深刻的了解"非遗"文化的价值核心。消费者的实际参与不仅完成了产品使用功能的价值，也完善了叙事设计中故事事件的完整性和连贯性，而给消费者带来了与以往完全不一样的产品体验，使情感体验更为丰富。

"非遗"产品核心故事脉络与"非遗"文化的核心内涵紧密相连，纵观"非遗"文创产品同质化的大趋势，使用者与产品之间的关系在"非遗"产品设计中尤为重要，"非遗"文化的叙事性设计介入"非遗"产品之中，故事共情性与产品之间能产生更细腻的情感体验，这是"非遗"产品设计中展露出来的新的设计思路与设计方向。

4."非遗"产品 + 新潮品牌的 IP 跨界合作

"非遗"文化厚重的历史感与深远的文化感，与潮流品牌的酷炫和休闲元素的跨界结合，能意外地产生化学反应。"非遗"不应该只是一种原封不动的固态的保存，必须要让"非遗"实现活着的传承。而"非遗"产品与新潮品牌的 IP 跨界合作正是"非遗"产品在新时代背景下的突破口，让"非遗"产品以全新的形式展现在年轻人面前，让"非遗"产品的受众面不断扩展开来。

"非遗"产品与新潮品牌的跨界合作实现了"非遗"文化与品牌商业价值的双向升级。"非遗"文化借助潮流品牌的 IP 跨界合作，践行了流行转化的策略，也是对"非遗"技艺商业化价值的可能性做出了新的探索，将"非遗"文化推至大众视野中，拉近了现代年轻人与"非遗"文化的距离，有助于实现"非遗"文化的活态传承。

四、"非遗"产品设计的评价

（一）从消费者的角度来评论"非遗"产品设计

产品设计的最终目标体验者是其消费人群，所以消费者即是产品设计的最终目标定位人群，产品设计评价以消费者的评价为最重要的衡量标准。当"非遗"产品能够满足目标人群期望时，其文化价值才能达到价值宣传的最大化。当"非遗"产品能够满足消费者期望时，消费者才会认为是值得去购买的产品，消费者对于产品的期望主要可分为以下三个方面。

1. 功能性

随着大众对产品各式需求的不断扩大，能满足大众需求的产品形态也更加多样化。但无论大众的需求如何多样化，回归到产品的本质，"非遗"产品的功能性一定是在最优考虑范畴之中，尤其是在当今物质条件充足的社会环境中，功能性变得尤为重要，未来的"非遗"产品一定是以使用功能为主的设计模式。在 20 世纪初，包豪斯就形式与功能的关系提出了口号"形式追随功能"，可以看出"非遗"产品设计的首要任务就是满足产品的功能性，这也是吸引大众消费者购买欲望的重要因素。由此看来，未来的"非遗"产品设计不会单单局限于产品形式，而会将大众的需求着重考虑应用到设计之中，对大众的需求有更审慎的思考，针对不同的"非遗"文化的产品设计也会有不同的设计语言。

2.审美性

社会的进步伴随着大众审美的增长,"非遗"文化产品的功能性逐渐向观赏性转变,大众消费者对于产品审美性的需求,从侧面映射了社会进步的程度。从市场角度来看,实用与审美兼备的产品在市场中更有竞争力。由此,"非遗"产品的功能性与审美性的高度统一,是"非遗"产品能在市场中经久不衰的重要因素之一。"非遗"产品设计的开发过程中,在遵循产品实用性的前提下,为产品注入更精致的审美价值,更能满足大众物质和精神的双重需求。这就要求设计师深入研究大众消费者的审美需求,在充分体现"以人为本"的设计理念之后,努力发掘寻找产品功能与审美的统一性,从而提升产品的舒适度、流畅度、和谐度。

3.文化附加值

纵观当下,现代人的消费行为已经从追求商品实用功能的单一性需求,逐步过渡到追求商品文化价值的多元化需求,大众消费者购买产品不单纯是为了满足自身生活的基本需求,消费者还要求获得精神上的享受。当"非遗"文化元素融入产品之中,因文化元素所带动的增值部分就是文化附加值,而"非遗"产品中文化的融入是它获得高附加值的重要因素,这也是"非遗"产品区别于其他一般商品的根本特征。"非遗"产品本身所自带的文化附加值为产品的价值带来质的变化,也满足了大众消费者日益增加的文化情趣。"非遗"文化是中国传统文化精髓之一,其作为文化符码,当作中华传统的文化包装,通过产品的消费来进行文化输出,获得文化附加值。可见只有不断适应代际更迭的美好生活需求,才能完成"非遗"的文化传承任务。

(二)从经济的角度来评论"非遗"产品设计

随着社会经济的飞速发展以及消费层次的逐步提升,以新模式和新技术为依托的现代文创产品行业得到了发展机遇,其中"非遗"产业的发展已经成为检验经济发展的重要标准之一，重视"非遗"文化产业的发展对于推动国家经济增长有着十分重要的现实意义。产业发展本质上是带动经济效益的，而"非遗"文化产业为国家、为政府不仅带来了经济效益，更带来了社会效益。"非遗"产品的文化价值如同中国传统文化的品牌形象，本质上是一个广告经济效益，由它带来的收益资本是源源不断的，带来的社会效益更是深层次的、向外输出的。

纵观文化产业对经济发展所做出的贡献，"非遗"文化产业对经济增长的直接贡献并不明显，这很容易让社会轻视甚至忽略文化创意产业在推动社会发展过程中所具有的经济功能。但实际上"非遗"文化产业对经济发展的间接贡献十分巨大，"非遗"产业产品不仅推动着中华传统文化产业的发展，同时也重树了当代消费者对传统文化的概念，不断将新兴的"非遗"设计语言推送到大众视野中，推动文化与技术开发，本质上就是推动经济增长的重要因素之一。在经济发展的大时代背景下，"非遗"文创产业的发展对于经济化过程中的产品创新、技术革新，对于推动经济发展都具有深刻的现实意义。

（三）从社会的角度来评论"非遗"产品设计

1. 以社会主义核心价值观来评价"非遗"产品设计

"非遗"文化传承与社会主义精神文化建设两者紧密联系，"非遗"文化传承不仅让中华优秀传统文化在现代社会继承与稳固发展，也推动了社会主义核心价值观在大众之间的传递。"非遗"产品设计通过设计语言的转变将社会主义核心价值观以物的方式无形融入大众生活中，将现代"非遗"产品设计与社会主义核心价值观嫁接起来。社会主义核心价值观是"非遗"产品设计中的社会价值体现，"非遗"文化的传承发展始终伴随着社会价值的表达，这也象征着中华民族精神不断在现代社会绵延。非物质文化遗产和社会主义核心价值观之间的相互作用，是"非遗"产品设计发展的核心要素。

2. 从绿色设计与可持续性发展来评价"非遗"产品设计

随着大众消费者审美要求的日渐提升,"非遗"产品设计的包装设计、造型设计、材料设计等,以及"非遗"产品的设计思路都可能会为了迎合消费者的审美需求来进行设计补充,但一味地迎合需求来设计产品,会导致"非遗"产品的发展陷入被大众引导的被动局面。产品设计中绿色设计与可持续性发展的最终目标是为了解决经济、环境和社会的平衡问题,进而满足大众消费者的使用诉求并维系诉求的持续。绿色设计与可持续性设计的要求不仅是满足当代人的需要,更是要保证子孙后代的发展需要。基于消费者对"非遗"产品的不同需求,秉持绿色环保的原则,为"非遗"产品的绿色设计发展提出新方法与新途径,使绿色设计与可持续性发展条件下的"非遗"产品设计更符合国家提倡的可持续性主题和大众环保意愿,是今后必须继续探讨的课题。

第四节 "非遗"设计转化的文化体现

一、传统美学

中国传统美学思想博大精深、源远流长,是古人在对世界的认识和实践过程中的智慧结晶。随着大众消费结构的日益完善,在文化自信的背景下,越来越多的人开始关注中国传统文化所传达的美感,让东方美学回归人们的日常生活中去,成为"非遗"设计转化中的重要一步。我国的传统美学蕴含了大量的艺术思想,传统美学讲究的是一种"意境"的传达,"意境"是一个极富美学特色的范畴。中国的传统美学,是从实际出发,并追求内容和形式的统一,当将其应用于箱包、服饰、手机壳的配饰上,并与"非遗"手工艺进行融合之时，一场关于"非遗"领域的东方美学设计风格正悄然兴起。

设计美学是一门新兴学科，是设计学与美学的交叉融合。"非遗"手工艺蕴含着传统美学、工艺技术等方面的匠人智慧，在"非遗"传承和创新的道路上，我们需要用古代人的视角结合当代的时尚潮流进行挖掘和探索，尤其在产品的视觉文化方面寻找一种特有的东方美学意境。近年来，各大品牌纷纷与"非遗"文化进行跨界融合，其跨界领域关涉人们的衣食住行等各方面。如百事可乐与妈妈制造合作推出的"非遗"刺绣限量罐和瑶绣潮流环保袋系列产品，在一定程度上体现了中国的传统美学。这些"非遗"设计品中传统美学的体现，展现了"非遗"产品对文化精神内核的探索与追求，运用品牌创意来解构"非遗"技艺，使得"非遗"真正走入年轻人的视野中。

中国的传统美学强调，艺术是以审美意象来反映现实生活的，对"非遗"设计转化的创作过程有很多启示。首先，在设计创作的过程中，要立足于现实。"非遗"创作是生活的美学，设计人员不能完全封闭在自我的幻想中进行创作，否则"非遗"设计转化品就成了"镜中花、水中月"，得不到大众的广泛认可。其次，在立足于现实的基础上，用丰富的内容和题材吸引大众的眼球，让设计品上升到精神情感的追求层面，引起观者的共鸣。最后，对内容和题材进行虚构加工，使其更加具有代表性，以符合欣赏者的审美需求。

长期以来，我国"非遗"工艺的创作一直追求豪华绚丽的装饰效果，"非遗"工艺器物也都极尽华贵精美，是中国千年文化的积淀。因此，在"非遗"设计转化的过程中应该注重保护"非遗"技艺的基因，同时也不能脱离实际，应该把中国特有的"非遗"传统美学延续下去，持续以即时性的潮流语言重构传统，让"非遗"再次回到日常生活的视野中，助力"非遗"的创造性转化和创新性发展。

"非遗"留给我们的技艺遗产和精神文化遗产无疑是弥足珍贵的，以现代的眼光回首"非遗"艺术创作的过程不仅仅是追根溯源，更重要的是探索未来。"非遗"设计转化的产品创作，应符合时下公众的个性追求和审美创造的需要，发挥设计创造的灵活性，通过"再设计"更新"非遗"手工艺的传统美学，重新唤起人们对文化认同与个性化审美需求的消费欲，并使之成为人们日常审美消费的形式，将传统美学与现代创作理念共同融入"非遗"设计转化的过程中，这将是对非物质文化遗产更好地传承与创新。"非遗"传统手工艺应该保持其传统美学核心价值，深入挖掘自身产品文化与品牌文化管理，通过借鉴各种优秀的设计案例进行大胆创新，探索出符合自身文化发展的传承创新道路。

二、在地文化

在地文化作为一种文化资源，具有深厚的文化底蕴和价值禀赋。《中华人民共和国国民经济和社会发展第十四个五年规划和 2035 年远景目标纲要》指出，要扩大优质文化产品供给，推动文化和旅游融合发展。这表明"十四五"期间，文旅融合发展趋势愈发凸显，也充分显现出了在地文化的深层价值。地域文化符号是在特定的地域背景下形成的文化综合体，涉及地域地理环境、历史文化、风土人情等各方面。"非遗"设计领域的地域文创产品的开发不应过分对当地的历史文化进行修改，应将各地优秀的地域文化资源进行整合，并将其运用到产品设计的开发中，使得"非遗"领域的地域文创产品能够体现和蕴含当地的历史文化资源。

"非遗"设计转化产品作为地域文化的载体，具有鲜明的地域性特征，蕴含丰富的地域特色文化资源，这些资源具有很重要的经济价值和社会价值。当前，"非遗"文化产业要不断地释放地域文化强大的内在活力，可以从一个地区的生活习俗、方言、传统工艺等方面搜集设计元素，将地域文化符号应用到"非遗"设计品的转化中去。"非遗"设计产品的地域文化的体现，要求设计师在设计转化的过程中应注重具象转化和抽象转化两个方面。具象转化就是将独特的文化元素应用到"非遗"设计品的转化中，抽象转化则比较注重意境的传达，如"武夷山水 南平有礼"包装设计大赛畜禽类金奖作品《南平鸡蛋》，其运用具象转化的方法将南平地图及景区特色同蛋液的形态元素相结合运用到鸡蛋的包装上，同时其黄白色调传达出了健康、干净的意境氛围，整体展现出南平当地的地域特色。

　　"非遗"产品独特的地域性特征，能够彰显其独特的个性，"非遗"手工艺蕴含的地域性基因也使其能够得到长久的延续。如果在"非遗"设计转化过程中注重体现一个地区的地域性文化，不仅可以增加"非遗"文创产品的收藏价值和工艺价值，同时也有利于"非遗"传统手工艺的传承与延续。此外，"非遗"设计转化过程中的地域性特征不仅体现在审美方面，还可以结合当地的自然资源和制造工艺进行产品的生产制造，如福州脱胎漆器的髹饰技艺、厦门漆线雕工艺、福鼎饼花工艺、德化瓷工艺、武夷岩茶（大红袍）传统工艺技能等，这样不仅可以降低产品的生产成本，还有利于当地"非遗"手工艺的传播与推广。

　　通过地域性视角，可以使公众更加全面地了解一个地区的文化内涵，也能更好地促进"非遗"产业的发展。"非遗"承载了各种各样的地域文化内涵，也包含了不同地区的社会风尚和居民行为特点，因此设计师在吸收接纳不同文化的同时，也可以将各地区的地域文化元素应用到"非遗"设计转化品的设计中，使得设计过程更加丰富、灵活。以地域性文化为立足点，挖掘城市文化记忆，以"非遗"设计转化品为文化载体，使观者感受到各地区特色鲜明的民风民俗，唤起公众对非物质文化遗产的重视与保护，以更好地实现"非遗"的传承与创新发展。

　　我国的非物质文化遗产根植于民间，在"非遗"设计转化的过程中，应当注重地域文化符号的选取和提炼，所选取的地域文化符号应充分展示当地的特色，以此来提升一个地区的文化内涵。通过一种独特的方式展现出一个城市的经济、历史、文化等方面的成就，可以充分挖掘当地潜在的市场价值，从而形成品牌效应，促进“非遗”产业的有效发展。

以地域文化为基础所开展的“非遗”设计转化是宣传“非遗”的重要方式之一，地域文化符号在“非遗”设计转化中的运用是对“非遗”文化的一种传承，也是使“非遗”在现代化浪潮中区别于其他“同质化”产品的根本所在。因此，地域文化元素的提取和应用可以有效缓解“非遗”设计转化过程中同质化的现象，增加了“非遗”产品的活力，营造了一种当地特有的文化氛围，对“非遗”传承有着重要的作用。总体来看，地域文化特征将成为“非遗”设计转化过程中的重要发展主线。非物质文化遗产要立足新发展阶段，不断挖掘地域历史文化资源，促进地域性“非遗”产业的创新，开创“非遗”文化传承与发展的新局面。

三、情感体验

情感体验一般能够反映用户情绪的生理变化，是个体对自己情感状态的意识。不同的产品能使我们产生不同的情感体验，经济时代背景下，用户的情感体验越来越受到设计师的重视。“非遗”设计转化产品的开发正在向“非遗”体验式文创产品的开发转变，这种开发方式依托“用户体验”为主题，以“非遗”产品为载体，需要设计师和体验者共同参与到设计的全过程之中。“非遗”设计转化过程中的情感体验是在传统文创产品的基础上更加注重用户的参与性、体验性和融入性，以最大化地满足消费者更深层次的心理消费需求。

体验型产品需要加强游客参与的环节，充分利用网络、媒体等各种渠道加大宣传，提升“非遗”的知名度。“非遗”的传承与保护，需要提高民众的普及度、大力扩大群众的接触面，以此来体现传统文化的活态传承性。随着现代化科技手段的更新和发展，位于福州市中心三坊七巷的"叶氏民居"建筑院落内，福建省"非遗"博览苑在传统展示方法的基础上，将其同新的科技手段相结合，向公众展示馆内的"非遗"成果。首先，通过藏品实物和图文的静态展示和多媒体动态展示相结合，使得馆内的展陈方式达到动静结合的效果；其次，在节假日期间组织一些"非遗"技艺的展演活动，让观众可以直观地感受到福建的非物质文化遗产；最后，结合时下的语音导览、触摸屏、数字体验厅等新科技、新形式、新手段为公众展示"非遗"的最新成果，给观者以全新的视觉感受。

　　"非遗"设计产品具有丰富的历史文化价值，现阶段大多数"非遗"产品缺乏文化内涵、情感体验缺乏创新，不能满足公众日益增长的精神需求。对于体验式"非遗"设计产品的开发，可以结合时下比较热门的科技手段来进行开发，通过展现有关"非遗"的历史文化知识，有利于增加人们对相关文化的了解。此外，还可以运用科技手段让用户亲身参与到娱乐体验活动中，将"非遗"文化与时代潮流结合起来，深入挖掘非物质文化遗产的历史底蕴。将"非遗"文化成果用最经济、最便利的手段通过线上和线下相结合的交流方式，促进"非遗"设计转化产品的可流通性、可增长性、可持续性，进而把产品的接受、促销和扩散整合为艺术实践中不可缺少的环节，势必激发和活跃"非遗"文化精神的融通、转型和更新换代的可能，提升产品的价值传播力和社会占有度，以实现"非遗"设计转化的社会效益和经济效益的互动与双赢。

　　我国的很多"非遗"项目本身就是源自先民生活的衣食住行，也正是依存于千百年的世俗生活才得以流传至今。在现代生活中，"非遗"的静止性、封闭式保护不会是一条光明大道，一旦切断与当下生活的联系，也就切断了活水之源。"非遗"走入寻常百姓家，情感体验会是一个精准有效的宣传平台和展示空间，未来可以通过多渠道开展宣传展示交流等活动，进一步加大"非遗"传播普及力度。当前很多"非遗"展览馆都已推出木雕、刺绣、漆器、制陶、蜡染等体验项目，也吸引了不少游客的参与，成为"非遗"宣传的新亮点。但从产业整体趋势来看，还存在许多方面有待改善。同时，打造以"非遗"传统手工艺为核心，集体验、收藏、展览、研学教育、文创礼品于一体的"非遗"设计转化多位一体的产品宣传体系，也值得期待。

近年来，"非遗"保护体系得到不断完善，"非遗走进人们的日常生活""见人见物见生活"成为"非遗"保护传承的重要理念。就目前来看，"非遗"设计转化过程中的情感体验的开发应充分考虑到消费群体：首先，对游客开展广泛的调研，建立一个数据库，了解不同用户群的需求；其次，增加"非遗"的用户参与度，让游客参与到"非遗"设计体验的过程中，增加他们的兴趣以及对"非遗"的了解；最后，深入挖掘非物质文化遗产的内涵，借鉴国内外优秀的设计案例，找寻一条适合"非遗"设计转化的情感体验主题。体验式"非遗"设计转化品开发的目的不仅仅在于提升游客的感官体验，更是为了使游客产生情感的共鸣，非物质文化遗产是来自于人们的日常生活的创造，体验式产品的开发可以使参与者获得身临其境的情感体验。

四、文化符号

文化符号是一个企业、地域、民族，甚至国家独特的标识，是文化内涵的重要载体和形式，具有很强的抽象性。非物质文化遗产是先辈们通过日常生活的运用而留存到当今社会的文化遗产，其最核心的部分是文化符号的体现，强调以人为核心的技艺、经验和精神的传承。在现今社会中，"非遗"也同样不可避免地被不同程度地物化，保持"非遗"在设计转化过程中的文化特征，是尊重本民族文化遗产的必要态度。

　　"非遗"设计转化过程中的文化符号与设计产品相辅相成。设计品以文化符号为支撑，并通过其传达出抽象的意义，即其所蕴含的审美观念、传统文化等内容。因此，"非遗"设计转化品除了传承的功能外，更有助于提升地区的认知度和影响力，以及宣传地区的历史文化等。文化符号能够映射出不同的意象和文化隐喻，因此，在设计前应深入挖掘"非遗"的文化符号，纵观历史文化脉络，让传统文化在保护和传承的基础上进一步发展和创新。

　　设计师可以针对不同的"非遗"产品的需要，将文化符号本身所蕴含的文化内涵和价值进行视觉语言的转化，并将其体现在产品的形态、材质和色彩上。从宏观上对文化符号进行深入研究，针对不同的设计对象和目标用户，选择合适的文化符号，通过对文化符号的重组排列创造设计出各式各样的"非遗"设计转化产品。例如，福州脱胎漆器髹饰技艺作为我国重要的非物质文化遗产与文化符号，具有传承与广泛传播的必要性。时光流转，福州脱胎漆器的本质属性仍然亘古不变，需要相关从业人员在新的文化语境下深入挖掘其内涵，使之同当代流行元素相融合，更好地将非物质文化遗产传承下去。

　　可见，在非物质文化遗产的传承之路上，文化符号作为其核心部分，可以承担起"非遗"设计转化过程中的使者角色。非物质文化遗产蕴含着丰富的文化传统和历史文化资源，可以唤醒人们的集体记忆和精神认同。目前，由于受到信息化、城市化的冲击，使"非遗"的生存与发展产生了一定的变异和缺失现象，但是"非遗"作为发展中活的文化，其本身具有很强的可塑性，在"非遗"设计转化过程中注重对文化符号的体现，是对"非遗"文化的创新性发展。

　　"非遗"设计转化过程中可以参考利用的文化符号较多，要想在其"非遗"设计转化产品设计中展现，就需要从传统"非遗"手工艺中提取具象的颜色、形态和符号等表象元素，并将这些符号元素提取出来加以整合创新，运用在"非遗"设计转化品中，营造一种浓厚的艺术文化氛围、传承"非遗"

文化内涵。首先，造型具有传递信息和沟通交流的作用，在"非遗"造型元素的提取过程中，可以从不同系列作品中选取具有代表性的造型入手，如十二生肖系列作品中各种生肖的形态、十二星座等造型在市场上都颇受欢迎，可以对其整体轮廓加以提取，作为"非遗"设计转化过程中产品设计的主要造型参考。其次，合适的色彩能使消费者产生对产品的购买欲。传统的"非遗"作品的色彩搭配比较复古，多以装饰性较为浓厚的华丽的色彩为主，在提取其色彩元素后可根据实际需求结合当代的流行元素进行提炼使用，也可对其进行优化和归纳，在原色彩搭配基础上进行改良，既能传达"非遗"作品传统民俗特色，也符合当下年轻人的视觉审美习惯，以迎合"非遗"设计文化市场的发展需要。最后，在"非遗"设计转化的过程中，图案是十分重要的部分。每个人对同一种图案的认知都有所差别，大众会对自己所认知的图案分类归纳，"非遗"手工艺作品中也蕴含着非常独特鲜明的图案和纹样，如传统的宫廷服饰上就会运用龙凤等形状的纹样，家具上也会有卷草纹样等，设计人员可以提取这些传统纹样并根据时下的审美将其优化成文化符号，并运用于"非遗"设计转化的产品上，更能传达出意蕴醇厚的传统文化特色。

五、跨界融合

跨界是从某一属性的事物进入到另一属性事物的运作，在这个过程中，事物的主体保持不变，产生变化的是属性方面，其本质是不同属性的整合与创新，现阶段跨界已渗透到各行各业。跨界融合，作为"非遗"技艺创新的重要方式手段之一，对于中国非物质文化遗产的传承和发展有重要意义，但是在创新过程中，部分商家为了追求经济上的利益，在材料和形式等方面违背了设计的初衷，只是一味地在形式上标新立异，忽视了"非遗"技艺自身内在的本质。

现代社会科技的快速发展远远超出了人们的想象，科技的成果让很多不可能变成了可能。"非遗"手工艺是我国的一个古老的行业，对国家的文化发展起着巨大的促进作用，在整个文化体系中也占有较为重要的地位。但随着社会的现代化，"非遗"存在创作题材单一、产品造型千篇一律、难以融入现代日常生活和无法同现代化社会接轨等问题，因此在现代化社会背景下，传统"非遗"手工艺的发展急需融入更多的新鲜血液。随着互联网的发展和科技手段的不断更新，越来越多的"非遗"技艺告别传统的手工作坊，以"非遗＋时尚""非遗＋研学""非遗＋展演"等为主题的多种跨界融合的新模式不断涌现出来，当下"非遗"正以独特的方式进入到人们的日常生活中。

"非遗"设计转化若要实现多维度的长足发展，应当尽快与年轻群体最感兴趣的流行文化相结合，如漫画、游戏等。与此同时，这些流行文化的周边产业，也将为"非遗"的可持续发展带来经济助力，相关部门可以成立"非遗"小镇，与流行文化公司一起，以涉及当地"非遗"设计转化产品作为切入点，在线下推广内容旅游，逐步建成一个以"非遗"为核心的元叙事体系，拉动当地旅游业的发展。如此良性循环，不仅能为流行文化注入更深厚的底蕴，使年轻群体在参与的过程中，提升对民族文化的自豪感，而且流行文化也源源不断地为"非遗"提供了多元化发展的新机遇。不过需要注意的是，"非遗"的本真性固然重要，但与流行文化的结合，并不意味着"非遗"将会失去原汁原味的特色，因此在"非遗"设计转化的过程中应该合理地把控好二者结合之间的"度"，这点至关重要。

以厦门漆线雕为例，从创作题材。创作形式和材料三个方面探讨"非遗"设计转化的跨界融合与创新。题材方面，以往厦门漆线雕普遍采用龙凤、云纹、花鸟等传统吉祥图案，现阶段这种传统的图样题材已难以符合年轻人的审美喜好，这就需要结合当下公众的需求和审美取向来创作一些顺应时代需求的创新题材。创作形式上，漆线雕技艺起先是依附于立体的木塑或泥塑佛像的一种"妆佛艺术",虽然时不时依托于瓷器、脱胎漆器等各式各样的载体,但是其创作形式忽视了公众的审美感受,只是盲目套用一些影视形象或卡通人物,导致漆线雕作品仅仅在市面上流行一时,创作者可以将漆线雕技艺同手机壳、配饰挂件、办公类产品相结合来丰富漆线雕的表现形式,使"非遗"技艺进入人们的日常生活中。材料方面,传统漆线雕生产制造所需的某些原材料如今已难以寻得,这就需要在材料方面有所创新,可以采用一些合适的矿物质材料或科技手段将漆线雕的原材料进行改良创新,如用化工材料立得粉代替老砖粉等,这种材料细腻均匀,可以在保证产品质量的前提下使得整个创作过程更加省力、省工和省时。也可以在漆泥中添加矿物质颜料,以丰富漆线雕的色彩层次和线条纹路,保证其作为"非遗"设计转化品的完整性。

为了更好地实现"非遗"设计转化过程中的跨界融合,在设计实施方案时需要考虑到很多因素,如形态设计上需根据用户的不同需求或者年龄差异等因素,设计出更加舒适的"非遗"设计转化品,功能定位上除满足人们的日常需求外,可以结合时下热门的科技手段进行创新,使之能够更好地满足不同人群的需求。由此可见,现代化浪潮在给传统"非遗"手工艺带来冲击的同时,也带来了发展机遇。"非遗"手工艺要想不被时代发展的潮流所淹没,就必须正视自身发展存在的不足,及时应对全球化发展的需要,将"非遗"传统手工艺与现代设计元素相结合,实现真正有意义的跨界融合与创新,促使"非遗"手工艺得到全面的传承与创新发展。

第八章　非物质文化遗产衍生品开发

第一节　"非遗"衍生品开发展望

一、"非遗"衍生品开发的必要性

（一）开发背景

非物质文化遗产作为与物质文化遗产相对的"无形遗产"，所到之处都为世人所瞩目。多年来，我国在开发"非遗"项目方面取得了令人满意的成绩：中国列入联合国教科文组织非物质文化遗产名录（名册）项目共计 42 项，总数位居世界第一；国家级非物质文化遗产代表性项目 1557 个，按照申报地区或单位进行逐一统计，共计 3610 个子项。国家级名录将非物质文化遗产分为十大门类，分别为：民间文学，传统音乐，传统舞蹈，传统戏剧，曲艺，传统体育、游艺与杂技，传统美术，传统技艺，传统医药，民俗。

中华民族的优秀非物质文化遗产是世界非物质文化遗产的重要组成部分，且形式丰富。党的十八大以来，习近平总书记高度重视历史文化遗产的保护和传承工作，围绕加强文物古籍保护、非物质文化遗产系统性保护等发表了一系列重要论述。加强非物质文化遗产的保护和传承，既是对历史的尊重，也是对国家和民族永续发展的长远谋划。在国家的高度重视下，非物质文化遗产开发与传承分为几个阶段。

第一阶段：发掘研究开发阶段。《保护非物质文化遗产公约》将非物质文化遗产分为五类：口头传统和表现形式，戏剧艺术，社会习俗、礼仪和节日，与自然、宇宙相关的知识与实践，传统职业。我国以此为评估区，进行发掘和细分，建立十类非物质文化遗产名录，并依此分类制定国家级非物质文化遗产名录、县市级非物质文化遗产名录，形成协调统一的格局。

第二阶段：生产者开发传承阶段。2012年，文化部发布《关于加强非物质文化遗产生产性保护的指导意见》，明确提出开发非物质文化遗产是旨在开发非物质文化遗产准确性和有效性的生产实践。非物质文化遗产的完整性和传承性是根本，基于非物质文化遗产对其有效性的影响，通过生产、流通和销售的媒介，将非物质文化遗产及其衍生品转化为文化衍生品。衍生品开发是对非物质文化遗产开发的有效探索，让非物质文化遗产以文化衍生品的形式参与市场并生动地传承下去。

（二）开发的目的及意义

1. 开发目的

非物质文化遗产是指各族人民代代相传的不同传统文化的表现形式，以及与文化表现形式有关的物品和物质场所。衍生品是英文 Derivatives 的中文译名，其本义来源于衍生品的含义，最早广泛应用于金融领域。非物质文化遗产衍生品，是由非物质文化遗产衍生而来的文化与商品的结合体，"非遗"衍生品的设计是基于传统文化背景的产品创新设计。

鉴于复杂的文化细微差别和消费者日益增长的需求，传统的衍生品开发方法仅关注衍生品和文化本身，已难以满足不同层次用户的需求。基于语境映射、语境感知和非物质文化遗产作为一个群体的"非遗"衍生品开发研究，以多种方式提取用户需求，通过衍生品开发来满足大众的需求已经显得十分必要。

福建省作为拥有众多非物质文化遗产的省份，在"非遗"衍生品的开发上具有极大的潜力。同时，福建省位于台湾海峡西岸，与台湾地区隔水相望，北接长江流域，南接珠江三角洲。不仅是海峡西岸的主要经济区，也是著名的侨乡发祥地，闽台文化之间的渊源更是连接海峡两岸血肉亲情的重要纽带。因此，开发非物质文化遗产相关衍生品不仅对福建传统文化的传播和推广具有重要意义，也有助于倡导和践行"两岸一家亲"的理念。[1]

因此，应继续深化生产性开发工作，让创新与发展相结合，挖掘民族文化元素，结合地方特色，在保留多样性和特色的基础上，全面健康发展工艺美术产业，促进中国传统文化衍生品融入当代生活。同时，在非物质文化遗产开发的基础上，还需支持新技术、新工艺、新衍生品的开发，增加其艺术含量和科技含量，提高衍生品附加值。[2]

2. 开发意义

近年来，随着社会经济的发展以及国民爱国情怀、文化自信的不断加深，中国文化越来越受到大众的追捧，人们开始重视非物质文化遗产的传承和发展，"非遗"衍生品开发的商业价值也愈发凸显了。大量国内外学者都在从不同的角度研究"非遗"衍生品的开发方法。就目前来看，虽然福建省文化遗产丰富，但"非遗"衍生品的相关开发方式仍有待进一步提高。

非物质文化遗产开发是促进文化发展、精神文化价值充分实现、丰富大众文化生活的重要途径。[3]研究"非遗"衍生品的开发，对于整个非物质文化遗产的开发与传承具有重要意义。首先，所开发的"非遗"衍生品能够更好

[1] 叶欣童：《直播面对面 两岸心连心——闽台两岸非遗直播连线活动举行》，《两岸关系》，2020年，第6期，第56-57页。
[2] 王云庆：《山东非物质文化遗产项目及传承人立档保护研究》，山东大学博士学位论文，2017年。
[3] 周致欣、谷菁菁：《非物质文化遗产传统保护手段与数字化研究》，《包装工程》，2015年，第10期，第36-39页。

地被人们接受并自愿购买，带来了经济效益，从而增加了参与者的经济收入，提高了劳动兴趣；其次，非物质文化遗产，作为一种比较特殊的文化符号，可以有效增强民族集体意识，增进民族团结。此外，开发"非遗"衍生品的经济效益可以促进国民经济的进一步发展，提高国家的综合能力；最后，"非遗"衍生品的开发有助于文化领域的发展、增加就业、促进社会进步，构建社会主义和谐社会。

弘扬民族文化传统，探寻"非遗"衍生品开发的意义和价值，已成为我国的重要课题。对于福建省的非物质文化遗产而言，其衍生品的开发及发展更是迫在眉睫。因此，无论是"非遗"衍生品还是非物质文化遗产，都应该尽可能多地进入市场，充分发挥其潜力，实现文化开发与经济发展的良好合作。

二、"非遗"衍生品的开发现状

我国的文化和自然遗产日定在每年6月的第二个星期六，目的是为了促进中国传统文化的发展，提高宣传的影响力，扩大社会效应。随着社会的发展以及对待"非遗"保护工作认识的加深，相应的政策理念也不断被提出，如2014年的主题是"让文化遗产活起来"，2016年的主题是"让非物质文化遗产融入生活"以及近年来"非遗"保护工作确立了一个重要理念："见人见物见生活"。

"非遗"是一个文化现象的整体。"非遗"不只是一件件体现文化传统的产品或作品，它更是可见、可参与的生活。同时，不可忽视的是，非物质文化遗产衍生品开发的悖论一直被讨论和研究，也是政府部门和市场关注的焦点。有人认为，开发"非遗"衍生品会对非物质文化遗产造成伤害，应当在完全保留非物质文化遗产原有特色的基础上进行合理开发、保护或传承。笔者认为传统民族文化融入现代生活是历史发展的必然趋势，也是中华民族精神未来传承的条件。无论是物质景观、名胜古迹，还是无形的传统风俗抑或是非物质文化遗产衍生品都是中国民族记忆的史册，是遍布世界的中国名片。

事实上，从非物质文化遗产衍生品的种类开发来说，包括民间文学、表演艺术，到传统仪式，都各有特色，不少非物质文化遗产衍生品开发项目甚至还具有很强的商业特色。例如，非物质文化遗产项目中的传统手工艺，艺人们制作的精美手工艺品，受到了人们广泛的关注。例如，成都著名的非物质文化遗产名作——蜀绣，在不断发展的过程中，蜀绣艺人们不仅生产出具有极高保存价值的优质衍生品，而且与时俱进，生产出许多与现代生活相融合的蜀绣衍生品，如利用蜀绣制作的传统服饰、家居装饰品和许多卡通形象制作的装饰品。这些衍生品高雅、大众化、匠心独运，深受大众的喜爱。①

近年来，非物质文化遗产衍生品领域稳步增长的一个重要原因是其内容和产业形式的创新。法国于 2007 年成立了非物质文化遗产署，旨在开发和利用在本国具有历史和影响力的非物质文化遗产衍生品开发项目，以实现经济和社会效益的最大化。法国建立了完善的"非遗"衍生品开发项目评估体系，对每个项目进行实地研究和科学论证，为开发和发展提供有针对性的思路。同时，法国还制定了有针对性的伦理宪章，积极采用数字技术，充分重视品牌价值，协助相关单位合理推进"非遗"衍生品开发项目并提供经济扶持，以此为打造衍生品开发工程营造良好环境。

随着现代社会经济的快速发展和物质财富的丰富，人们对商品的精神文化价值提出了更高的要求。故宫博物院和北京电视台出品的文化节目《上新了·故宫》的播放以及故宫文化创意产品在网络上"大热"，故宫博物院的文化衍生产品逐渐被大众所关注，从纸胶带、翠玉白菜阳伞到朝珠耳机等，独

---

① 张希月、陈田：《基于游客视角的非物质文化遗产旅游开发影响机理研究——以传统手工艺苏绣为例》，《地理研究》，2016 年，第 3 期，第 590–604 页。

特的创意设计也与人们的生活紧密相连。故宫的文化衍生产品特征和设计思维不只是在创意层面上的发挥，更多的是沿着历史脉络以及祖先为我们留下的非物质文化遗产，发掘出深藏的"故宫文化"元素作为传播载体并且不断发展，最终打造出具有故宫文化内涵，具有鲜明时代特征，贴近群众实际需求，深受消费者喜爱的故宫元素文创产品。

虽然这种模式成功的原因很大程度上是基于故宫历史文化资源的多样性和丰富性，但从整体来看，故宫通过"非遗"衍生品的设计和推广，为弘扬中华传统文化开拓了一个新的方向。

类似东北"二人转"的发展也是一个非常经典的案例。"二人转"作为一种来自民间的艺术，以往常常被不了解它的人视为一种"粗俗"的表演形式。然而，随着时代的发展和社会观念的转变，"二人转"逐渐开始演变成流行文化。辽宁大学等东北高校也开设了"二人转"专业并开发了一系列衍生品，将这一流行艺术引入现代人的生活。随着国家文化政策的调整和观众心理需求和审美需求的不断变化，粗糙的节目几乎从剧院消失了，现在的节目更多是对当地文化开发的表达。

中国作为四大文明古国之一，有近五千年的历史。中华民族以不屈不挠的顽强意志和勇于探索的聪明才智谱写了波澜壮阔的历史画卷，创造了同期世界历史上极其灿烂的物质文明和非物质文明。这也成为衍生品开发取之不尽、用之不竭的原因。目前来看，虽然我国"非遗"文化在发展过程中受到了一定程度的冲击，但是文化衍生产品设计行业的兴起为"非遗"文化的发展提供了新的方向和动力。很多文创企业借助现代科技，对传统文化资源和文化用品进行重新设计，生产了很多高附加值的文创产品，实现了现代生产技艺与"非遗"文化的融合，推动了相关产业的发展。[①] 其中，相关的中国

---

① 李保、曹雪、李笔山：《乡村工匠产品结合特色市场化模式研究——以河源"非遗"文化衍生产品市场化为例》，《大观》，2021年，第6期，第60-61页。

的非物质文化遗产衍生品项目已经有了一个非常庞大的体系，要继续更好地开发这个体系，单靠国家和慈善事业的贡献是不够的。更多的还是要依靠市场，以市场对产品的价值评价体系和标准为中心，确保"非遗"衍生品符合大众需求，刺激消费，为工艺师和设计者带来经济效益和社会效益，以此带动"非遗"衍生品开发，这是"非遗"衍生品开发的必要途径。

综上所述，"非遗"衍生品的开发领域要想稳步发展，就需要我们理清楚其"内容"和"形式"的关系，"内容"是丰富的创意源泉，符合市场需求的"形式"可以促进消费，以此带动非物质文化遗产和衍生品产业的发展。而后产业的发展再"反哺内容"：进一步传承发展我国优秀传统文化。所以这二者的关系是相辅相成，缺一不可的。

三、开发模式及展望

（一）非物质文化遗产衍生品开发的原则

1.真实性和完整性原则

开发"非遗"衍生品的一个重要指导原则是确保衍生品的真实性和完整性，以及创造"非遗"衍生品的可持续性发展，这通常用于"非遗"的评估和管理，以保证"非遗"衍生品的原貌和文化生态环境不受破坏，最终实现"非遗"衍生品和经济、社会、文化环境的可持续发展。核心管理的本质是继承结构的任何变化都必须在变化前后进行详细记录，并且任何变化都必须与开发计划的现有政策保持一致。必须不断监测"非遗"的自然条件，并定期采取开发措施。完整性包括环境完整性和内存完整性。环境完整性的本义是"完整"，而衍生品完整性的基本含义是"整体"。在实际治理中，这意味着在开发基础衍生品的同时，对"非遗"衍生品也充分开发了生态文化环境和周边文化空间。

真实性和完整性的最终目标是开发非物质文化遗产的多样性和文化多样性。在开发非物质文化遗产衍生品作为衍生品的过程中，相关组织和个人必须真诚地运用基本原则，并提供相关创新，使大众获得更深更好的满足感，从而实现在"非遗"和衍生品开发方面的合作，达到可持续发展的目的。

2. 参与性原则

大众是体验"非遗"衍生品的关键角色，提高大众的参与度是深化大众体验、更好满足大众消费需求的最重要途径。参与可以让大众更好地了解风景或人物，消除彼此之间的障碍，增加亲密度。通过参与和亲身体验，大众可以获得好的心情，获得知识，发泄情绪，缓解压力。大众参与"非遗"衍生品的开发活动主要是通过精神和身体的参与。为大众提供更多参与"非遗"项目规划和开发的机会，有利于提高大众对"非遗"衍生品开发的认知体验，这种体验更加具体和富有想象力，有利于增强大众对"非遗"衍生品的满意度。

3. 多样性原则

丰富多彩的非物质文化遗产是文化多样性的鲜明体现。"非遗"衍生品开发具有独特的地域特色、鲜明的个性和多样的职业发展需求。"非遗"衍生品的开发过程中能满足大众对文化的体验、个性化和参与度的多样化需求。体验类型越丰富，大众对文化的认知体验就越丰富，大众文化需求的满足程度越高，文化对大众的吸引力就越强。体验的多样性是吸引大众和维持"非遗"衍生品开发组织可持续发展的动力。

4. 以社会公众需求为导向原则

"非遗"衍生品开发需要关注用户的需求，在开发的时候需要有一定的实用性，才能真正融入人们的生活。在开发"非遗"衍生品的过程中，个人或组织需要完成完整的市场分析，将目标群体进行清晰地分类，并根据不同类型人群的需求开发目标。例如，根据性别偏好，男性消费者可能更喜欢实用的衍生品，如实用产品和出版物，而女性消费者可能更喜欢精美的原创衍生品；又如根据收入水平、不同人群的不同需求，例如，文化水平和社会地位，开发满足大众消费者需求的高品质、低成本衍生品，以及满足具有文化优势、高要求的分类质量和个性化需求的消费者的高品质仿真衍生品。此外，根据年龄段，开发老年人休闲类"非遗"衍生品、青少年教育"非遗"类衍生品、儿童益智类"非遗"衍生品。无论开发什么类型的"非遗"衍生品，最终都应该着眼于社区的需求，这样才能吸引更多的人。

5. 品牌化原则

个人或组织在开发"非遗"衍生品的过程中，必须树立品牌意识，既提升和强化"非遗"本身的文化价值，又体现个人或组织工作机制的规范。通过品牌文化，个人或组织可以增加他们的市场兴趣，也可以增加他们与公众的接触。以博物馆为例，国际知名博物馆，如美国大都会博物馆、V&A博物馆、台北故宫博物院等，都非常重视厂商的品牌包装策略。制定了标准，建立了标准化的体系。一些博物馆已经建立了自己的品牌。中国国家博物馆在博物馆藏品基础上进行开发，其所开发的展品包装，以馆体为基础的LOGO，下面整齐地排列着中英文"中国国家博物馆"字样。

品牌文化与优质"非遗"衍生品的开发相得益彰。个人或组织可以以其独特的衍生品和定期的展览或公益活动吸引着大众前来参观。除了增加品牌的影响力之外，还可以让大众有机会开发拥有自己的"非遗"品牌衍生品。而好的衍生品还可以提升非物质文化遗产的传播力度，增加个人或组织衍生品品牌的忠诚度。

（二）非物质文化遗产衍生品开发模式

1. 自主研发

在"非遗"衍生品的开发中，设立开发部门或单独的研究机构。例如，原福建文化厅设立的文化创意营销部，已经形成了独立的研发体系，主要目标是尽可能保持"非遗"衍生品在研究和产品开发方面的领先地位。对于文化传播，这样可以更深入地挖掘开发的内涵；对于其衍生物，可以保证更好的质量控制；对于个人或组织本身，可以更好地了解产品的开发方向，生产出更好地满足个人或组织本身需求的产品。此外，在资金方面，个人或组织还可以节省中介委托的开发费用，提高经济效益。

很多个人或组织为了轻松，习惯于投身"第三方"组织的发展，但这类产品的质量往往难以保证。外包、许可等方式只是开发产品的附加方式，外部因素的影响非常大。从长远来看，个人或组织需要成立自己的研究部门，自主研发产品，建立独立的内部流通体系，如此无论外部因素如何变化，对"非遗"的衍生产品的开发都能相对稳定地运行。

2. 合作开发

对于大多数不具备专业开发和制造能力的个人或组织来说，最佳方式是选择与制造商合作开发产品。一些著名的"非遗"衍生品开发组织也注重发展合作社。例如，台北故宫博物院每年三次邀请顶级制作人，分别在 4 月、8 月和 12 月，对"非遗"进行衍生品开发。但是，个人或组织不能自行批发或零售衍生产品。衍生产品仅在部门规定销售的分销渠道销售，并且要注明相应组织的标签。此外，个人或组织还应该着力加强与展会优秀展商的合作与发展。合作开发最重要的要素是合作厂商的选择。为了保证产品的质量和销量，厂商必须在合作之初就提供产品的生产计划，包括创意、开发方案、初步样品和估算，合同签订后，双方将研究开发生产量、成本和参考价格等。

合作社的发展不仅可以提升"非遗"衍生产品的文化认同度，还可以让双方创造审美经济。

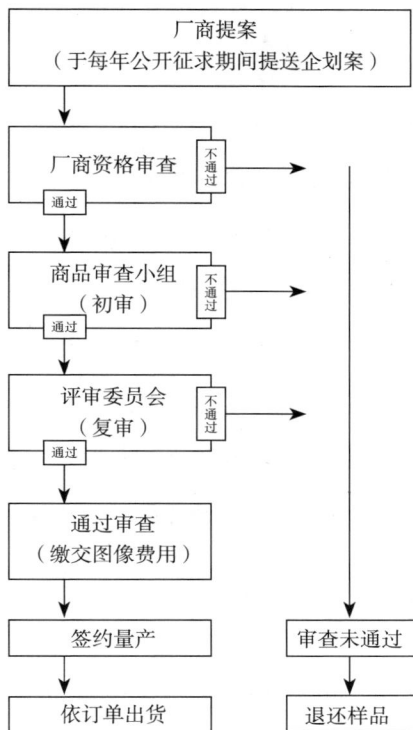

图 8-1 非物质文化遗产衍生品合作开发流程

3. 艺术授权

"非遗"衍生品的艺术授权，是指开发部门允许被授权人以受法律开发的合同形式，允许被授权人使用属于"非遗"衍生品的知识产权，如商标的图像、出版物等。使用生产、销售或供应对于某些服务和其他类型的商业活动，向被授权人支付适当的特许权使用费，反之，"非遗"衍生品开发部门也必须提供一定的指导和帮助。近年来，"非遗"衍生品开发部门越来越习惯于以艺术授权的形式开发具有收藏特色的作品，并计划建立产品开发和销售的综合机制，充分整合文化资源，加快文化和文化事业的发展，创新领域的发展。

（1）图像授权

图像授权通常是指"非遗"衍生品的开发部门允许个人或机构使用其中的底片、数字图形文件或其他视觉材料，并收取适当的版税。一般来说，图像授权的使用可以分为营利和非营利两种，非营利通常用于促进教育、发表文章或研究；营利是指通过产品开发、出版物和多媒体而赢得的利润。"非遗"衍生品的开发部门在申请图像许可时，首先要建立"非遗"衍生品的开发部门版税的征收标准。版税的征收方式一般有两种，一种是比例版税，一种是固定版税。根据不同的产品和用途，"非遗"衍生品的开发部门收取的版税的数额和方式也各不相同。例如，台北故宫博物院收取约 20% 的版税作为履约保证金。如果合同终止或样品未按时支付，保证金将被没收，否则将无息退还。被授权人还必须在版权页或图片旁边注明"故宫博物院"的来源或标签。因此，"非遗"衍生品的开发部门在图像授权时应该采取流程严谨的态度，让衍生品生产更健康地发展。

（2）品牌授权

品牌授权是指"非遗"衍生品开发个人或组织让相关部门对文化遗产元素注册商标，由国内外公司与品牌方合作开发产品，展示交叉包装的增值影响以及将印刷商标提供给双方。企业在申请授权时，需要仔细考虑品牌形象是否有价值，开发的产品是否适合大众收藏，以及其他创意和美感等因素。国内外销售渠道是否与大众的反响和销售评价相契合。就"非遗"衍生品开发个人或组织而言，应仔细考虑和评估申请人，以评估申请人自身的品牌利益，提取衍生品元素和创意开发方案以及品牌营销策略的成本，价格分析等方面的成本，选择好的公司与之合作并获得许可。

（3）出版商授权

出版商授权的含义是为了促进全民教育的发展，弘扬传统文化，"非遗"衍生品开发个人或组织与其他产品的授权合作，使其出版内容尽可能多样化，

给读者不同的体验。以图书为例，如文物目录、期刊、流行期刊、近期流行
的电子出版物等。与其他形式的许可一样，申请出版许可的出版商必须提交
商业报价。"非遗"审核部门首先要详细考虑公司的认证、经营情况和合同履
行能力；其次，发送关于公司的商业计划书，包括市场调查、产品评估和销
售渠道，以进行仔细监控；最后，接受审查的公司签字批准，并要求公司提
供一定的业绩。合同期满后，返还履约条款。为保证产品质量和后续衔接的
顺利开展，"非遗"衍生品开发个人或组织应允许在量产前准备样品供检验。
如果样品合适，将根据规格和数量将其发送给制造商进行打印。在合同中，
出版商也应该注明非物质文化遗产监管部门的监视和相关标识。

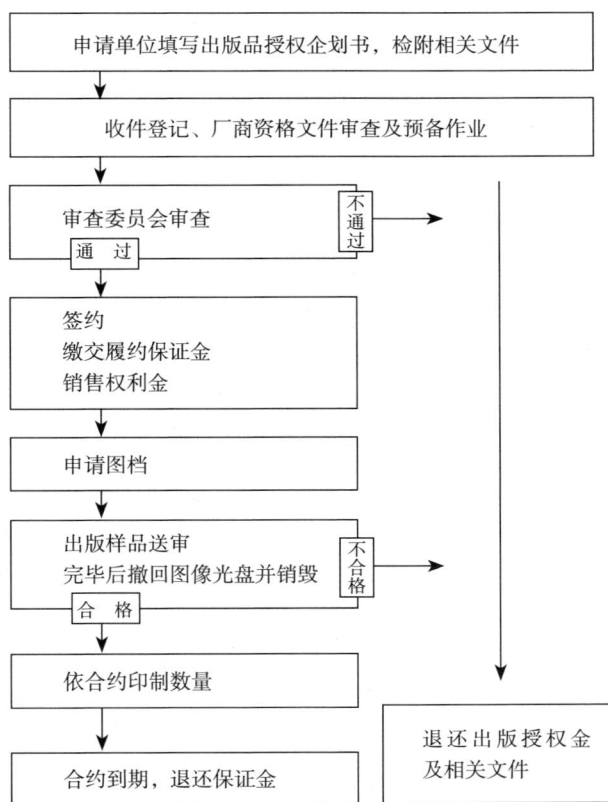

图 8-2　非物质文化遗产衍生品出版授权流程

第二节 "非遗"衍生品开发的理论基础与启示

一、理论基础

（一）博弈论

从表面上看，一个地区的非物质文化遗产开发与当地经济发展之间有着紧密的联系。因为在这个区域，不仅有文化遗产，还有遗址区域的人。根据人与文化遗产的关系，人们可以分为地方政府、文化遗产管理部门、商界人士和普通民众等不同的社会群体。这些不同社会群体的利益需求是不同的。普通人需要幸福快乐地生活和工作，企业人口需要经济效益，非物质文化遗产管理部门需要开发衍生品，地方治理也需要讲究经济效益。这些不同的需求既相互独立又相互关联，往往有牺牲这种需求来换取另一种需求增长的表现。要协调好多样化需求之间的关系，即"非遗"衍生品的开发与地方经济发展的关系，在文物开发与地方经济发展之间找到平衡点，使当地经济能发展起来，"非遗"也能与之相关。寻找这个平衡点的过程是一个博弈的过程，是一个根据每个群体的兴趣和需求分析其优劣势的过程，找到一个能够互补优势和劣势，捕捉到需要的过程。

在这个博弈过程中，主旋律是"非遗"衍生品的开发和地方经济的发展，主体是与这个主题密切相关的各个社会群体以及这些社会群体背后的强烈需求。由于"非物质文化遗产开发和地方经济发展"的环境主题相同，为了追求不同的利益和需求，他们会做出不同的选择，采取不同的方法。首先，地方政府机构不仅要积极发展地方经济，更要为开发"非遗"衍生品树立好榜样；文化遗产主管部门应尽一切努力开发"非遗"衍生品，但应在合理的框架内，期望人们开发和利用"非遗"衍生品；商人们希望为"非遗"衍生品的发展带来经济效益，普通百姓不仅希望自己的生活水平不断提高，也希望"非遗"衍生品得到一定程度的开发。"非遗"衍生品在经济领域是必不可少的资源。这两个因素需要所有社会群体在选择时综合考虑。因此，为了开发和弘扬"非遗"衍生品，就需要联合地方政府、文物主管部门、大众以及相关企业，对"非遗"衍生品进行一定程度的开发，才能够实现文化的传播。

（二）体验经济理论

体验经济理论是劳动经济时代发展的产物。体验经济提供的产品和服务与劳动经济时代提供的产品和服务差别不大。然而，体验经济学强调并承诺为顾客提供个人"体验"功能：为顾客提供产品生产过程和参与式服务，为顾客创造个人的、有价值的记忆，创造充满情感的体验。因此，在体验经济学的理论中，关注的不是顾客可以获得的产品，而是如何以服务为平台，为消费者创造一个"敏感舞台"，让消费者创造体验价值。随着市场的不断分工和企业经济的不断发展，融合了娱乐、文化和创意元素的文化体验将指导体验经济学理论的实践。

（三）产业结构理论

产业结构是指形成多种产业或不同制造业之间的规律性关系。一般来说，农业是第一产业，工业是第二产业，一、二产业以外的是第三产业。产业结构研究的目的是了解各产业部门的发展规律，以及各产业部门之间的交替规律，根据各产业的平均增长率和产量计算合理的分配率。有利于产业结构的调整和优化，为经济发展做出贡献。

我国的"非遗"衍生品发生了两次快速的发展。一是加大对"非遗"衍生品作为旅游资源的利用，以换取短期经济发展，导致"非遗"衍生品遭到破坏。这也导致了当地产业结构的不稳定，导致经济增长先于快速增长，随后转弱。二是要高度重视"非遗"衍生品开发工作，不遗余力地弘扬"非遗"衍生品。但是，"非遗"衍生品的价值没有被开发为重要资源，也未能为当地带来经济效益，促进当地经济发展。吸取以上两点教训后，我们必须对"非遗"衍生品领域的工业建筑进行合理规划和调整，使其得到相应的改进，使"非遗"衍生品得到开发的同时，明智地加以推广和利用，从而发展地方经济。

"非遗"衍生品产业结构调整应符合地方经济发展理论的原则。地方经济发展理论认为地方经济发展要充分发挥地方优势，合理安排区域内多部门分工，促进共同发展，为地方带来整体经济效益。地方产业组织需要充分利用地方开发的资源，这是实现地方充分发展的关键。

（四）可持续发展理论

可持续发展理论的内容非常丰富，涵盖生态学、经济学、社会学和伦理学。源自布伦特1987年《我们共同的未来》报告中提出的可持续发展定义："它可以满足现有需求，同时不损害后代满足发展需求的能力。"可持续发展的理论基础是人与自然的共存和人与人关系的和谐发展。

可持续发展的理论体系主要包括五个系统：生存支持系统、发展支持系统、环境支持系统、社会支持系统和智力支持系统。持续发展理论的基本前提是：①重视先行发展；②重视可持续性；③重视公平；④重视诚信；⑤重视和引进新型产销方式；⑥重视可持续发展人类的发展和观念的变化。

可持续发展开发的基本条件是保持开发资源的持续利用。开发"非遗"衍生品资源，首先要考虑当地人的生活水平、习惯和当地社会环境，以及大众的生活需求，其次要考虑生态环境和国家或地区的容量。还应注意"非遗"衍生品开发的公平分配和利用，不能过度开发，经济增长不以牺牲文化资源开发为代价。由此可见，以可持续发展理论为指导的"非遗"衍生品开发，可以让大众体验到自己独特的文化产品，同时可以促进人与自然、人与社会的和谐发展，从而确保文化可持续发展与非物质文化遗产开发。

二、福建非物质文化遗产衍生品案例分析

（一）福建剪纸

1.福建剪纸简介

福建剪纸是福建的传统艺术形式之一，具有浓郁的地方民俗风情和质朴的味道。闽南、莆田等地区的剪纸，多以水生动物的刻画为主，图案细腻生动。莆田一带的剪纸多以礼品、鲜花为主，构图丰满匀称、对称平衡、线条细腻连贯，显示出独特的艺术风格、浓烈的原始趣味和稚拙美感。

剪纸具有多种功能，例如：百叶窗、门鉴、灯笼、礼仪花和全年节日的装饰。福建省莆田市的剪纸构图完整、匀称、均衡，莆田市被誉为"中国民间文化艺术之都"。福建剪纸也用于建筑，作为仿漆图案的基础。最有特色的样式应称莆田的礼品花，贺生贺喜贺寿，祭神祭鬼祭祖，不管是馈赠还是摆供，也不管是礼轻还是礼厚，都要赋上一枚鲜红的剪纸花。

2.福建剪纸的开发具有情感寄托性

（1）浅层回归：都市回归田园

城市主体由社会环境构成，乡村主体由自然环境构成。与生活节奏飘忽不定的城市相比，乡村无疑成为陶渊明笔下诗意生活的当代延续。剪纸符合人们在身体无法奔跑的情况下精神上回到牧场的愿望。常见的福建剪纸图案主要有喜花、窗花、帽花、枕头花、鞋花等，都是自然环境中的元素，剪纸

有利于让人们充分认识生活，向回归自然的大众提供消费需求，为消费群体提供了心灵慰藉，以此来满足他们长期向往的精神境界，这也是开发衍生品剪纸的最终目的，同时，对福建非物质文化遗产的开发具有重要意义。

（2）深层回归：个体回归母体

在福建通俗的剪纸作品中，儿童形象是叙事的重要组成部分。面部五官连贯，嘴巴小，脸短而圆，嘴角上翘，他们在艺术家的巧手下进行着各种各样的活动，有的抱着水桶，有的坐在莲花上，有的躺在花枝上，有的躺在芭蕉叶下，生动地体现出纯真的童年。福建剪纸简洁大方，细腻丰富。剪纸的传统艺术不仅是技术和艺术，更是人类生活的一面镜子，以独特的剪纸艺术，诠释了一个民族的观念、情感和文化血脉，反映了历史、现实和未来。在福建剪纸的发展中，也必须考虑到这种情怀的需要，依托剪纸的元素，反映地方特色民俗，开发出具有时代感的产品，福建非物质文化遗产保护与开发的重要举措。

3. 福建剪纸的开发具有文化包容性

福建的剪纸表达了对幸福的向往。在剪纸中，每一幅作品的背后，都包含着民间艺人真挚的情怀和期盼。例如，在创作花卉时，牡丹被切割成富丽堂皇的层次感，人们将其视为成功、幸福的象征；莲花通常被称为高尚的君子，同时象征着男女的爱情、生命和美丽，承载着人类对"百年好合"的向往，而莲花和灵芝的结合则寓意"百年幸福"；对童年和可爱生肖的描绘，象征着古人对动物的崇拜，希望人类能够得到无限的祝福。

当我们探索福建剪纸的发展方向时，也必须考虑其中的差异性。剪纸形象的文化内涵融入不同类型的衍生产品中。例如，将凤凰戏牡丹、多籽金橘等形象合理运用到婚庆产品上，将龙牙桃、松鹤长春、五梅图等形象运用在生日产品上。只有了解每一个形象的文化理念，才能实现真正可持续性的对"非遗"衍生品的开发，也只有真正融合和培育文化，才能进一步提升人们的认同感，最终提升人们对剪纸的接纳度。时代变迁呼唤自力更生的时代，呼唤民族文化意识的传承。福建剪纸的南北融合性，跨越国界的对幸福的向往与期待，对自然的钦佩都表明福建剪纸不仅是全国性的，也是全球性的。文化的融入为艺术创作者前往更广阔、更多样化的世界开辟了无数可能性。

（二）福建土楼音乐类衍生品——《土楼回响》

福建土楼包括永定土楼、南靖土楼、华安土楼、平和土楼、诏安土楼、云霄土楼、漳浦土楼以及泉州土楼。

从历史和建筑的研究来看，土楼的生活方式是为了民族安全而采取的自卫生活方式。古时倭寇的袭击和多年内战，从部落迁徙而来的客家人选择了这种适合家庭团聚、能防能战的建筑形式，[①] 几代人生活在一个土木结构建立起的独立的社区中。

交响诗《土楼回响》是作曲家刘缓应著名导演郑小瑛教授之邀，描写闽西客家人奋斗历程的一首大型交响诗。2001 年该作品获得首届华乐金奖"金钟奖"。

《土楼回响》共分为 5 个乐章，分别是《劳动号子》《海上之舟》《土楼夜语》《硕斧开天》和《客家之歌》。作品收录到了客家民歌，以西方交响乐的形式，充分表达了闽西客家人的奋斗历程，是一部彰显客家人生存与奋斗发展的伟大史诗。创作中运用了闽西民歌、乐谱独奏等多种地方音乐语言。五个乐章共同展现客家生活的不同方面，这首交响乐具有深刻的人文意义。

1.《土楼回响》的创作背景

郑小瑛是汉族客家人，不过她从小就住在上海。2000 年 2 月，她带着家人兴致勃勃地参观了福建永定的土楼，客家深厚的基因在她体内觉醒。当她听说世界客家家庭大会将于同年 11 月在龙岩举行时，她突然有了演奏"土楼

---

① 赖惟永：《福建土楼木质构件修缮研究》，中南林业科技大学硕士学位论文，2014 年。

交响曲"的主意。龙岩市领导听说了这个宝贵的计划后表示支持，郑小瑛教授在得到香港崇正总会的资助后，邀请了在闽西生活了十多年的作曲家刘缓。刘缓对这片故土有着深深的爱，这使他在这部作品中表达了对这片土地的所有感情。在创作过程中，刘缓走遍了永定县著名的土楼建筑，走访了当地的民谣歌手，在自己的努力中找到了灵感。郑小瑛让厦门爱乐乐团的所有艺人日夜排练，这部经典的作品终于得以与世人见面。

2.《土楼回响》扎根土楼，走向世界

2000 年 11 月 22 日，演出结束后，《土楼回响》久久地留在了每个人的心中。客家人在他们的"祖籍地"中听到了他们的客家交响乐。至此，客家的亲人们将梦想、情丝都化作一连串的音符，游荡在交响乐中、游荡在祖先宏伟的建筑中，永远形成了客家的灵魂与精神。[①]《土楼回响》推出后不久，便获得了一致好评。被作为礼物于 2002 年 11 月在北京揭开了中国共产党第十六次全国代表大会的面纱。随后，乐团走访了南京、深圳、北京等全国 60 多座城市。2007 年，郑小瑛带领厦门爱乐乐团将这首非常成功的交响诗带到欧洲，将土楼的中国传统文化引入欧洲传统交响乐中，这种强烈的对立感，在全球观众面前引起了非同寻常的感受，并在所经过的城市催生了"中国风"。追随交响乐《土楼回响》的脚步，福建土楼不仅闻名全国，还引起了世界各国的浓厚兴趣。

3.《土楼回响》唤醒文化自觉性

中华民族历史悠久，中华民族传统文化博大精深，内容丰富多样。中国幅员辽阔，民族众多，各民族都有自己不同于其他民族的生活方式和思想。客家文化是汉族文化的一个重要分支，人类历史环境和生态环境的变化，造成了汉族民众的大迁徙，从而实现了人类文化的融合和变化。中原人民为了生存，背井离乡，到别处寻找新的栖息地，建立了中国历史上巨大的建筑文

---

① 韩啸：《福建土楼文化背景下的旅游纪念品开发开发》，江南大学硕士学位论文，2013 年。

化宝库——土楼，也就此成为客家人。

《土楼回响》，唤起了每一个客家人的文化自觉和自信。它使用中国民间音乐和西方交响乐，客家民歌的几个部分，以及当地音乐和世界音乐语言的结合。现代音乐制作方法和技术的结合，声乐与器乐的完美结合，得到了广大群众的认可，完美体现了客家人民拼搏、无畏的精神。产品深入人心，占领艺术市场。《土楼回响》唤醒了每个背井离乡打工的人的民族意识和自信心，也让这部经典作品得到了进一步的展示，时不时地展现在世人面前。[①]

（三）泉州开元寺双塔衍生品

东南沿海的泉州开元寺是我国重要的文物古迹，也是福建省重要的佛教寺庙。开元寺位于泉州市区西街。开元寺始建于唐垂拱二年（686 年），原名莲花寺，后称兴教寺、龙兴寺。唐开元二十六年（738 年），唐玄宗在天下各州建寺庙，以年号为名，遂改今名。开元寺南北长 260 米，东西宽 300 米，占地面积 7.8 万平方米，现存仅为原来的十分之一二。

1962 年，泉州开元寺被列为省级文物保护单位；1983 年 3 月，被定为第二批国家级重点文物保护单位和全国重点佛寺；1986 年被评为省十大标志性地标之一。中华人民共和国成立以来，政府拨款将开元寺进行了修理，现在开元寺完全是崭新的模样，每年都吸引着大量海内外游客。

文化是旅游创造力的核心，是旅游业可持续发展的原动力。文化旅游产品承载着浓厚的民族风情和传统，是民族文化的重要产品之一，旅游城市的代表性文化是城市的名片。[②] 旅游城市的代表性文化不同于影响城市发展的其他因素，是一个城市发展的支柱。当下，一系列具有地方特色的、有较强艺

---

① 芦彦屹：《福建土楼文化之艺术类衍生品研究》，福州大学硕士学位论文，2014 年。

② 张希月、虞虎、陈田等：《非物质文化遗产资源旅游开发价值评价体系与应用——以苏州市为例》，《地理科学进展》，2016 年，第 8 期，第 997–1007 页。

术感的、便于携带与收藏的创意产品，不仅能够促进当地经济的发展，也能使城市印象深入人心，对当地文化的推广和发展、提高公众对民族文化的保护意识，对该地区经济发展，旅游业发展具有积极意义。

1. 纸质类产品开发

纸制品是我们生活中最常见的必需品之一。它们是通过印刷普通纸、特种纸和包装纸等纸质材料制成的创意产品，如明信片、小册子、手绘地图、笔记本等纸制品。明信片也是泉州旅游文化的传承者和传播者。它可以在一张小卡片上概括当地的风土人情、文化特色、名胜古迹等。同时，它还具有信函的功能，用于与朋友交流情感，传递文化。

2. 水晶类产品开发

水晶产业以其高品位在旅游市场中占据突出地位，其经久不衰的保存性受到大多数游客的青睐。第一种是使用 Photoshop 或 CorelDRAW 等图像处理软件对民间文化或风景图像的图形模板进行形状和大小处理，然后利用水晶彩色印刷技术将图像永久放置在水晶上。从开发的水晶类衍生品来看，图像清晰，明亮。时下流行的水晶制品有水晶球、奖牌和水晶奖杯、水晶灯饰、水晶花瓶、水晶挂件、水晶动植物、水晶系列等。泉州开元寺的 " 非遗 " 衍生品中，水晶类产品深受游客们的青睐。

3. 布艺类产品开发

布艺类旅游产品以泉州人物（惠安妇女、莆普妇女、历史人物等）、古建筑（东西塔楼、蔡族古民居、广帝故居等）的风景和民俗文化为主。运用写实、抽象等开发手法，画出有意义的相关实例。然后在相关纺织产品上装饰图案和图形，如服装、毛巾购物袋、礼品袋、T 恤等。

4. 日常用品开发

人们的日常生活中需要多种日用品，如杯子、烟灰缸、名片盒、纸巾盒、鼠标垫、手机壳等。这些日常需求与过去相比发生了很大变化，现代技术可以使其更具实用性和审美性。在开发"非遗"衍生产品时，应充分考虑此类物品。如开元寺双塔为图案的手机壳，开元寺风景图案的茶杯，都是泉州当地热销的旅游产品。

三、福建非物质文化遗产衍生品开发的启示

商业文化的发展与非物质文化遗产衍生品的开发肯定存在一些差异。从研究和实践的角度来看，两者之间的冲突清楚地表明，贸易的发展会影响"非遗"衍生品开发的连续性，从而导致"非遗"衍生品开发滞后，使文化遗产失去文化的意义。为了保证"非遗"的可持续发展，在商业发展过程中必须增强贸易健康发展意识和保护"非遗"衍生品开发意识，进而运用科学的管理机制，管理业务实现增长。

（一）提高公众意识，发展"非遗"衍生品消费市场

非物质文化遗产衍生品的开发要坚持以人为本，以群众为导向，提高公众对非物质文化遗产的认识，促进非物质文化遗产衍生品消费劳动力市场的发展。加强传播，拍摄文化视频，宣传闽南非物质文化遗产：开通微信公众号、微博公众号，定期分享相关资料，通过资源和教学内容，以及其他有趣的文章和视频，保证吸引不同年龄段人群的关注，提高公众对"非遗"衍生品的认识，激发消费者的兴趣，鼓励他们参与闽南"非遗"项目的开发。此外，一些"非遗"传承人可以通过视频平台进行直播宣传，一方面可以提高公众对"非遗"衍生品的认识；另一方面可以加深"非遗"衍生品的文化深度，开发具有鲜明特色的"非遗"产品。

（二）丰富开发方法

目前，我国对非物质文化遗产衍生品的开发，仍主要集中在文化旅游领

域，即旅游中非结构化文化遗产要素和产品的展示、表演和销售。为解决"非遗"衍生品统一建设问题，闽南地区已批准设立非物质文化遗产公园、省市博物馆、非物质文化遗产分馆、非物质文化遗产旅游团。从另一个角度来看，闽南非物质文化遗产可以用于数字博物馆，以福建省历史文化为馆藏主体，运用新型先进技术、真实现实技术、三维图形图像技术、计算机网络技术、三维显示系统、特殊视觉效果技术等，通过传统的声光手段实现"非遗"衍生品的开发。

（三）加强创新，打造高端品牌

发现客户需求，引进高科技，创造新型记忆。消费群体的审美品位正在迅速变化，只有符合当代审美的"非遗"衍生品才能被大众接受和购买。这就要求继承人改变传统观念，调查市场上更受欢迎的产品，有效识别非物质文化遗产元素。

闽南非物质文化遗产需要创新生产方式，可以借鉴故宫博物院的珍贵案例，将"非遗"产品，在电商平台进行销售、在线销售咨询、产品推广、售后服务等一系列流程，打造行业品牌。在特定区域发展线下门店，注重客户体验和增值服务，获得客户信任，打造优质品牌形象。

（四）商业发展与文化遗产有效平衡

在开发"非遗"衍生品的过程中，为促进非物质遗产的保护和发展，兼顾商业开发与非商业遗产的平衡，笔者提出以下建议。

1. 开发商统一规划，坚持可持续发展

为了应对过度开发，开发商需要对非物质文化遗产旅游目的地和项目进行预测，以确保旅游景点和"非遗"项目的容纳能力的可持续发展。旅游区的容纳能力是有限的。闽南地区企业和旅游企业应考虑最大承载能力，在旅游黄金时期以预订、预售等形式限制人流：在非物质文化遗产项目中限制热门项目，同时，开发冷门和有趣的"非遗"衍生品项目，共享其接待能力。

2. 继承人应坚守原则，保护传承好"非遗"

继承人在与开发商合作的过程中，需要形成以"延续—规范—参与"为基础的文化交流理念，在"非遗"传播中确立话语权。继承人需树立保护"非遗"文化意识，树立集体意识，践行"非遗"衍生品开发可持续发展的光荣使命。

3. 市县政府协调配合，规范企业发展活动

闽南地区市、县政府需要加强沟通合作，实现区域内的共同利益，重新认识和整合当地"非遗"衍生品资源，保持团结和发展。搭建多元化的文化交流平台。同时加强文化产业发展的知识产权。通过科学规划和政策支持，消除非物质文化遗产发展的外部不稳定因素，积极促进共赢发展和网络发展。

四、结论

中国是一个非物质文化遗产资源非常丰富的国家，这些非物质文化遗产是中国人民的文化遗产，是最宝贵、最独特的文化基因。随着我国经济、科技、军事等"硬实力"的逐步增强，文化实力的提升也显得尤为重要。近年来，政府有关部门制定了一系列相关的法律、规范和理念，组织和弘扬中华优秀传统文化，使社会认可了新颖的"非遗"衍生品。"非遗"衍生品产业是中华文化发展的重要组成部分。"非遗"是衍生品产业发展的重要资源和基础要素。

笔者以福建省非物质文化遗产的衍生品为案例，从剪纸、土楼和泉州开元寺的衍生品出发，分析了"非遗"衍生品在开发过程中的重要价值和意义。非物质文化遗产不仅可以将"非遗"的媒介融入开发中，表现出一定的

人文情怀，还能激发消费者对"非遗"的情感体验和心理关注。"非遗"衍生品的开发既要兼顾艺术价值、创新创意、地方特色、趣味性，又要兼顾长远发展和实用原则，使非物质文化遗产具有一定的传播价值和商业价值。

参考文献

［1］岳明珠：《旅游业发展中有限政府主导型模式构建》，南京师范大学硕士学位论文，2008 年。

［2］徐翠蓉、张广海：《新时代文化产业与旅游业互动融合发展研究》，北京：中国社会科学出版社，2019 年，第 198 页。

［3］李烨、王庆生、李志刚：《非物质文化遗产旅游开发风险评价——以天津市为例》，《地域研究与开发》，2014 年，第 5 期，第 88-93 页。

［4］吴剑豪：《福建南平市非物质文化遗产旅游化生存模式研究》，《湖南工业大学学报》（社会科学版），2019 年，第 5 期，第 70-78 页。

［5］蒋长春、黄丹凤：《区域"非遗"与旅游深度融合的机制与模式研究以莆田湄洲妈祖信俗为例》，《资源开发与市场》，2015 年，第 4 期，第 504-508 页。

［6］苗宾：《文旅融合背景下的博物馆旅游发展思考》，《中国博物馆》，2020 年，第 2 期，第 115-120 页。

［7］蔡紫旻：《全国最大的非遗馆泉州非物质文化遗产馆 23 日揭牌》，https：//www.sohu.com/a/355308955_99892032，2019-11-12。

［8］林心瑶：《福建平潭岛非物质文化遗产保护与旅游利用模式及其机制研究》，福建师范大学，2019 年。

［9］崔哲：《尽显非遗魅力　赋能地区发展》，《中国旅游报》，2021 年 5 月 19 日，第 2 版。

[10] 林秀琴:《地方工艺如何融入文化旅游？——以南平地区为个案》,《学术评论》,2018 年，第 6 期，第 46-51 页。

[11] 侯瑞萍、王晓燕:《非物质文化遗产保护与旅游利用模式研究——以泉州市为例》,《科技广场》,2014 年，第 8 期，第 219-224 页。

[12] 新福建:《泉州 10 个"非遗"旅游线路让你"非"去不可》,https://baijiahao.baidu.com/s?id=1707810019489518401&wfr=spider&for=pc,2021-08-11。

[13] 黄丹:《表演艺术类非物质文化遗产旅游开发问题探析——以上海为例》,《文化产业研究》,2020 年，第 2 期，第 255-268 页。

[14] 胥迪:《文旅融合视角下音乐类非遗的活化方式》,《人文天下》,2019 年，第 4 期，第 29-33 页。

[15] 郑立文、谢新暎:《从宁德市看国家级非物质文化遗产旅游资源评价与开发研究》,《长春工业大学学报》(社会科学版),2014 年，第 6 期，第 34-37 页。

[16] 张凌云:《这十个案例为何成为 2019 非遗与旅游融合优秀案例》,https://www.sohu.com/a/319906126_160257,2019-06-11。

[17] 吴剑豪:《非物质文化遗产旅游开发的价值链协同创新研究》,《三峡大学学报》(人文社会科学版),2020 年，第 6 期，第 75-81 页。

[18] 宋小飞:《走向消费——从民俗文化到消费资本的非物质文化遗产》,《中国文化研究》,2020 年，第 2 期，第 112-120 页。

[19] 卢正源:《2020 年中国网络视听产业市场现状及竞争格局分析 综合视频和短视频稳步发展》,https://www.qianzhan.com/analyst/detail/220/201211-15e4c044.html,2020-11-11。

[20] 王文聪、邹玉清、柏雷等:《江苏非遗文化衍生文创产品设计研究》,《大众文艺》,2017 年，第 23 期，第 80-81 页。

［21］缪顾贤、冯定忠、章运：《"互联网＋"推动下浙江非遗文创产业孵化生态圈建设研究》，《现代管理科学》，2019年，第11期，第45－47页。

［22］周毅灵：《纺织非遗数字化保护平台建设》，《中国纺织》，2020年，第5期，第114－115页。

［23］肖丁铭、侯玲：《国家级非遗项目青神竹编的网络营销分析》，《老字号品牌营销》，2021年，第3期，第13页。

［24］邹金利：《跨界营销在非物质文化遗产中的应用》，《文化创新比较研究》，2019年，第6期，第85－86页。

［25］赵彬：《非物质文化遗产渭南皮影商业化营销研究》，西安外国语大学，2019年。

［26］任亚、侯玲：《浅谈非遗传统技艺古城棕编网络营销》，《老字号品牌营销》，2021年，第3期，第37－38页。

［27］黄莹、王勇：《故宫淘宝的华丽转身——新媒体背景下的文创品牌整合营销案例分析》，《改革与开放》，2018年，第4期，第13－14页。

［28］马知遥、刘智英、刘垚瑶：《中国非物质文化遗产保护理念的几个关键性问题》，《民俗研究》，2019年，第6期，第39－46页。

［29］章建刚：《制度创新推动文化发展繁荣》，昆明：云南大学出版社，2013年，第66页。

［30］喻学才：《遗产活化论》，《旅游学刊》，2010年，第4期，第6-7页。

［31］王丽、章柏平、何环芬等：《基于遗产活化的文化遗址公园开发测评——以南京明孝陵为例》，《安徽农业科学》，2014年，第22期，第7477－7480页。

［32］胡妍妍：《河南非物质文化遗产的产业化问题探析》，《中州学刊》，2015年，第8期，第87－89页。

［33］房勇、周圆：《论我国文化资源的产业化开发》，《山东社会科学》，2016

年，第 11 期，第 175-180 页。

[34] 韩红星、余阳明：《品牌学概论》，广州：华南理工大学，2002 年，第 8 页。

[35] 米勒、缪尔：《强势品牌的商业价值》，叶华、周海昇译，北京：中国人民大学出版社，2007 年，第 133-142 页。

[36] 杜艳菊：《重庆非遗资源品牌化研究》，重庆：重庆工商大学，2017 年，第 77 页。

[37] 连阔如：《江湖丛谈》，北京：当代中国出版社，2005 年，第 106 页。

[38] 高峰：《试论中国非物质文化遗产的品牌化传播》，《北京联合大学学报》，2021 年，第 1 期，第 64-69 页。

[39] 帅志强：《打造世界妈祖文化品牌的传播策略》，《莆田学院学报》，2010 年，第 6 期，第 6-9 页。

[40] 卞小燕、吴灵姝：《非物质文化遗产产业化经营的品牌化策略研究——以南通印蓝花布为例》，《九江职业技术学院学报》，2010 年，第 12 期，第 76-78 页。

[41] 杨勇：《格萨尔王唐卡文化皮那批传播与衍生品开发》，湖南大学硕士学位论文，2011 年。

[42] 燕扬：《临淄蹴鞠文化品牌塑造与推广模式研究》，成都体育学院硕士学位论文，2014 年。

[43] 王节：《非物质文化遗产品牌传播策略研究——以阜阳剪纸为例》，《知识经济》，2018 年，第 13 期，第 5-6 页。

[44] 阳波：《非物质文化遗产视角下滩头木版年画的品牌传播研究》，《科技传播》，2019 年，第 14 期，147-149 页。

[45] 杨红：《非遗与旅游融合的五大类型》，《原生态民族文化学刊》，2020 年，第 1 期，第 146-149 页。

［46］张兆林:《我国非物质文化遗产保护理念的变迁及其现实问题》,《齐齐哈尔大学学报》(哲学社会科学版),2013 年,第 1 期,第 22-25 页。

［47］中华人民共和国文化部:《国家级非物质文化遗产项目代表性传承人认定与管理暂行办法》。

［48］吴学安:《"非遗"品牌如何维权》,《神州民俗》(通俗版),2013 年,第 1 期,第 17 页。

［49］王松华、廖嵘:《产业化视角下的非物质文化遗产保护》,《同济大学学报》(社会科学版),2008 年,第 1 期,第 107-112 页。

［50］刘芝凤、和立勇:《弱经济价值非物质文化遗产保护刍议》,《中国人民大学学报》,2018 年,第 1 期,第 20-26 页。

［51］李斌:《福建乡村非物质文化遗产品牌价值识别研究》,《海峡科学》,2019 年,第 11 期,第 42-47 页。

［52］刘鑫:《非物质文化遗产的经济价值及其合理利用模式》,《学习与实践》,2017 年,第 1 期,第 8 页。

［53］胡妍妍:《河南非物质文化遗产的产业化问题探析》,《中州学刊》,第 2015 年,第 6 期,第 87-89 页。

［54］汪振军:《文化创意与文化产业创新(笔谈)——文化创意:从资源到品牌的关键》,《郑州大学学报》(哲学社会科学版),2008 年,第 4 期,第 5-6 页。

［55］盘古文创:《新时代下的"非遗+",让传统文化撬动千亿资本市场》,https://www.sohu.com/a/250847827_100005654,2021-08-06。

［56］孙丽辉、盛亚军、徐明:《国内区域品牌理论研究进展述评》,《经济纵横》,2008 年,第 11 期,第 121-124 页。

［57］童兵兵、王水嫩:《传统区域品牌保护不力的原因及对策——以金华火腿品牌危机为例》,《浙江树人大学学报》,2005 年,第 4 期,第

37–40 页。

［58］宋俊华:《非物质文化遗产特征刍议》,《江西社会科学》,2006 年, 第 1 期, 第 33–37 页。

［59］陈瑾、肖蓉、张志莲等:《基于区域品牌的大湘西非物质文化遗产保护 与发展策略研究》,《新西部》,2019 年, 第 36 期, 第 44–47 页。

［60］黄宁夏:《区域文化品牌战略研究——世界文化遗产项目福建土楼案例 分析》,《长春师范学院学报》,2012 年, 第 6 期, 第 56–59 页。

［61］刘钰舜、李烁、刘金得等:《艺术品牌设计助力精准扶贫发展》,《包装 工程》,2020 年, 第 6 期, 第 262–265 页。

［62］赵云雪:《区域文化遗产保护与区域文化品牌塑造——以渝东南土家 族苗族文化生态保护区为例》,《四川戏剧》,2015 年, 第 10 期, 第 77–80 页。

［63］李月露:《云南石林撒尼刺绣区域品牌生成和成长路径研究》, 云南民族 大学硕士学位论文, 2018 年。

［64］黄宁夏:《区域文化品牌战略研究——世界文化遗产项目福建土楼案例 分析》,《长春师范学院学报》,2012 年, 第 6 期, 第 56–59 页。

［65］叶欣童:《直播面对面 两岸心连心——闽台两岸非遗直播连线活动举 行》,《两岸关系》,2020 年, 第 6 期, 第 56–57 页。

［66］王云庆:《山东非物质文化遗产项目及传承人立档保护研究》, 山东大学 博士学位论文, 2017 年。

［67］周致欣、谷菁菁:《非物质文化遗产传统保护手段与数字化研究》,《包 装工程》,2015 年, 第 10 期, 第 36–39 页。

［68］张希月、陈田:《基于游客视角的非物质文化遗产旅游开发影响机理研 究——以传统手工艺苏绣为例》,《地理研究》,2016 年, 第 3 期, 第 590–604 页。

［69］李保、曹雪、李笔山:《乡村工匠产品结合特色市场化模式研究——以河源"非遗"文化衍生产品市场化为例》,《大观》,2021 年,第 6 期,第 60-61 页。

［70］赖惟永:《福建土楼木质构件修缮研究》,中南林业科技大学硕士学位论文,2014 年。

［71］韩啸:《福建土楼文化背景下的旅游纪念品开发开发》,江南大学硕士学位论文,2013 年。

［72］芦彦屹:《福建土楼文化之艺术类衍生品研究》,福州大学硕士学位论文,2014 年。

［73］张希月、虞虎、陈田等:《非物质文化遗产资源旅游开发价值评价体系与应用——以苏州市为例》,《地理科学进展》,2016 年,第 8 期,第 997-1007 页。